GRAVIDEZ

Blucher

KARNAC

GRAVIDEZ

A história interior

Joan Raphael-Leff

Tradução
Beatriz Aratangy Berger

Authorised translation from the English language edition published by Karnac Books Ltd.

Gravidez: a história interior

Título original: *Pregnancy: The Inside Story*

© 2015 Joan Raphael-Leff

© 2017 Editora Edgard Blücher Ltda.

Equipe Karnac Books

Editor-assistente para o Brasil Paulo Cesar Sandler

Coordenador de traduções Vasco Moscovici da Cruz

Revisora gramatical Beatriz Aratangy Berger

Conselho consultivo Nilde Parada Franch, Maria Cristina Gil Auge, Rogério N. Coelho de Souza, Eduardo Boralli Rocha

Blucher

Rua Pedroso Alvarenga, 1245, 4º andar
04531-934 – São Paulo – SP – Brasil
Tel.: 55 11 3078-5366
contato@blucher.com.br
www.blucher.com.br

Segundo o Novo Acordo Ortográfico, conforme 5. ed. do *Vocabulário Ortográfico da Língua Portuguesa*, Academia Brasileira de Letras, março de 2009.

É proibida a reprodução total ou parcial por quaisquer meios sem autorização escrita da editora.

Todos os direitos reservados pela Editora Edgard Blücher Ltda.

FICHA CATALOGRÁFICA

Raphael-Leff, Joan

Gravidez : a história interior / Joan Raphael-Leff; tradução de Beatriz Aratangy Berger – São Paulo : Blucher, 2017.

328 p.

Bibliografia

ISBN 978-85-212-1209-6

Título original: *Pregnancy: The Inside Story*

1. Gravidez – Aspectos psicológicos.
2. Nascimento – Aspectos psicológicos.
3. Maternidade – Aspectos psicológicos.
I. Título. II. Berger, Beatriz Aratangy.

17-0727   CDD 618.2

Índice para catálogo sistemático:
1. Gravidez – Aspectos psicológicos

Conteúdo

Introdução	9
1. Fantasias concebidas	17
2. A caixa de Pandora	45
3. O paradigma placentário	77
4. O lugar do pai	87
5. Um exemplo de orientações discordantes	103
6. Mudando relacionamentos	121
7. Realidades concebidas – lucros tecnológicos e perdas	147
8. O nascimento	171
9. Diferentes abordagens à maternidade – facilitadoras, reguladoras e alternativas	201
10. Jornada ao interior – psicoterapia pré-natal e perinatal	239

11. A terapia nos primeiros tempos da maternidade	271
Epílogo	293
Apêndice – vulnerabilidade durante a gravidez	295
Referências	313
Índice remissivo	321

Rodas dentro de rodas, ventres dentro de ventres, imagem
vibrante/o chão como perspectiva gira:
Mãe-filha-eu – cordão-encadeia numa corrente.
Cada caso singularmente contado de nenezinho parecendo
bonequinha russa, dote herdado com o agridoce gozo
excomungado com a dor do Pecado Original.
Cronometrando ciclos lunares de menstruação ou
gravidez, o amadurecimento de óvulo, ondulação e
explosão em pequenino fruto primitivo.
Estreitando-se, o cone de gerações passadas espera procriação
além de nosso entendimento.
Luzidias sementes do figo de Eva, melífero de sol –
Ramos perenes na árvore fêmea da vida.

Introdução

Era uma vez... num piscar de olhos.

Esta é a história da gravidez. Ao contrário da maioria das histórias, essa começa no verdadeiro início, ou mesmo antes, com a ideia psíquica da concepção, seu destino na realidade interna de uma pessoa e sua realização externa. Esta perspectiva difere da maioria das descrições psicanalíticas que tomam como seu ponto de partida o próprio desenvolvimento psicológico *da criança*. Minha focalização principal está na *experiência dos pais* – a mãe ou o pai como uma pessoa inteira, antes do que o objeto de fantasia ou desejo da criança. Na literatura, com pouca subjetividade dispensada a si mesma, a mãe é frequentemente exposta como objeto das necessidades da criança. Mesmo se, como acredito, a genuína estrutura de nossos primeiros dias esteja moldada por meio de subjetividades intrauterinas – da mãe e da criança, conscientes e inconscientes – não podemos permitir deixar de fora um termo da equação. Consequentemente, neste livro, na maior parte do tempo, a imagem e o terreno serão invertidos. Narrativas de gravidez e primeira infância feitas por mães e pais, conforme seu próprio ponto de vista, tomarão o lugar tanto da voz de hipotéticos bebês ou da do especialista preceituante. Não obstante, a história nunca é linear: nós, pais, somos também filhos e filhas por nossa própria conta. Consequentemente, às vezes, modifico meu foco para examinar uma série de níveis semelhantes a ramificações – do mundo interior do indivíduo até a presente interação interpessoal com o companheiro e/ou criança e como criança para com seus próprios pais, passando, mais além, para o terreno de paciente-terapeuta e a relação de teoria psicanalítica para pais.

É irônico explorar o processo emocional da gravidez neste ponto, quando os fatos da vida estão mudando mais rapidamente do que nossa capacidade inconsciente pode acompanhá-los. Sabe-se que demasiada atenção tem sido dispensada aos aspectos biológicos da reprodução, e muito pouca aos ricos filões da fantasia, inquietação e desenvolvimento pessoal que acompanham a gravidez. Neste livro, corrijo o desequilíbrio, focalizando a história *interior*.

Nem todas as histórias terminam com um "felizes para sempre". Inevitavelmente, nos arriscaremos em áreas onde uma conspiração de silêncio tem mantido contos mágicos de felizes gestações, nascimentos sem dor, crianças perfeitas e pais incondicionalmente apaixonados. Aqui, como em qualquer outro lugar, deixei o povo falar por si mesmo. A menos que diferentemente mencionado, o material citado é procedente de registros psicoterápicos e notas textuais de grupos de discussão e oficinas. Algumas são transcrições de fitas gravadas de áudio ou vídeo. Para preservar o anonimato, escolhi outros nomes – um complicado processo semelhante ao de dar nome a crianças – e dissimulei detalhes reveladores. Quando apropriado, foi obtida autorização.

Milhares de horas suplementares de dados advêm diretamente de observações de crianças e discussões clínicas com estudantes a quem lecionei, especialistas em psicoterapia analítica a quem supervisionei e, acima de tudo, do trabalho escrito de mentores e intercâmbio com colegas. Como cortina de fundo informal, também estou instruída pela experiência de minhas próprias gestações (algumas das quais ocorreram quando eu mesma estava em análise) e de gravidezes num grande número de mães que vim a conhecer em diferentes situações de discussão, observação, investigação de grupo, entrevistas de pesquisa em profundidade ou *workshops* e no magistério.

De todas as experiências humanas, a gravidez é a que mais enfatiza nossas diferenças básicas de gênero, nossos denominadores comuns biológicos pelo mundo interior e nossas diferenças culturais. Estou bem ciente das limitações de uma visão etnocêntrica. Este livro foi escrito enquanto eu viajava por cinco continentes entre conferências e seminários para mulheres grávidas, homens e profissionais da saúde. Como tal, foi influenciado pela minha exposição a uma variedade de práticas societárias tradicionais e variáveis relativas à gravidez e ao parto.

Os hábitos relativos à gravidez revelam os valores e crenças básicos de uma sociedade, bem como as atitudes em relação a corpos, bebês, mulheres e funções paternais. Em cada sociedade, os valores são refletidos na destinação de recursos e a variação de arranjos de escolhas de partos disponíveis – desde salutares partos domésticos até nascimentos subaquáticos em quartos obscurecidos e ao som de golfinhos sibilantes, ou projetos financiados pelo Estado que oferecem à mãe, pai e irmãos uma "lua de bebê" em hospital-hotel cinco estrelas, ou partos atualizados, centralizados, antissépticos, em que mulheres compartimentalizadas trabalham silenciosamente sozinhas, sem familiares ou mesmo uma parteira.

Minhas *fontes clínicas* incluem perto de duas centenas de mulheres grávidas, futuros pais e parceiros, observados individualmente

12   INTRODUÇÃO

ou aos pares, em sessões de análise ou terapia psicanalítica de uma a cinco vezes por semana, durante dois a sete anos cada, ou em grupos de terapia semanal em andamento, durante a gravidez e o primeiro ano de maternidade. A *amostra de não pacientes* inclui muitos grupos só de mulheres ou grupos mistos, tanto leigos como profissionais, encontrados no contexto de seminários e grupos de discussão (muitos gravados em fita), que dirigi aqui e no exterior, durante os últimos dezoito anos. Além disso, durante oito anos, passei três manhãs por semana em um grande grupo recreativo dirigido por pais, que estabeleci em 1977, num centro comunitário de Londres, compreendendo umas duzentas famílias. Nesse ambiente, participei diariamente de conversas informais de mães, orientei a observação sistemática de vinte e três pares de mãe/filho desde a infância, durante dois anos e também três modestos estudos em forma de questionário, a intervalos de um ano e meio (n = 81), à medida que a população mudava.

Embora essa amostragem seja inevitavelmente inutilizada por uma tendência autosseletiva da classe média, apresenta a vantagem de representar pessoas que são economicamente mais livres para agir conforme a escolha ou compulsão interna, preferivelmente à necessidade externa. Inevitavelmente, uma tendência posterior é aquela da cultura e da cor dominante. Não obstante – não especificados por motivos confidenciais – alguns dos indivíduos por mim citados são de origem afro-caraíba, indiana ou sul-americana, além de outros que aqui chegaram, oriundos de diferentes países da Europa ou América do Norte. Quando conveniente, focalizo antecedentes religiosos ou minorias étnicas em nossa própria sociedade, ou ilustro um ponto com fragmentos de outras culturas que tacitamente questionam presunções teoricamente estabelecidas de universalidade. É agradável saber que, em anos recentes, diversos estudos em larga escala ou longitudinais no Reino Unido e em vários países no exterior – tais como Israel, Estados Unidos,

China, Suécia, Japão, África do Sul, Canadá e Hong Kong – estão em processo de testagem dos exemplos por mim publicados neste livro, e aguardo suas posteriores descobertas.

Não obstante as falhas metodológicas, acima de tudo, esforcei-me em usar meus estudos como veículos para investigar a paternidade e obter informações, preferivelmente a impor julgamentos de valores ou ideias preconcebidas. As pessoas diferem: há tantos estilos de paternidade quanto são os pais, e tentei expressar essa diversidade enquanto buscando, também, similaridades. As questões por mim apresentadas referem-se a experiências psicológicas e processos emocionais de gestação:

Qual o significado que a gravidez realmente tem na atividade interna de uma mulher ou homem? Como forças inconscientes influenciam nossa maneira de nos tornarmos pais? Com que se assemelha a sensação de ter uma outra pessoa dentro de você? Qual a experiência emocional, na gravidez, do companheiro que também espera o filho? Que sabemos a respeito das capacidades fetais e quem/o que o feto dá a impressão de representar para cada um dos pais? Quais as emoções e os sonhos da gravidez e que fantasias e temores rondam o parto? Como nos tornamos o que somos com relação a nossos filhos e nossos próprios bebês eles mesmos?... As expectativas quanto a um bebê imaginário encaixam-se às daquele que chega? Como somos afetados pela exposição às necessidades nuas de um recém-nascido? Que acontece às relações íntimas, quando os parceiros procriam? Como as fantasias de antes do nascimento afetam o clima interacional posteriormente?...

14   INTRODUÇÃO

Examinaremos as questões oriundas das perguntas anteriores mais ou menos na ordem em que aparecem aqui. O capítulo inicial aborda a elevação em mundos internos refletida nas fantasias e sonhos da gravidez. Em seguida, dois exemplos são apresentados. O primeiro – o paradigma da placenta – relativo à associação afeto – carga da díade grávida é mostrado no Capítulo 3. Seguindo a um estudo do lugar da paternidade no Capítulo 4, o modelo é dissecado no Capítulo 5 em termos de diferentes configurações inconscientes do bebê e o efeito dessas na experiência da gravidez. O Capítulo 6 descreve uma variedade de mudanças nos relacionamentos familiares e atitudes a serem exercitadas, durante a gravidez e nos primeiros tempos da maternidade. O Capítulo 7 focaliza o modo como os avanços tecnológicos agem sobre a criança em crescimento – real, imaginária, ameaçada e seriamente ferida ou perdida. O Capítulo 8 explora alguns dos temores, fantasias e fatos envolvendo o parto. O Capítulo 9 discute diferentes abordagens à maternidade e como essas afetam as crenças e comportamento dos pais, vistas, mais uma vez, através do modelo Facilitador, Regulador e Alternativo, apresentado no Capítulo 5, relativamente à gravidez. Finalmente, no penúltimo capítulo, cuidamos da psicoterapia pré e perinatal e terminamos no Capítulo 11, examinando questões relativas à psicoterapia nos primeiros tempos da maternidade. Para os terapeutas, um Apêndice identifica pessoas que podem estar em risco, durante o período de gestação.

Toda esta área da procriação é densamente carregada e as emoções humanas raramente são simples. Tentei dar ideia de algumas complexas riquezas de sentimentos entrelaçados e a variedade de determinantes inconscientes que suportam nossas interações. É claro que, dado à natureza individualizada de nossos mundos interiores, não pode existir nenhuma *história interior*. Embora descritivos, meus exemplos tentam capturar a diversidade de crenças e comportamentos parentais, abrigando-se na pluralidade de forças motivacionais e processos simbólicos em cada indivíduo, enquanto identificando certas quantidades de significação que são razoavelmente coerentes na época e entre pessoas que compartilham a mesma "orientação" parental. Também fiz menção a alterações dinâmicas, atribuíveis a variações no mundo interior dos pais e à realidade psicossocial. Necessariamente, algumas vezes, em benefício da clareza, tive que simplificar bastante ou realçar certos aspectos, às expensas de outros, para estabelecer um ponto. Porém, esforcei-me para preservar alguma da multifacetada complexidade das muitas versões de nossas narrativas íntimas.

Nos últimos tempos, somos forçados a compreender que a metade feminina da humanidade tem sido, desde há muito, descrita em termos alheios e definida por conceitos que se mostram inapropriados. Num mundo de oportunidades inconstantes, as mães não podem mais se dar ao luxo de serem tratadas como abnegados veículos para nutrição e satisfação de sua prole, como pretendido no passado, nem poderiam concordar em ser bode expiatório de todas as dificuldades, presentes e futuras, de seus filhos. Se quisermos valer-nos de nossa própria experiência, creio que nós, mulheres, não podemos mais ser modeladas dentro de padrões masculinos, mas precisamos reagir à crescente ânsia de nos levar à sério – escutando nossas vozes interiores e manifestando nossas próprias verdades, fundamentadas em nossas exclusivas vicissitudes *psicobiossociais*. Embora traduzida em linguagem comum, a importância significativa de nossas autodefinições subjetivas somente pode evoluir considerando o meio pelo qual interiorizamos valores externos impostos a nós e os meios pelos quais o fato de termos o corpo de uma fêmea ativamente reprodutiva moldam fantasias e configurações psicobiossociais no mundo interior de uma mulher.

16   INTRODUÇÃO

Note-se que eu digo *uma mulher* preferivelmente à *mulher*;
há uma tendência a tratar mães como se elas constituíssem uma
identidade uniforme comum. Procurei elucidar algumas diferenças entre futuras mães e o modo pelo qual o sexo feminino de cada
mulher também se cruza com parâmetros familiares, subculturais,
étnicos e locais, para formar sua exclusiva identidade. A própria
psicanálise começa com a avaliação de vozes femininas e corpos
"falantes", embora, com o tempo, essas primeiras pacientes de
Freud, venham a ser substituídas por pacientes e padrões masculinos. Devido à predominância de vozes masculinas na literatura e
instituições sociais, não faço quaisquer apologias pela preponderância do discurso feminino citado nestas páginas.

Devo realçar uma conclusão de meu trabalho, que é a de que
não pode haver qualquer *caminho certo* premeditado. Cada orientação individual de pais e profissionais com respeito ao cuidado
dispensado reflete o atual episódio de sua história íntima cumu-
lativa, escrita e reescrita em autoria conjunta com seus familiares.
Parafraseando *Kermit the Frog*, aceitando que somos cada um a
soma total das histórias de nossa vida, podemos somente tomar
o que nos cabe e irmos embora. É com esse espírito que ofereço
este livro.

1. Fantasias concebidas

Um grupo de mulheres grávidas conta sua história em um *workshop*:

— Eu estava absolutamente convencida de que era estéril, quando não engravidei pela primeira vez – diz Rita, uma professora, no início de sua gravidez. Então, eu falhei um ciclo, mas ainda não podia acreditar, por isso fiz um teste extra para ficar absolutamente segura.

— A minha foi uma gravidez não planejada – diz Nina, acariciando seu "inchaço" de vinte e três semanas. Custei a chegar a um acordo com ela, e mesmo agora estou temerosa de que possa ter tomado decisão errada.

— Quando o meu DIU foi removido, imaginava que queria uma filha, pensando que já tinha lidado com todas as antigas tensões mãe/filha. Mas, assim que fiquei grávida, tudo foi jogado para o alto novamente. Agora, tenho medo de ter uma menina – diz Pat, espontaneamente.

— Qualquer que seja o sexo do meu bebê, creio que sua personalidade foi forjada do modo apaixonado como foi concebido: no desejo ardente, quando David e eu, finalmente, nos encontramos – Diana, que vive separada de seu companheiro, fala ao grupo.

— Nós fomos muito mais prosaicos – replica Nancy, esticando suas pernas nuas. Quando estávamos virando os trinta e cinco, senti que estávamos indo um pouco longe na idade e disse: O que você acha? Que tal aquilo? Afortunadamente, ele pensou o mesmo e meu corpo correspondeu, apesar de minha idade.

— Vocês tiveram tudo facilitado – diz Andrea, que vive com sua companheira mulher. – Quando decidimos que queríamos um bebê, tive a terrível incumbência de encontrar doador adequado para a autoinseminação. Não queríamos esperma congelado, isso é tão impessoal... Quando aconteceu, valeu a pena ter esperado – encontramos um *supercara*, que se tornou nosso amigo e, auspiciosamente, será atencioso, sem ser muito intrometido.

A *história interior*

Uma mulher descobre que está grávida. Tendo se estabelecido no espaço uterino, o minúsculo óvulo fertilizado terá uma influência de longo alcance na condução da mulher às profundezas de seu espaço psíquico, arraigando poderosas imagens inconscientes de sua história interior que começam a permear seus sonhos, fantasias e vida emocional.

A concepção é o início de uma história fantástica. Na gravidez, existem dois corpos, um dentro do outro. Duas pessoas vivem sob uma pele – uma estranha união que retoma a própria gestação da mulher grávida no útero de sua mãe, muitos anos antes. Quando tanto da vida é dedicado a manter nossa integridade como seres distintos, este *tandem* corpóreo é um fato estranho. Dois corpos em um também constitui um enigma biológico, pois, por motivos que quase não podemos entender, o corpo da futura mãe suprime suas defesas imunológicas para permitir ao corpo, parcialmente estranho, residir dentro dela. Sugiro que, também psicologicamente, para que uma mulher se aproprie da gravidez, deve superar as ameaças apresentadas pela concepção. Sua significação flui da placenta de sua realidade emocional, entranhada nas circunstâncias de sua realidade social.

A história interior difere para cada gravidez; cada mãe infunde nisso seus próprios sentimentos, esperanças, memórias e poderosas mitologias inconscientes. Uma criança imaginária é posta ao lado do embrião implantado em seu fértil ventre. Mesmo antes da concepção, a criança desconhecida é delineada na realidade psíquica da futura mãe, é envolvida em ilusão e tem lugar designado entre as muitas imagens de importantes figuras primitivas em seu mundo interno. Sob condições de saúde mental, essas configurações raramente são fixas: como os pontos coloridos de um caleidoscópio, os componentes da história interior estão constantemente sendo reativados e processados, criando novas formulações. Na turbulência da gravidez, o contínuo fluxo das narrativas internas é simultaneamente refratado, através de prismas inextricavelmente soldados dos domínios psíquicos, fisiológicos e sociais.

Cada um de nós encerra um mundo interior habitado por fantasias flutuantes e imagens inconscientes de muitas versões de nossos relacionamentos interiores. "Vozes" interiores podem estrepitar e nossas diferentes potencialidades, algumas vezes, parecem engajar-se em complexa interação entre elas mesmas. Essas configurações altamente personalizadas não só dão cor às nossas disposições e percepções, mas, às vezes, conflitos e enredos íntimos afloram à superfície. Pessoas de fora são recrutadas para recriar climas convencionais do passado, agindo involuntariamente em cenas em que inconscientemente as colocamos. Cada um de nós, também involuntariamente, desempenha papéis nas expectativas de outros. Velhos temas são repetidos, enquanto despercebidamente tentamos perpetuar e repetir na realidade externa intercâmbios interpessoais que não foram resolvidos – tentando entender ou nos fazer entendidos, ou esperando recapturar um senso de *self* prévio.

Assim, há um contínuo entrelaçamento de realidades externas e internas, como através de deslocamento, projeção ou representação de fantasias inconscientes no mundo exterior; realizamos desejos e libertamo-nos de intoleráveis estados de espírito. Fazemos uso de padrões recorrentes para conseguirmos outros para proporcionar reconhecimento, confirmar nossas crenças, materializar nossos fantasmas e experimentar nossos sentimentos ou carregar nossos fardos. Aspectos modificados, exteriorizados de nós mesmos são então capturados de volta em nosso íntimo para modificar vozes e representações internas, para melhor ou para pior. Mesmo quando estamos sós, a vida mental tem uma vigorosa substancialidade interpessoal, apesar de sua qualidade "imaginária", e algumas presenças interiores podem ser mais reais e influentes do que suas contrapartes em carne e osso. Faltando *insight*, perpetuamos velhas estruturas em novas situações, incapazes de livrarmo-nos da dominação do passado.

Do ponto de vista da mulher grávida, um outro ser veio efetivamente habitar dentro dela, uma vez que seu corpo se torna fisicamente ocupado por outro. O embrião é um indivíduo separado, embora parte do interior da mulher, já sexuado, mas, para ela, de sexo não especificado.

Como diz Donald Winnicott a respeito do ursinho ou da coberta de segurança do bebê, podemos dizer que o feto pertence a essa área intermediária indisputável, intensamente imaginativa de experimentação para a qual tanto a realidade interior como a vida externa contribuem. Talvez possamos mesmo ir mais longe, ao dizer do feto, como Winnicott diz do objeto transicional, *que é uma questão de concordância entre nós... que nunca faremos a pergunta. Você concebeu isto ou lhe foi apresentado a partir do exterior?* (Winnicott, 1951, p. 239). É somente quando o nascimento se aproxima que a história interior regride. Por exemplo, Rachel, com trinta e três anos de idade, submeteu-se à terapia durante a gravidez, devido à grande ansiedade. Sentia que precisava de contínua vigilância para manter o feto vivo, nem por um momento permitindo que seus pensamentos se desviassem dele. Esta constante pressão é intensificada por experiências de rivalidade competitiva com sua mãe e irmãs sempre que se encontram, o que ela teme que crie um ambiente hostil, pondo em perigo seu bebê. Porém, mesmo quando está sozinha, Rachel tem que montar guarda contra uma imagem de sua mãe que habita dentro dela, que é tida como invejosa e cheia de ressentimentos. Passou toda a gravidez convencida de que seu filho é homem e referindo-se a ele como o *forte, especial, bravo filhinho* que seu pai desejou, mas nunca teve. Após meses de terapia, agora são uns poucos dias antes dela dar à luz (a uma menina):

> *O trabalho de parto está jogando alguma coisa fora. Por que eu disse isso? Não, trabalho é expulsão. Não! É como serpentes mudando de pele. O bebê que está dentro não é aquele que vai sair. O que vou ter é o verdadeiro, o*

que está dentro é uma fantasia... Eu vou sentir falta dele, quando tiver nascido. Pode existir alguma coisa que não pode ser tocada ou vista?... Olho no espelho e não sei para quem estou olhando. A criança exige demais. Ter uma outra pessoa ali dentro deixa pouco espaço para mim mesma, como se eu não pudesse me autoapreciar enquanto grávida, porque estou muito absorta suprindo e escutando meu bebê; meu relacionamento íntimo com o bebê... eu sou seu ambiente... Tenho medo de não ter afinidade com o novo bebê, após conhecer esta rude, viscosa, palpitante criança de dentro.

Rachel imagina que seu bebê de fantasia terá que ser abandonado, se ela tiver que acolher o recém-nascido como um indivíduo. Apesar de tudo, todos nós, até certo ponto, continuamos a investir as pessoas do mundo exterior de propriedades originadas de nossas multiformes figuras interiores. Como vimos, discrepâncias entre realidades psíquicas subjetivas e realidades sociais compartilhadas originam-se do modo pelo qual, inconscientemente, escolhemos e transpomos significações pessoais entre mundos interiores e exteriores, resultando para cada um de nós uma visão individualizada. Por todas as nossas vidas esses movimentos de força continuam a flutuar, modificar-se, retornar e amadurecer, conforme imagens cruciais tornam-se assimiladas, integradas em nossas identidades, ou permanecem presenças estranhas não assimiladas, grudadas internamente ou rejeitadas, enquanto outras são reprimidas ou murcham por falta de proeminência afetiva em nossas interações interpessoais.

Quando adultos se juntam para estabelecer um relacionamento íntimo, cada pessoa libera nesse relacionamento questões não resolvidas de seu conjunto transgeracional de fantasias inconscientes. Parceiros são frequentemente eleitos para pôr em prática algumas mútuas potencialidades, e a criança por nascer torna-se parte de seu drama. Atribuições não renunciadas serão incorporadas pela criança por nascer como parte de sua autoimagem, na medida em que as configurações pré-conscientes dos pais formam a base do seu mundo interior.

A chegada do bebê traz à tona fragmentos de memória evocativos, revitalizando processos adormecidos relativos à própria infância dos pais, que influenciam a interação pós-natal, tanto quando seus esforços em cuidar. Reciprocamente, a criança também impele suas intensas emoções aos que lhe dão cuidados, buscando inconscientemente as estruturas existentes em seus mundos interiores.

Mesmo no ventre, ocorre intercâmbio entre as fronteiras. Aperfeiçoada visualização ultrassônica e filmagem com fibra ótica têm-nos proporcionado observar o feto vivo dentro do útero, ativamente ingerindo e expelindo, mastigando, lambendo partes do cordão umbilical, bocejando, empurrando, chutando e urinando. E ainda mais, pode-se observar uma discriminação: tem-se constatado que a taxa de absorção sobe acentuadamente, quando o líquido amniótico é adoçado e abaixa, quando uma substância amarga é ali injetada.

Esta absorção e regurgitação, ingestão e ação de cuspir tem sido considerada como precursora do modo pelo qual, uma vez nascida, a criança, gradualmente, constrói o sentido de existir um mundo interno e um mundo exterior. Mas quer-se parecer que uma criança não chega com preconcepção; o entendimento do mundo e o conhecimento de si mesma surge do intercâmbio interpessoal. Os que cuidam são o sangue vital e o meio ambiente (o líquido amniótico). Através desses, a criança adquire significado e suas imagens, gradualmente, vêm completar relacionamentos reais, estimuladas pelo medo de sua perda ou corrupção. Identificando-se com as figuras amadas, a criança pode retê-las em seu interior para proteção, ou também essas podem ser interiorizadas para competir com ou compensar deficiências daquele que dispensa cuidados. Assim, realidades psíquicas da mãe, do pai e da criança cruzam-se e entrelaçam-se desde a concepção e mesmo antes, contribuindo para a formação da cultura da família.

Concepções interiores

A concepção pode surpreender uma mulher que se descobre grávida, quando apenas começou a pensar em ter um filho, ou teve tempo para recuperar-se do último, ou mesmo estava determinada a evitar a gravidez. Pode ser a realização de um sonho longamente acalentado desde a infância, ou a anulação de sua existência livre. A gravidez pode preencher um doloroso vazio interno ou refletir uma fome de "chocar" um bebê, ou pode constituir-se numa indesejável invasão. Pode ser a primeira gravidez; uma segunda ou terceira para aumentar a família; a primeira com um novo parceiro; ou uma gestação para substituir aborto ou perda anterior. A concepção pode ser motivada por uma compulsiva necessidade de desfazer o passado, ou mudar o futuro:

> *Tive este estranho desejo de ficar grávida novamente, diz Rimona, quando seu filho tinha seis meses de idade. É como se eu estivesse precisando repetir alguma coisa desde o início, para conseguir sua essência – fazê-la realmente direito desta vez. Com a minha primeira filha, eu estava tão deprimida que deixei escapar sua primeira*

*infância. Com este bebê, senti-me muito envolvida e tris-
te por não ter estado inteiramente presente com a primeira filha. Ter um terceiro poderia ser como investigar
o desconhecido – minha mãe teve somente dois. Além
disso, venho de uma mãe que trata crianças competiti-
vamente: as suas deveriam ser maiores e mais adianta-
das. Sinto-me frustrada por ter que aprender a ser sua-
ve, amorosa e compreensiva tão tarde, que eu tenha que
aprender isso através de outras pessoas em vez de ter sido
instigada a isto por experiência própria. Se eu fizer isso
novamente, o terei em mim desde o início da gravidez
– aquele ah-h-h preso na garganta que as pessoas têm,
quando olham para um bebezinho...*

A mulher grávida pode não ter um companheiro fixo, ou ter
um relacionamento com um amante masculino, ou com outra mulher. Planejada ou inesperada, a concepção pode deleitar ambos
os parceiros, somente um, ou nenhum dos dois – ou ocorrer no
contexto de um casal que unanimemente não deseja um filho.

Inconscientemente, a gravidez pode representar a bem-aventu-
rada fantasia do retorno à fusão simbiótica no ventre, anulação de
divisibilidades primordiais, ou a produção de uma prova do desejo
sexual. A gravidez pode ter muito pouco a ver com o esperado bebê:

*Eu queria tanto estar grávida, que por todos os longos
meses que estava tentando conceber tinha tanta inveja,
que não podia olhar para uma mulher grávida na rua,
diz Suzy, relembrando. A circunstância de estar grávida era meu propósito absoluto na vida. Não via nada
além do barrigão. Quando de fato engravidei, sentia-me*

*no mundo da lua! Eu podia engravidar! Eu queria estar
grávida e não relacionava isso com o ter um filho – isso
era chocante.*

O significado da concepção varia enormemente, em mulheres diferentes e na mesma mulher, através dos tempos. Para Susy, cuja infância despojada, com privações, a deixara sentindo-se emocionalmente estéril, explorada e invisível, o estado de gravidez confirmou sua criatividade, preenchendo-a com a admiração de sua substancialidade e presença. A fome emocional, há muito existente e ansiosa por ser reconhecida, parecia finalmente saciada, e ela regalava-se no solícito cuidado e atenção despejados sobre ela, durante a gravidez. Em seguida ao nascimento, porém, ela tornou-se gravemente deprimida, sentindo-se mais uma vez vazia e explorada, conforme seu carente e exigente bebê reclamava os direitos sobre seus recursos para ele próprio.

A questão do tempo é crucial. A primeira concepção pode oferecer a uma mulher mais velha a apreciada última chance de tornar-se mãe: "Com a menopausa se aproximando, essa gravidez é como uma dádiva duplamente preciosa, inesperada", ou pode apresentar-se como uma ameaça de revolta vital, tornando mãe uma adolescente: "Minha mãe não acredita que eu possa cuidar de um bebê sozinha, mas estou desesperada para tê-lo." Pode chegar muito tarde, num relacionamento vacilante, ou muito cedo, num, que recém desabrocha. Uma mulher, por iniciativa própria, pode ter empreendido a busca da gravidez metodicamente, escolhendo cuidadosamente o pai genético para seu filho. Sua pressa pode ter sido devida a um sentimento de prontidão emocional ou vacuidade, crise da meia-idade ou uma corrida contra a tirania do prazo de ovulação, uma tentativa de vencer uma condição física deteriorante como a diabetes, histerotomia iminente, ou contaminação pelo vírus da AIDS. Nessas circunstâncias, ter um filho pode parecer mais importante do que adiar até que ela encontre o parceiro certo e muito valioso para renunciar na falta de condições perfeitas.

Dependendo da intimidade deles e o que ele significa em sua mente, ela poderá compartilhar sua novidade com o pai biológico do bebê, ou guardá-la somente para si mesma. Ela pode ter se surpreendido grávida, ou feito uma opção consciente para ter um filho, concebido por via sexual, intervenção profissional ou por autoinseminação com esperma de doador. Pode mesmo servir como barriga de aluguel. Algumas vezes a gravidez é resultante de estupro ou de uma relação casual e envolve agoniantes decisões quanto a ficar com o filho, fazer um aborto, ou entregá-lo para adoção. Em sua ânsia de suprimir o pai, a mulher pode negar sua existência. Em suas fantasias a gravidez pode ser somente sua, mais propriamente do que um encontro relembrando a dupla paterna original que a causou.

Solapando o controle racional proporcionado por ideias anticoncepcionais, a concepção expressa uma história inconsciente do corpo, refletindo ideias vitalícias da gravidez e a imagem de sua identidade procriadora, feminina. Quando uma mocinha cresceu em identificação afetiva com uma mãe contente, que sente orgulho de seu próprio corpo fértil, sexual, e que tem um prazenteiro relacionamento com um companheiro, ela admitirá ter um filho para expressar a plenitude de sua própria vida. Este delicado equilíbrio entre intimidade afetiva e reconhecimento de distinção, porém, nem sempre é conseguido. Uma mãe insatisfeita pode ter usado sua filha para tapar a vacuidade emocional de sua própria vida, prevenindo a conquista de uma *imagem corporal* que é inconfundivelmente ímpar. Uma mãe hostil ou invejosa pode ter impedido ou interferido na alegria de uma menina em sua nascente *identidade sexual* feminina, e ambos os pais frequentemente falham não sendo satisfatoriamente suscetíveis às experiências de seus adolescentes com seus próprios corpos. Uma vez crescida, uma filha pode sentir-se compelida a usar seu corpo para acabar com preocupações interiores. Pode, por exemplo, tardiamente, tentar livrar-se do mágico círculo maternal, buscando uma similarmente intensa mutualidade emocional, através de uma criança dela mesma: "Suas mãozinhas abraçarão meu pescoço o tempo todo, tão perto que não há necessidade de palavras". Ou pode sentir-se impelida a forjar uma separação da mãe, através de encenações corpóreas psicossomáticas, nutricionais, sexuais, autodestrutivas ou reprodutivas que estabelecem sua autonomia. Aqui, Lucy ilustra, em pensamento derivativo, como o corpo sexual feminino pode ser empregado para encenar conflitos internos:

> *Ela nunca soube de meus abortos, mas agora compreendo que eram dirigidos a ela, Lucy, uma ex-modelo fotográfico, diz tristemente, com penosa compreensão adquirida do trabalho árduo em psicoterapia, alguns anos após a morte de sua mãe. Nunca fui sincera com minha mãe. Ela me amava mais do que tudo no mundo e me ensinou todas as coisas, mas eu era sua boneca, sem qualquer vida que fosse minha mesma. Olhando para trás, sinto-me tão envergonhada de minha promiscuidade, mas era o único meio que eu conhecia para me libertar.*

Mistérios da gestação

Seja como for que ocorra a concepção e seja qual for a sorte da criança após o nascimento, a gravidez é uma experiência requintadamente feminina. Fisicamente, é o espaço interno da mulher que a criança é implantada no terreno de seu mundo interior inconsciente, dando significado a suas fantasias, influenciando e influenciado pelo clima de realidade psíquica interior da mulher.

Quem a mulher é, e como, quando, por que e com quem uma criança é gerada estabelece o cenário para a aceitação da gravidez. Não obstante, mesmo as mais jubilosamente premeditada concepção vincula alguma ambivalência, desde que a criação de uma nova vida signifique a perda da anterior. Tão logo se torna claro que seus sintomas não são os pré-menstruais, mas sim aqueles de uma incipiente gravidez, mesmo quando muito esperada, a mulher pode sentir sua excitação moderada pelo temor de ser arrebatada pelo inexorável rumo que tomou. Interrompendo suas reações, num decidido esforço para hibverná-las por medo de que alguma coisa saia errada, ela pode, francamente, recusar a comprometer-se emocionalmente com uma gravidez indesejada. Estas são reações extremas. Em geral, o cunho da gravidez é a celebração da capacidade de adaptação feminina: essas inumeráveis mulheres que, através dos tempos, sozinhas na calada da noite, comprometeram-se com o risco emocional de confiar seus próprios corpos a um processo de crescimento sobre o qual tão pouco controle tem, seja por medo ou em afirmação de sua fé em que forças criativas internas prevalecerão.

Reavaliando o corpo e o self

Durante a gestação de seu filho, a liberdade de escolha da mulher é reduzida. Durante o tempo da gravidez, ela deve compartilhar seu corpo com outro que está sempre ali, mesmo em seus momentos mais íntimos; que interrompe seus pensamentos e perturba seu sono, obriga-a a modificar seus hábitos de alimentação, trabalho e vestuário e altera os padrões de atividade de uma vida inteira. Mulheres que já tiveram filho podem ser surpreendidas por novas ansiedades e temores não experimentados em gestações anteriores. Quando uma gravidez é idealizada e/ou seus aspectos conhecidos apenas por mulheres iniciadas, o grau de rebelião emocional e fadiga física no início da gravidez pode pegar uma principiante de surpresa; "Nunca me senti tão exausta antes – não esperava que fosse tão dominante", diz uma doutora em seu terceiro mês de gravidez. "Quando digo isso a outras mulheres, é como ser admitida em um clube, com todo mundo falando sobre suas próprias experiências de gravidez".

Embora a mulher grávida possa saudar sua rápida mudança de forma, a perda de sua imagem e de respostas corporais familiares significa que ela não pode mais antecipar suas condições físicas nem pode controlar sua aparência. Mulheres que sofreram transtornos alimentares podem ter especial dificuldade em adaptar-se a uma nova imagem corporal. Além de seu tamanho, seu corpo prenhe revela sua vida secreta para todos, proclamando que ela é sexualmente ativa e fértil. Em troca, estranhos podem sentir-se no direito de fazer observações, ou distribuir conselhos não solicitados. A gravidez desagrega as conexões familiares entre a mulher e seu corpo, que até aqui eram tidas como certas. Ela não tem mais a posse exclusiva de seu próprio corpo. Sua familiaridade está alterada em detalhes sutis e maiores. Em seu espelho, uma gorda intrusa, cheia de veias azuis, examina a ela mesma, observando e sendo observada por uma estranha que enxerga através de seus próprios olhos. As sensações corporais também parecem estranhas. Um centro de gravidade alterado a sacode em movimentos trôpegos que desafiam o controle, prejudicando o sentido do *self* no espaço. A gravidez arruína seu equilíbrio, seu senso de amplidão e seu campo de visão. Como dobrar-se fica difícil e seus bamboleantes pés invisíveis, áreas de passagem e parada se contraem e se expandem irregularmente. As impressões são distorcidas por sua hipersensibilidade sensorial. O odor de seu corpo altera-se; ela cheira diferente para si mesma. De fato, seu intensificado sentido olfativo e receptores corpóreos próximos, por vezes, têm precedência sobre sugestões distantes. Controle de temperatura, equilíbrio, cinestesia, aparência, textura do cabelo, papilas gustativas, acuidade visual, e o tato sofrem imprevisíveis transformações, seguinte algum misterioso desígnio.

Como a gravidez impõe constante revisão, tanto de padronização sensorial como das imagens processuais, ela tem que reformular frequentemente sua mais elementar experiência sensorial, tendo que reinventar velhas/novas categorias descritivas para capturar essas. Conceitos primitivos de sensação corpórea revitalizados durante a gravidez retornam à própria experiência infantil da mulher. Excitações reativadas e outras novas afluem conforme ela sente a forma, textura e reações inusitadas de seu estranho corpo, a esquisita sensação de encerrar novos órgãos e cavidades e a fantástica experiência de um outro ser em seu interior.

A coesão íntima é rompida por abstrações internas que perturbam sua habitual sensação de identidade unificada e indivisibilidade. A gravidez lança em discussão divisas corporais que desde a infância definiram a separação de sua personalidade interior dentro de sua própria pele. Suas experiências interiores agora não só são alteradas por processos metabólicos intensificados, como também são entremeadas por atividade imprevisível e ritmo diário que não é de seu feitio. Ela está literalmente possuída por outro ser; pulsa com os batimentos cardíacos do outro, excreta seus resíduos, é acordada por sacudidelas espasmódicas e aflige-se logo com cada agitação vigorosa da criança.

Não há descanso nem de dia, nem à noite. De fato, os movimentos do feto parecem ser mais poderosos exatamente nos momentos em que está em repouso, sugerindo um ciclo de interação.

Ela está agudamente cônscia desta dupla periodicidade dentro dela, intrigada com a existência interligada, embora independente, do bebê. Ansiando pelo momento quando voltará a ser ela mesma, imagina se poderá sentir-se de novo conscientemente singular e impessoal como antes. A integridade assume uma significação diferente agora que ela se tornou divisível.

A gravidez expõe a mulher a uma forma primitiva de experimentação, na qual as balizas conhecidas das sensações corpóreas normais e a organização emocional mudam e alteram-se, às vezes caindo em deformidades, sem qualquer estrutura permanente além da data de seu acontecimento.

Fases de transformação

Embora cada gravidez seja diferente, entendo que possamos salientar três fases, cada uma desencadeada por uma transição, que pode tanto seguir a uma mudança psíquica ou estabelecer mecanismos de ação defensiva.

Durante a primeira fase da gravidez, a mulher está muito preocupada em verificar e adaptar-se às novas sensações corporais, sintomas e desequilíbrio emocional, ajustando-se às implicações práticas de seu estado diferente. A segunda fase ou fase intermediária da gravidez começa com os movimentos internos, quando a ênfase muda da *gravidez* para a extraordinária ideia de um ser separado e desconhecido, crescendo em seu interior. A terceira e última fase é iniciada, quando a futura mãe começa a imaginar se seu bebê poderia subsistir e sobreviver fora dela, se tivesse que nascer prematuramente. Assim, através dos três trimestres, *o foco muda da gravidez para o feto e para a criança.*

Início da gravidez

Mesmo antes da concepção, a mulher que está sensitivamente em contato com seu corpo, pode interpretar os sinais de fertilidade "Com meu último filho tivemos que ficar fazendo amor toda a semana, durante meses", diz a mãe de Daniel. "Desta vez, senti nitidamente um *ping* quando ovulei, então disse ao meu marido: Temos que fazer esta noite".

Durante a primeira fase após a fertilização, ocorre rápida proliferação celular, com crescente diferenciação e órgãos do embrião começando a desenvolver-se. Nessa ocasião, as primeiras alterações hormonais e metabólicas causam sintomas secundários que a mulher pode sentir, mesmo antes de saber que concebeu, ou lembrar que seu ciclo está atrasado.

A mulher pode perceber leves mudanças na brandura dos seios, consistência das excreções vaginais, ou no gosto da saliva, descrito por algumas como metálico. Pode experimentar um leve formigamento na palma das mãos ou na sola dos pés, aumento de sudoração, cansaço, falta de ar ou discretas alterações na aparência e percepção da pele e cabelos e acuidade do sentido olfativo. Por outro lado, pode ter apenas a impressão de alguma coisa que significa gravidez. O conhecimento antecipado e a reforçada confiança no reconhecimento dos sutis sinais corporais podem aumentar a confiança da mulher na capacidade de seu corpo criar o bebê e de saber como dar à luz:

> *Não sei como definir isto, diz a doutora que encontramos antes, mas eu tinha uma convicção absolutamente segura de que estava grávida, embora quando fiz o teste, tenha aparecido apenas um ambíguo traço azul fraco,*

persisti durante dias, até que ele mostrou com certeza...
Sempre tive como certo que meu corpo passa o dia comi-
go, mas não tinha percebido quão afinada estou com ele.

A mulher que recém engravidou frequentemente sente-se fisi-camente ativada ou emocionalmente arrebatada. Experimentando este agitado bem-estar durante o dia, ela pode ser surpreendida ao encontrar-se inusitadamente fatigada e emocionalmente arra-sada ao cair da noite. Insônia ou acordar cedo demais pode ocor-rer, à medida que as atividades habituais são reavaliadas à luz das futuras mudanças e seu modo de vida altera-se para acomodar seus sintomas:

Realmente me sinto diferente, diz Hanna, jovem profis-
sional, em sua sétima semana de gravidez. Pela manhã,
acordo mais cedo e não tenho aquele receio desagradável
diário de ter que me esforçar para sair da cama, como
antes. Mesmo o enjoo de viagem não é tão ruim – de
fato, quando não vou trabalhar por causa da náusea,
penso no que estou perdendo no trabalho, ao invés de
ver isso como um permanente castigo vital, porque não
estou fazendo alguma coisa melhor no lugar. E quando
volto morta de cansaço à noite, John é muito gentil. Tudo
o que faço é me sentar com os pés para cima, enquanto
ele prepara o jantar.

Durante a primeira fase da gestação, cicatrizes de situações de perda ou uma história de aborto anterior aumenta a sensação de vulnerabilidade. Muitas mulheres grávidas sentem que não podem relaxar até a linha divisória do segundo trimestre:

Estou num dilema quanto a contar aos meus pais: mi-nha mãe é adoentada e fraca. Saber que estou grávida novamente poderia entusiasmá-la e lhe dar um novo ânimo, mas então um outro aborto seria absoluta-mente traumático. É irônico que, tendo querido que o tempo passasse lentamente, enquanto eu tentava ficar grávida, agora estou desesperada para que as próximas quatro semanas passem logo para que eu possa estar segura, diz Leah.

Fase mediana da gravidez

O cunho oficial da segunda fase da gestação é o reconhecimento da criança dentro. Durante a gravidez, duas pessoas ocupam o mesmo espaço. Conforme essa ideia começa a se manifestar, a mulher grávida deve reverter tudo o que se esforçou por estabelecer desde sua infância: apesar dos sonhos de fusão emocional, as pessoas são independentes; cada uma habita seu próprio corpo e cada uma delas é homem ou mulher. Não somente há um outro ser dentro dela, como há cerca de cinquenta e dois por cento de possiblidade de ser do sexo masculino. Mesmo sendo fêmea, encerra uma contribuição masculina, assim como a sua própria.

Durante os próximos meses, a futura mãe tem que tolerar partilhar seu corpo, ao mesmo tempo que aceita que o hóspede que ela carrega seja independente e esteja fora de seu controle. Concordando com a ideia de ter duas pessoas sob sua pele, é ainda mais complicado por um sentimento de tripla identificação: conforme a criança em seu ventre é focalizada, a mulher não pode fazer mais do que estabelecer um paralelo entre ela mesma como feto no ventre de sua própria mãe. A atual configuração de seu relacionamento emocional com seu antigo ventre-mãe terá um significado inconsciente nos sentimentos que tem a respeito de seu próprio filho.

36   FANTASIAS CONCEBIDAS

Sintomas como a náusea e a fadiga diminuem, assim que a placenta fica bem acomodada. A maioria das mães experimenta uma forte sensação de bem-estar físico, durante os meses seguintes, quando, apesar da barriga já se tonar mais visível, ainda não é desconfortável. Embora sacudida violentamente durante o sono por fortes cãibras noturnas na panturrilha (aliviadas com massagens, enquanto esticando e flexionando os dedos dos pés) e frequente necessidade de urinar, seu corpo ainda lhe pertence. Muitas mulheres sentem-se menos tensas, assim que passam da décima-terceira semana, pressentindo que a gravidez agora está segura:

> *Antes eu sentia que se fizesse muitos movimentos o bebê poderia cair fora, diz Ingrid, na Suécia, ecoando para todo mundo suas sensações de segundo trimestre. Agora que ultrapassamos a etapa do terceiro mês, e não me sinto doente, posso fazer tudo o que quero. Sinto-me como sendo eu novamente. Engraçado, às vezes me sinto menos grávida do que antes.*

Conforme os movimentos de dentro aumentam, a mulher muitas vezes nota sua atenção dividida entre as exigências do mundo exterior e os pedidos de atenção vindos de dentro. Ela pode atribuir características ao bebê, um nome carinhoso, gosto e não gosto. Muitas mulheres têm conversas silenciosas com o bebê, ou falam alto com ele, como um amigo imaginário.

A contínua brandura de seus seios traz à memória sensações semelhantes que experimentava em seu corpo adolescente. No início de sua adolescência, assim como agora, sua imagem corporal tinha que acomodar rápidas mudanças físicas e tornar-se mais feminina. A gravidez constitui um estágio ulterior na identificação com o fértil, sexual e, agora, grávido corpo da mãe arcaica. Paradoxalmente, neste momento de criar uma família para ela própria, associado à confiança de se tornar completamente adulta, está também mais ciente de seu íntimo vulnerável de criança, a menininha que era e, às vezes, ainda sente ser.

A mulher grávida que na meninice teve responsabilidades confiadas a ela, prematuramente, pode sentir isso como a última oportunidade de deixar seu íntimo de menina sentir o gosto da infância despreocupada, antes de ter que cuidar de seu próprio filho.

> *Minha mãe me tratava como uma preguiçosa, quando eu ponho meus pés para cima, diz tristemente Helena, assistente social. Na realidade, eu gostaria de ser cuidada, mas ela quer que eu cuide dela. Todos esses anos tenho mantido viva a ilusão de que um dia ela reconheceria minhas necessidades, mas estou começando a acreditar que não posso mudá-la. Ela nunca será aquilo que eu quero que ela seja. Está ainda profundamente interessada em tentar fazer com que sua própria mãe a trate de modo diferente e parece me ver como a substituta de sua mãe. Ela quis ser sempre festejada e mimada por mim e tudo o que posso fazer é pôr um limite em suas exigências e cuidar de mim mesma.*

Mulheres que passeiam alegremente, para trás e para a frente, entre sua personalidade de criança e de adulto, sentem facilidade em divertir-se com isso, mesmo quando comprometidas na atividade de desenvolvimento de uma criança que cresce. Mulheres anteriormente inibidas podem sentir a gravidez como libertadora:

Gosto da liberdade da gravidez, diz Olívia, contadora.
Sendo muito diferente da vida diária, não tem regras.
Sinto que posso ser qualquer coisa que queira. Simulo
vozes engraçadas, visto roupas estranhas, leio livros que
habitualmente não leria e me delicio com luxuriosos ba-
nhos de óleo, banquetes à meia-noite – dizendo ou fa-
zendo exatamente qualquer coisa que me dê na telha.

Se vem de uma família onde os prazeres eram usufruídos em segredo, a mulher que não se sente livre para gozar sua identidade sexual feminina, pode começar a se sentir alarmada, assim que sua crescente barriga revelar seu segredo ao mundo. Em ocasiões em que ela se sente intimamente consciente de que os outros a observam, se sentindo desajeitada e traída pelo seu volume, pode esfriar e achar difícil se alegrar abertamente. Quando a esbelteza e a aparência são fundamentais para a imagem íntima de uma mulher, não é incomum se verificar ansiedade quanto à perda de sua forma reconhecível. Pode ter que fazer um esforço consciente para se ajustar às manifestações externas de suas alterações corporais e relembrar suas causas.

Assim que o feto se torna mais vigoroso e evidencia sua própria individualidade, a mulher passa a se diferenciar do bebê em seu interior, assim como de sua mãe interna também. Esta mudança interior, que pode não ocorrer na primeira gravidez, é acompanhada em muitas mulheres por uma mudança na perspectiva que afeta o relacionamento externo com sua mãe, se essa for viva. Paradoxalmente, o reconhecimento dela mesma como ligada, embora separada da vida em desenvolvimento dentro dela, é um pouco semelhante ao da mãe em que ela própria se desenvolveu, podendo aumentar o senso de responsabilidade da mulher para com seu próprio bem-estar e, consequentemente, com o do bebê dentro dela. O tratamento carinhoso de seu corpo se intensifica com o aumento da confiança em sua capacidade de sustentar, desenvolver e dar à luz a uma criança saudável a quem ela quer cuidar. Concordante e reciprocamente, a consciência de sua responsabilidade e propriedade de seus pensamentos podem levar à individuação:

Nunca soube o que eu queria, diz Hanna, de quem falamos no início de sua gravidez, agora no segundo trimestre. Sempre achei muito difícil tomar decisões. Estar grávida me faz ter que pensar sobre as coisas mais honestamente. Tive um sonho em que minha barriga tinha estourado e o bebê estava deitado lá, achatado, como se no fundo de uma sacola de compras. Acordei chorando e pedi ao meu marido para verificar se minha barriga ainda estava redonda. Imagino que sonhei isso, porque estou com medo de me desgastar. Eu dancei no fim-de-semana e não sei se deveria me sentir culpada porque foi demais. Realmente não sei quando parar. Não quero parecer preguiçosa e parar de trabalhar muito cedo, mas preciso reservar um tempo para relaxar. Não sei quando estou cansada. Nos primeiros meses, quando me sentia muito cansada, só caía na cama, porque não podia fazer outra coisa. Agora tento pensar no que fiz durante o dia e se comi adequadamente, se devo pôr meus pés para cima e descansar. Eu acharia isso muito mais fácil, se houvesse uma lista do que fazer ou não fazer, mas na falta disso, as coisas simplesmente acontecem. Excetuando o fato de que agora sou responsável por alguém mais ali dentro também, assim, tenho que considerar e tentar encontrar o que preciso.

A fase final

"Sinto-me amedrontada com o parto. Eu deveria dar à luz a este bebê, mas como me sentirei fazendo isso? Estou assustada. São apenas mais três meses, mas o bebê pode vir antes. Ainda não estou preparada e espero que esta etapa demore mais um pouco. Agora mesmo não estou muito grande e cansada. Sinto-me muito forte e bastante calma. Gosto de estar grávida. Estou feliz com o modo como me apresento e me sinto satisfeita e impessoal- mente consciente da minha forma. Mas, quando o bebê nascer, vou me sentir achatada, esvaziada e exaurida. Do modo que estou agora, me sinto completa e as censu- ras da minha mãe não me dizem nada, mas estou com medo de que possa retroceder mais tarde. Eu a imagino cutucando minha flacidez e dizendo alto: Não tem nada aí – deixa disso!", diz Helena.

Quando a mulher começa a pensar na possibilidade de seu bebê nascer prematuramente, o que seria viável, o fim da gravidez torna- -se uma realidade em sua mente e ela entra na última fase. Dobrar-se ao meio torna-se virtualmente impossível. Sua barriga agora está pe- sada e grande o bastante para meter-se no caminho, quando fazen- do amor ou dirigindo. Apenas nos momentos de *ausência de peso*, quando nadando, ou em sonhos, a mulher grávida pode recuperar a percepção de seu velho corpo. O espaço corporal que divide com seu filho tornou-se restringido. Muitas mulheres se sentem desajei- tadas, inchadas e extenuadas, sentindo necessidade de diminuir o ritmo. Futuras mães que trabalham, e que podem se permitir assim fazer, muitas vezes escolhem este momento para tirar uma licença- -maternidade, preparando o espaço mental e prático para participar com prazer do último período livre de criança e/ou *fazendo ninho*, preparando um ventre substituto externo para o bebê.

À medida que a gravidez avança em direção a um desenlace, normalmente a futura mãe se torna mais consciente da significativa, irreversível mudança que está prestes a ocorrer. O momento da verdade aproxima-se vasto, com preocupações sobre a mútua jornada que está prestes a empreender: "Esta criança está realmente esperneando aqui dentro", diz Rebecca, no sétimo mês. "É tão ativo que não estou certa se ele vai esperar, mas estou assustada e não me sinto preparada ainda". O último mês, mais ou menos, é uma mistura de corte nas exigências sociais, aumento das atividades preparatórias pró-bebê, a ansiedade também aumenta no afã de completar todas as providências antes do nascimento. O quarto do bebê e a parafernália, trabalhos domésticos ocasionais que não podem mais ser adiados e aparando as arestas – como encontrar todas as parteiras da comunidade numa equipe, ler todos os livros importantes ou frequentar as últimas aulas do curso pré-natal. Algumas futuras mães. Freneticamente, agarram-se a eventos culturais, desesperadamente atentas às mudanças do estilo de vida por vir. Compromissos desempenhados tão facilmente, meses atrás, subitamente parecem insuperáveis, distraindo-a do círculo de sua barriga, com um afastamento paralelo para dentro do envolvente círculo da família e amigos:

> *Meu cérebro transformou-se em geleia. Dei a ele permissão para diminuir o ritmo e tenho que fazer um terrível esforço para encontrar palavras e apenas me concentrar é uma tarefa monumental, diz Rebecca, agora no oitavo mês de gestação. Da última vez, eu quase não imaginava que a gravidez pudesse terminar. Estava como um navio em pleno mar e gostava de ser o centro das atenções.*

Agora quero me recolher. Existe um sentimento maior de realidade sobre isso – estou excitada e ansiosa para conhecer o bebê, como se fosse desembrulhar um presente. Antes da minha filha nascer, eu não tinha a menor ideia sobre crianças. As únicas que já tinha visto estavam na maternidade, em ocasiões de visita, e pensava nelas como se fossem coisinhas pequenas, feias, desamparadas, borrachudas, desconexas – acho que como minha irmãzinha parecia para mim. Levou tempo para que eu mudasse de ideia sobre a Lilly, quando ela nasceu. Agora posso antever o bebê, mais ainda estou amedrontada quanto ao parto: como vou lidar com os dois? O parto vai ser difícil? Estaremos preparados para o bebê?

Nas últimas semanas, frequentemente a mulher grávida sofre de falta de ar, lassidão, constipação e azia. Seus ligamentos estão se distendendo, em preparação para o parto, e o processo das contrações, fortalecendo seu abdome, conforme entra em espasmo, tornam-se mais fortes e frequentes.

Enquanto espera, sabe que a criança também está ultimando seus preparativos para o nascimento, aprontando sistemas necessários para a transição para a vida extrauterina, formando tecidos e renunciando a depósitos de gordura. A prudente futura mamãe pode sentir que está usando os remanescentes de sua gravidez para se preparar para o nascimento, formando os recursos emocionais e provisões materiais necessários às exigentes atividades de pós--nascimento da mãe de um recém-nascido que vai viver fora dela.

Após o terrível trabalho de parto que tive da última vez, me sinto um pouco como uma atleta – preciso comer bem e repousar bem, levantar a cabeça e me preparar por meio de treinamento, para estar na melhor forma possível para aquilo que sei que será um trabalho duro. E, também já providenciei uma ajuda extra para quando voltar para casa, para me auxiliar naquelas excruciantes primeiras semanas, diz a mãe de Daniel.

Enfrentando o desconhecido e conforme a tensão da incerteza aumenta, a maioria das mulheres cede ao acompanhamento supersticioso de datas de nascimento ou dias da semana. Como todas as ideias cabalísticas, essas são tentativas de estabelecer alguma predição no desconhecido que se estende adiante. De modo semelhante, os conflitos interiores são projetados nos acontecimentos externos, acompanhados de melancolia, emoções intensificadas e temores irracionais do *castigo Divino*: "Tenho muito medo que meus líquidos se derramem, que eu fique suja. Há uma constante luta com essas vozes dizendo que eu nunca vou sair dessa. Estou certa que vou fracassar no teste do parto, ou vou ser aquela que ganhará o monstro", diz Dora, que quer cesariana.

Algumas vezes, a compulsão de se refugiar na familiaridade do mundo interior sobrepuja a ameaça de ter que enfrentar a novidade da incerteza. A mulher pode estar tão envolvida na teia emocional de sua família de origem, que é incapaz de fazer uso da base generativa da gravidez para afirmar sua individualidade. Durante o parto, pode inconscientemente repetir os padrões de trabalho de parto e nascimento de mulheres suas parentes, ou de sua própria mãe com um irmão na ordem equivalente de nascimento desse bebê.

À medida que conta os dias, a ansiosa antecipação pode se misturar com a mágoa de perder o bebê da fantasia e o caráter especial da gravidez, com um presságio de vacuidade e temores de fracasso. Outras, sentindo-se feias, usadas e embaraçadas pelo peso, não podem esperar para se livrarem da carga.

2. A caixa de Pandora

What of the end, Pandora? What is thine
The deed that set these fiery pinions free? [...]
What of the end? These beat their wings at will,
The ill-born things, the good things turned ill-
Powers of the impassioned hours prohibited.
Aye, hug the cascet now! Whither they go
Thou may'st not dfare to think: nor canst thou know
If Hope still pent there be alive or dead.
— *Dante Gabriel Rosseti, "Pandora"*[1]

Abraçando a *caixinha* de seu ventre prenhe, a mulher volta às suas origens criadoras. Como a de Pandora, abertura da *caixa* de uma mulher grávida está associada ao despertar de paixões adormecias e à liberação de ambivalências interiores.

Em tristeza...

Sandra, assistente social, vem me ver na metade da gravidez, com grave depressão. Diz ela, "Não sou ninguém e o bebê parece mais importante do que eu – ele tem tudo e eu não tenho nada". Manifesta seu temor do invejado bebê se tornar um "monstro" e, na falha de amigos e do companheiro para concentrá-la, antecipa-se, fazendo "loucuras" sozinha com a criança por horas a fio – uma indefinível "essência de bruxaria".

Sandra acha que sua "harmoniosa" infância fracassou, quando seu adorado pai estava frequentemente fora, a negócios. Como filha única, durante suas ausências, sentia-se abandonada deixada sozinha, com sua retraída e atarefada mãe, que tinha "padrões a manter", já que sua própria mãe, orgulhosa da casa, era muito autossuficiente, tendo enviuvado durante a Primeira Guerra Mundial.

Gradualmente, infere-se que Sandra sente-se ofendida por um amante anterior que se tornou independente e abruptamente terminou o exclusivo relacionamento íntimo deles. Deixou "profunda amargura", embora ela tenha sido, durante anos, uma generosa *mãe*, protetora e que tudo providenciava. No ressalto, ficou grávida, logo após encontrar seu atual companheiro. Nos meses seguintes, na medida em que usa a terapia uma vez por semana para falar sobre o "proibido" tópico de seu relacionamento anterior, a copiosa choradeira e a insônia de Sandra diminuíram. Começa a ver ligações entre ela e seu amado pai, que não ficara em casa, malgrado todos seus devotados (manipuladores) esforços.

O bebê também está destinado a deixá-la com o nascimento. Gradualmente, o investimento emocional no bebê, dentro de seu aumentado ventre, cresce na razão inversa da decrescente preocupação com o abandono. Em primeiro lugar, embora repleta de gravidez, ela sente-se vazia, esgotada e furiosa com seu fecundador. A despeito de valorizar seu saudável relacionamento, desprezou seu "desanimado" companheiro, que a vê clara e realisticamente, enquanto ela ainda tem saudades do apaixonado excitamento daquele ilusório relacionamento, quando se sentiu colocada num pedestal e muito especial, a despeito da angustiosa frustração e sofrimento.

Ansiando pelas intensas sensações que uma vez experimentou, faz tentativas de se comunicar com ele, mas seu namorado anterior é cuidadoso, temeroso de que ela o engolfe novamente e exija demais dele. Sandra permanece obcecada com a necessidade de seu reconhecimento; sua afirmação de que a pessoa que ela foi ainda existe e não foi apagada de sua mente. Ela está magoada, porque ela a olha como uma ameaça perigosa, mas acha que ele é muito frágil para ser tratado grosseiramente. Seguindo este contato fracassado, ela não chora mais, mas sente-se *seca* – solitária, sufocada e incapaz de chorar. Desenvolve cistite e se sente envenenada pelo feto invasor.

Com trinta semanas, o bebê é muito mais ativo, tem um apelido carinhoso e personalidade definida, e como Sandra começa a reconhecer sua necessidade de repouso, tenta desviar recursos de sua frenética atividade. Acorda de um sonho perturbador, no qual o rosto de sua mãe, feito uma máscara, é refletido no espelho em que ela própria está – se fitando. Ela imagina que, tal como sua mãe e sua avó antes dela, está ameaçada a se tornar mandona e estoica por inquietar-se por um homem ausente, negligenciando o presente.

Após uma agradável tarde com seu companheiro, surge como que uma revelação para ela, de que a vida comum pode ser boa e que a capacidade de vivê-la intensamente, em vez de excitantes altos e baixos de frustração e desgaste, reside dentro dela mais propriamente do que nos acontecimentos externos. Tem a sensação de bracinhos e perninhas mexendo-se dentro dela, estranha e miraculosamente, dizendo que costumava detestar suas mudanças corporais, e agora não pode se imaginar como não estando grávida. Conforme o bebê se encaminha para os preparativos do nascimento, ela me diz, pela primeira vez, que com o seu primeiro amante tinha tido um aborto muito prematuro, após o qual ele efetivamente havia se tornado seu filhinho, na medida em que ela o usava, possessivamente, para compensar sua perda. Agora, soluçando amargamente na sessão, por todas as perdas – pai ausente, mãe preocupada, amante namorador, bebê não pranteado – ela imagina essa gravidez como advinda de ganchos que a prendem a antigos assuntos não resolvidos. Sandra sente uma grande necessidade de espaço – como se "faminta da zona rural" – e sai por alguns dias com seu esposo em uma longa e muito esperada lua-de-mel. Seu filhinho nasceu alguns dias depois, com duas semanas de antecedência...

Permeabilidade

Nas primeiras semanas após a concepção, a atenção da mulher pode vaguear durante o dia, como semiconscientes devaneios ou pensamentos aflitivos, rompendo-se em realidade consciente. Conforme pesquisadoras psicanalíticas como Helene Deutsch, Grete Bibring, Judith Kestenberg e Dinora Pines observaram, fortalecendo a consciência das sensações corporais, a gravidez agita antigas ansiedades e revitaliza emoções que estavam adormecidas. Para a mulher que é capaz de assumir o risco de fazer uso do *momentum*, a real acessibilidade ao material até agora reprimido oferece a oportunidade ímpar de explorar o mundo interior.

Em sua *Psychopathology of Everyday Life*, Freud ilustrou como ações aparentemente malfeitas são realmente bem-sucedidas disposições de compromissos, permitindo que desejos inconscientes e pensamentos proibidos escapem, iludindo o censor interno. Durante a gravidez, escorregadelas e descuidos são frequentemente encontrados para dar sentido simbólico, como fazem os sonhos e sintomas. Perdendo sua bolsa ou se fechando em si mesma pode refletir sentimentos de ambivalência da mulher grávida sobre seu *hóspede*, apossando-se da *bolsa* interior de seu útero e usando seus recursos, enquanto ocupando seu corpo. Pressionada por uma sociedade que glorifica a gravidez, negando sua ambivalência, a mulher pode se sentir compelida a ocultar sentimentos negativos – até dela mesma – para manter a imagem idealizada, feliz, que lhe é pretendida experimentar. Alguns truques ou más ações têm a vantagem secundária de obstruir planos, expressando seu ressentimento em ter que ser radiante, enquanto sentindo-se esgotada ou, inversamente, comportar-se de modo usual a despeito da extraordinária mudança que ocorre internamente.

Na vida diária normal, tendemos a filtrar grande quantidade de estímulos, focalizando aquilo que parece ser mais pertinente à ocasião, peneirando informações irrelevantes de dentro e de fora. A pressão física e mental para reexaminar sua identidade faz a mulher grávida tornar-se mais agudamente consciente da ampla gama de sensações e influências subliminares que normalmente excluiria de sua atenção. A involuntária permeabilidade das fronteiras entre diferentes níveis de consciência significa que ela está inundada de fantasias e pensamentos que antes eram inconscientes. Pode se sentir inusitadamente chorosa, mal-humorada ou indistintamente emocional. Seu temperamento pode explodir de modo inesperadamente fútil, seguido de terno arrependimento.

50   A CAIXA DE PANDORA

Pode se sentir chocada ao verificar que ansiedades persecutórias redespertadas provocam supersticiosa ou mágicas soluções.

Algumas mulheres manifestam autocontrole e robustecem suas barreiras internas contra esta dose excessiva de sensibilidade, enquanto outras se entregam e gozam a sensação de rodar livremente. O relaxamento das defesas e a perda do controle emocional podem parecer algo alarmante. Porém, o desequilíbrio da gravidez tem alguns fiapos, frequentemente manifestos em intensificada sensualidade e sensibilidade ao toque, odor e cor, combinadas à aumentada sensibilidade às sutilezas da interação emocional e mais aguda consciência de seus mais profundos sentimentos e dos de outras pessoas.

O umbigo do sonho

Penetrando à noite no mundo dos sonhos, cada um de nós participa de outra existência, na qual o impossível torna-se possível e o proibido permissível. Jogamos com versões imaginárias de realidades passadas e futuras e permitimo-nos olhadelas num mundo rico e secreto. Aliviando a pressão da coerência racional, o próprio sonhador constrói novos padrões integrativos e permutações.

O sonho serve para elaborar desejos inconscientes, durante o sono protetor, conforme sugere Freud, com o sensor interior fazendo uso de mecanismos, tais como deslocamento, condensação e síntese para transformar e distorcer ideias inconscientes e resíduos do dia, em formas aceitáveis. Os sonhos parecem cumprir uma função de comunicação consigo mesmo e, dramatizando imagens interiores – como numa representação teatral – podem transportar mensagens de um modo vívido e criativo. Em nossos sonhos somos inclinados a dar expressão simbólica a ansiedades e conflitos *quentes* que em suas formas disfarçadas podem ser inconscientemente decompostos e solucionados. Inquietações persistentes, não solucionadas, podem se manifestar em sonhos que se repetem, ou numa série de sonhos com temas semelhantes. Outra função dos sonhos parece ser a decomposição e assimilação de experiências não digeridas e sua eventual integração na psique. Permitindo-se flutuar através de várias associações a elementos do sonho, elaboração posterior pode ser feita pelo sonhador ao acordar, reconstituído o conteúdo inconsciente. Os sonhos durante a gravidez tendem a ser invulgarmente profusos, vívidos e, às vezes, opressivamente reais. Muitas vezes persistem, nas horas de vigília, permitindo à sonhadora pensar como se sua realidade interior pudesse tomar posse da realidade exterior. Os sonhos refletem tanto os segredos do mundo primordial da gravidez como as fantasias e ansiedades pessoais há muito existentes sobre a insuficiência de seus recursos interiores e exteriores.

Freud e Jung sugeriram que alguns símbolos que se repetem aparecem em mitos, lendas folclóricas e artes gráficas, através de gerações e culturas, parecendo representar fantasias primitivas: portas, portais e aberturas tendem a representar orifícios do corpo, como a vagina; vasos, potes, caldeirões e terrinas sugerem ventres; a água é frequentemente associada ao parto e/ou sexo e o sono à morte.

Estudando sonhos relatados por mulheres grávidas, em diferentes sociedades, parece que compartilham uma experiência primitiva comum. Embora existam perigos metodológicos óbvios em proceder desta forma, parece que, destiladas, grande parte das narrativas pessoais podem ser vistas para expressar umas poucas experiências essenciais relativas ao corpo fértil, compartilhado e em modificação; ansiedades quanto ao parto e à maternidade e falta de preparação maternal; intensos relacionamentos amor-ódio; medo da morte.

Não obstante as diferenças psicológicas, muitas mulheres grávidas podem ser vistas como comprometidas com preocupações existenciais sobre a restrita liberdade individual e assimetria de necessidades seguintes ao nascimento do dual-um em dois. O sentido de falta de preparação para as implicações práticas da separação iminente do bebê e ela própria é refletido na perda do corpo prenhe como *veículo*, que havia sido tomado como certo, para ser o meio de transporte e, automaticamente, de cuidado para a criança.

> *Minha bicicleta foi levada. Acho que alguém a furtou. Não posso ir trabalhar. Tinha que levar o bebê para minha mãe, mas a bicicleta do meu marido não tem banco. Minha mãe não pode vir até mim e não posso ir até ela",* conta Chu, em seu terceiro trimestre, por meio de um intérprete, numa clínica pré-natal, na China.
>
> *Sonhei que meu bebê tinha chegado, conta Gabriella, em sua vigésima-quarta semana de gravidez. "Era pequenino, mas muito lindo e eu queria sair, mas não tinha comprado um carrinho ainda. Não podia deixar o bebê e não podia levá-lo comigo para comprar um. Acordei num incrível pânico, visto que parecia não haver absolutamente solução. Somente alguns dias mais tarde me ocorreu que poderia ter tomado um ônibus.*

Como todos os outros, os sonhos durante a gravidez são intensamente pessoais e refletem o próprio idiossincrásico estilo de fantasias criativas daquelas que sonha e a narrativa temperada com resíduos de sua própria experiência de acontecimentos recentes e daqueles de tempos atrás. Como tal, cada sonho é uma criação altamente individual que pode somente ser interpretado à luz daquelas associações particulares da própria pessoa que sonha. Todavia, analisando sonhos de mulheres grávidas, encontrei alguns temas básicos que parecem se repetir e diferentes culturas, embora o simbolismo manifesto claramente varie de acordo com a linguagem local de símbolos e metáforas da pessoa que sonha e seu próprio estilo de fantasia pessoal. Agrupei-os em cinco categorias sobrepostas.

Criatividade e opostos elementares

A mulher grávida está comprometida com uma atividade tão antiga como a existência humana; isso a impele ao encontro dos primitivos constituintes da vida física: fêmea e macho, nascimento e morte, criatividade e destruição, ordem e caos, dentro e fora. Embora fêmea, ela abriga a contribuição masculina e, possivelmente, um feto macho; embora real e concreto, tem pouco conhecimento de seu feto; aquela que também dá a vida, é aquela que potencialmente dá a morte. Ela que foi contida agora é o recipiente; ela que era pequenina agora é grande e criando alguém pequenino. Sua unidade é substituída por dois, forçando um novo gênero de confronto entre a própria e o outro, fusão e separação. Tudo isso é consignado em diversas lendas e formas simbólicas, tais como gigantes e miniaturas, símbolos fálicos escassamente disfarçados, vaginas e úteros, paisagens primitivas e luxuriantes florestas exóticas, origens criativas, brotando para a vida ou murchando em deprimentes finais.

Mistérios femininos e nascimento

A gravidez mergulha a mulher no misterioso processo feminino da concepção, gestação (formação, preservação e transformação), nascimento e criação. Não obstante o progresso do conhecimento científico e incríveis inovações tecnológicas, lidamos com a concepção como um processo mágico e enigmático. Dúvidas sobre sua capacidade de conter, sustentar e manter o pequeno feto, que misteriosamente deverá ser transformado numa criança, se misturam com a raiva por seu sentimento absoluto de solidão.

> *Em meu sonho, o piso de minha sala de estar estava coberto de estranhas marcas numa grade preta e vermelha que eu sabia ter significado sobrenatural, embora achasse difícil decifrá-las. Subitamente, um intruso entrou e massacrou minha família, enquanto eu tratava de fugir pela porta dos fundos, onde um anão me disse que eu havia sido envenenada por listeria e isso era culpa minha.*

Como o nascimento por vir e, no final das contas, seu próprio fim, a gestação é um processo no qual ninguém mais pode participar. Em seus sonhos, ela pode se esforçar para compartilhar sua solitária responsabilidade, imaginando que seu companheiro ou sua mãe estão grávidos por ela; pode manifestar ansiedades a respeito da precariedade de sua gravidez, sonhando com seu ventre esvaziando-se, hemorragia interna ou menstruação. Os medos sobre a viabilidade ou normalidade do bebê e sua própria capacidade de criar podem ser refletidos em sonhos de perder a criança ou esquecer de alimentá-la; preocupação com prazos e em perdê-los, ou testes que falharam, refletem a ansiedade sobre ser apanhada de surpresa, a falta de prontidão para o nascimento e a falta de preparo para o bebê. Durante o último trimestre, em particular, os sonhos ansiosos são mais abertamente sobre o nascimento, por exemplo, em imagens do bebê saindo de um orifício diferente, ficar grudado, desaparecer ou causar dano interno. Aqui, uma mulher da Europa Central, em seu quinto mês de gravidez, conta seu sonho da noite anterior:

Eu estava num corredor cheio de curvas. Dava a impressão de descer, mas na realidade, subia. Era como se estivesse nos túneis do trem subterrâneo na hora do pique, impulsionada para a frente, nadando com a corrente, ainda tentando preservar meu espaço pessoal. Então, cheguei ao topo de um labirinto. Parei, sem saber se deveria descer, com medo de desistir e deixar acontecer, no caso de eu não ser capaz de voltar jamais.

Conforme ela leva suas associações para o sonho, esse parece expressar sua identificação com o bebê, lutando para nascer, bem como seus confusos sentimentos sobre estar a meio caminho na gestação e começando a abandonar sua vida profissional. Em seu último mês de gravidez a mesma mulher fala de um outro sonho. Não mais permutável, tanto ela como o bebê são partes do mesmo processo, inexoravelmente, movendo-se em direção ao fim (curva) da gravidez.

Eu estava pedalando uma bicicleta com o bebê. Não posso explicar, mas parecia que eu era um e meio. Quando me aproximei de uma curva, achei que estava indo muito rápido e não sabia se poderia vencê-la. Tudo o que podia fazer era me segurar e esperar pelo melhor. Fiz a curva redonda, mas meu namorado ficou furioso comigo por eu ter arriscado.

Suas associações parecem ter atingido o ponto crítico de uma ambitendência emocional, aproximando-se rapidamente o fim da gestação. Olhando em frente, enquanto também o medo é afastado pelo parto, ela imagina quanto pode confiar em seu corpo, ou mesmo em si própria, para não lutar com ele por medo de ser *tirada do equilíbrio* durante o parto, ou tentando fazer o que os outros esperam, em vez do que ela sente. No caso, ela teve um relaxado parto sob a água e deu à luz um bebê encantador.

Reavaliação da identidade

Num nível profundo, inconsciente, a mulher grávida paira entre mundos interiores e exteriores, em encruzilhadas do passado, presente e futuro; ela própria e outra. A questão da identidade inconstante é crucial e perturbadora e, muitas vezes, é expressa em sonhos do tipo *Alice no País das Maravilhas*, de experiências do mutável, formas flutuantes, sensações e percepção:

> *"Não posso imaginar um bebê de verdade nascendo, mas de fato, tive um sonho sobre parto. Exceto que, em vez de um parto normal, cabelos tubulares horríveis, gordurosos, parecendo anêmicos, cresceram dos poros em minhas pernas, escorrendo para fora como macilentos pênis, coisas semelhantes a brotos de feijão, moles e úmidas, quase translúcidas, mas esses eram como árvores e ramificando... As pessoas acham que estou calma, mas me sinto exposta e fora de controle, horríveis pedacinhos secretos de mim, pulando para fora. Sou mortífera e depravada por dentro e não seria capaz de esconder isso do bebê", diz uma mulher que está angustiada por dúvidas interiores.*

O eterno triângulo

Pares e tríades, exclusão e inclusão, questões de rivalidade, inveja, ciúmes, amor e ódio, são representados com total simplicidade ou em enredos elaboradamente dissimulados, como pais, irmãos e figuras do passado distante, sendo justapostas a acontecimento atuais e futuros, encenando intrigas emocionais:

> *Eu tive pesadelos vagos medonhos em que minha irmã menor aparecia. Havia um negro sentimento de perigo, ameaça de violência e um alarme contra fogo com botões para chamar a Polícia, Bombeiros, Ambulância, Mãe. Tinha que escapar de alguém que estava atrás de mim, mas não podia me levantar ou sair.*

Bebê de fantasia

À escassez de indícios sobre a identidade de seu filho, a mulher grávida tece fantasias sobre a criança em seu ventre, que pode aparecer em muitas formas humanas ou de animais. A natureza primitiva, involuntária do processo de nascimento, é muitas vezes aparente, e, paradoxalmente, pode simbolizar o parto não do bebê, mas de uma criança interior, ou a mulher grávida dando à luz um aspecto vivo dela própria:

> *Às vezes, quando acordo, sinto como se tivesse esquecido tudo o que sabia, como se tudo houvesse sido apagado e, então, começo a falar e verifico que ainda posso falar. Noite passada, sonhei que estava nadando com golfinhos e tinha que me deixar ir e mergulhar, a despeito de meu medo de afogamento. Então, eu cheguei a um túnel subterrâneo e estava vagueando em corredores escuros e úmidos. Minha mãe veio através de uma pequena porta, carregando uma menininha, embora eu esteja esperando um menino.*

58   A CAIXA DE PANDORA

Tais sonhos podem permear o seu sono com imagens sombrias ou atirá-las para trás, em experiências primitivas. Alguns dias, ela pode se sentir tão desorientada que precisa estar rodeada por coisas familiares, para estar confortável e em segurança em casa. Em muitos casos, os sonhos têm a qualidade de uma persistente mensagem do interior, algum fragmento de informação emocional, trazida face às resistências ou decomposta em variações em sucessivos sonhos.

A criança real e imaginária

Fantasia inconsciente é um constante acompanhamento dos nossos pensamentos racionais. Forma uma grade mental ou estabelece por meios pelos quais ordenamos nossas percepções e estruturamos nossos mundos. Mesmo antes do nascimento, os pais começam a atribuir características a seus filhos, parcialmente baseados em ritmos e reações fetais perceptíveis e, parcialmente, em fantasias. Na fala de nítida evidência, a mãe e o pai outorgam ao "inchaço" um bebê imaginário de sua própria feitura. Embora não possam compartilhar suas mútuas preferências, muitos pais têm um desejo consciente por um bebê, sonhando com uma aparência, personalidade, sexo e mesmo nome determinados. Outros não têm preferências, mas sabem o que não querem. Embora desejos possam se tornar conscientes, suas origens repousam nas entrançadas névoas do inconsciente; o ventre torna-se um receptáculo de esperanças, vontades, desejos e ansiedades, conforme o bebê seja investido de propriedades do mundo interior dos pais.

O bebê imaginário pode representar um aspecto sombrio da realidade interior dos pais – uma estimada ou temida potencialidade deles próprios, ou uma vaga imagem relacionada a alguma figura importante do passado. Uma imagem interior persecutória ou prejudicial pode colorir a experiência do feto como uma presença física. Um companheiro carinhoso pode aliviar algumas dessas dificuldades emocionais. Porém, ele ou ela pode ter também um mundo interno de figuras persecutórias que ocupam a gravidez e o início da paternidade com imagens sombrias de agouro, ao invés de otimismo.

Identificações prematuras e conflitos não resolvidos com os pais arcaicos da mulher grávida emergem, nesta época de transição, entre ser a filha de sua mãe para ser a mãe de sua própria criança. Conforme ela inicia o processo de realização de seu desejo por um bebê, são reativadas fantasias relativas à antiga inveja de sua mãe fértil e ciúmes do relacionamento especial de seus pais, do qual era excluída. Se ela teve irmãos mais novos, as impressões de sua mãe grávida e memórias relativas ao nascimento deles são reacendidas, como o são velhas rivalidades e ansiedades inconscientes sobre represálias maternais contra desejos, raiva e impulsos destrutivos secretos da filha contra as crianças da mãe.

Como resultado desses penosos conflitos, a mulher pode ter ficado se sentindo culpada, inútil e improdutiva, em comparação com sua mãe, inibindo a vontade de ter um bebê dela própria por medo de ter que pagar muito caro. Como na infância, algumas mulheres grávidas, inconscientemente, fazem um pacto secreto, cautelosas quanto à sobrepujante mãe. Admitindo que não lhe seja permitido ter tudo sem sacrificar alguma coisa, ela pode se sentir constrangida a renunciar ao sexo, ambições ou carreira, a fim de ter um filho, ou a entregar a criança à sua mãe ou a uma ama-seca que a substitua.

Antigas apreensões surgem no contexto de pressões inconscientes relacionados a outros significativos. A receptividade de pais poderosos aos primeiros desejos apaixonados de uma menina

60 A CAIXA DE PANDORA

– e especialmente o significado que ela própria atribuiu às suas reações – terão colorido o sentido de sua própria atividade criativa. A reação de seu companheiro, que ela pode ter inconscientemente escolhido para perpetuar as transações como pais, ou negá-las, afetará sua crença atual nos poderes de sua engenharia de vida. De fato, as repercussões do passado e figuras que vivem dentro de seu mundo interior são, frequentemente, mais influentes do que aquelas que encontra em sua vida diária. Do mesmo modo, enraizadas avaliações da infância, tais como macular suas capacidades criativas, podem anular empreendimentos adultos e regeneração da realidade, que na gravidez pode se manifestar como excessiva ansiedade e uma constante necessidade de restabelecer a confiança medicinal ou emocional. Durante a gravidez, ela busca confirmação de que está criando o bebê corretamente; que ele é viável e normal e que encontrou um bom lugar dentro dela e suficientes provisões placentárias.

Psique e soma

De maneira semelhante à dependência do feto à qualidade da alimentação placentária, na mulher grávida, as imagens internas e fatores históricos inconscientes constituem nutrientes ou toxinas em sua *placenta emocional*, condicionando a gestação mental de sua gravidez.

Para algumas mulheres, a íntima conexão entre psique e soma pode se tornar tão intolerável durante a gravidez, que uma mulher que não pode suportar seus próprios sentimentos ambivalentes ou a ideia de compartilhar seu corpo pode ter que recorrer à expulsão psíquica – apagando fantasias e negando a realidade mental do bebê, recusando reconhecer a criança que está por vir. Ou pode se libertar ela própria da antecipação de se tornar mãe quando isso é considerado proibido. Uma outra mulher luta fisicamente com seus conflitos interiores:

> Quando descobri que estava grávida – diz Dora, que se apresentou para psicoterapia devido a intoleráveis estados de ansiedade durante a gravidez – eu estava arrebatada com o milagre; então comecei a me agredir mentalmente – não podia dormir, tinha os piores sonhos e ataques de pânico e sentia como se estivesse me cortando. Tenho medo de estar fazendo alguma coisa errada, querendo um filho – minha mãe odiava estar grávida de mim e acha que eu deveria seguir adiante profissionalmente e conquistar aquilo que ela foi incapaz de fazer. Temo prejudicar o bebê com meus pensamentos – tive algum sangramento no início e estou convencida de que fui a causadora disso.

Eventualmente, a reação psicológica da mulher grávida leva à destruição do embrião por aborto voluntário. Juntamente com o feto, o que está sendo abortado pode ser uma parte rejeitada de seu mundo interior – que retorna com ímpeto de culpa e autorrecriminação. Dúvidas angustiantes e ambivalência podem contribuir para o aborto prematuro. Conflitos relativos a uma concepção não planejada, a equiparação simbólica do embrião com alguma coisa indesejada nela própria, ou a apreensão de ter muito poucos recursos para sustentar uma criança, podem combinar com processos psicológicos para terminar a gravidez.

Não existe, porém, qualquer ligação psicossomática básica. Muitas gestações indesejadas vingam, malgrado a oposição interior. Reciprocamente, náusea e sangramento não são incomuns, mesmo nas mais desejadas gestações. O fato importante é como esses e outros sintomas físicos são emocionalmente interpretados pela mulher. Uma mulher perturbada pode sentir a náusea como uma tentativa de se livrar do parasita invasor, por ela estar violentamente doente; outra pode sentir que vomita, porque está envenenada pelo pernicioso feto. Uma mulher ansiosa pode tratar a náusea como um sinal de sua insuficiência interior; a deprimida pode sentir que isso é sua "maldade" interior sendo expelida. Algumas mulheres saúdam os sintomas em andamento, como uma indicação positiva de que estão ainda grávidas. A constipação pode, inconscientemente, representar uma preocupação de expulsão da gravidez, ou um sentimento de entupimento estático, ou fantasias persecutórias de crueldade, destruição interior. Isso não quer dizer que os sintomas são determinados por sentimentos, mas que a reação da mulher grávida a esses, é afetada pelo sentido simbólico que inconscientemente atribui a seu estado físico que, em resposta, pode exacerbar os sintomas ou sua ansiosa consciência deles.

Exterior e interior

O alimento é um intermediário entre o exterior e o interior, parecendo proporcionar alguma influência sobre aquilo que está além do poder da mulher grávida. Na ocasião em que a mulher nauseada e frequentemente salivante está muito preocupada com a oralidade, o alimento oferece um meio de modificar os sintomas. Além disso, é um meio de estabelecer contato com o bebê, ou influenciar seu crescimento.

Desejos ardentes podem ter significados simbólicos, baseados em equiparações cabalísticas. Ideias supersticiosas abundam, tais como alimentos fortes e saborosos para fortificar o bebê, os nobres, para assegurar sua saúde e inteligência, ou leite, para estimular a lactação, e assim por diante.

Muitas crenças folclóricas refletem a ideia de que o alimento que uma mulher ingere marcará ou influirá diretamente no crescimento ou aparência da criança. Por exemplo, no Oriente Médio, a associação de alimentos brancos com a formação dos ossos ou aparência pálida; na Europa, a abstinência de morangos por medo de sinais de nascença; na África do Norte, evita-se os vegetais de raízes defeituosas por medo de deformidades. Em Hong Kong, muitas mulheres chinesas se abstêm de tomar sopa de serpente, que causará uma pele escamosa na criança, e chá, que originará uma criança com pele bronzeada. Em muitos países, a carne de coelho é evitada, por causa de associações com o lábio leporino. Algumas restrições são parte de um elaborado sistema de crenças sobre a saúde ser dependente de forças equilibradas, tais como alimentos quentes e frios. Recomendações de alimentos tabu podem ser transmitidas para o desenvolvimento da criança, ou visando melhorar a saúde a mulher, ou facilitar o parto. Para a mulher grávida, a mais importante propriedade simbólica do alimento é a representação, uma ponte entre os mundos exterior e interior, entre ela própria e o embrião. O alimento pode representar um meio de contato e influência. Desejos ardentes podem ser atribuídos à gravidez, ou vistos como manifestações da criança, ou como complexos meios de identificação com o feto. A mulher pode usar seus desejos para obter carinhos adicionais ou provas de amor, como nas anedotas sobre as tentativas do marido em obter frutas fora da estação. Às vezes, o "tratamento" especial pode ser pretendido não para ela, mas para o bebê.

O alimento pode ser usado por uma futura mãe assim como cigarros, ou álcool ou drogas, quando facilmente disponíveis, como um meio de salientar sua autonomia corporal, a despeito da tentativa de *tomada de poder* do hóspede; ou como uma defesa para fortalecê-la contra o "invasor"; ou como um aterro para tapar um buraco emocional dentro dela. Mulheres com transtornos alimentares, tais como comer compulsivamente, com tendências para bulimia ou anorexia, são particularmente vulneráveis durante a gravidez. Ingestões insalubres e abuso de substâncias podem ser usados para controlar, testar ou punir a criança, e uma mulher perturbada pode gostar de seu poder para matar a fome, ferir ou infligir sofrimento ao feto, visto como um desprezado aspecto dela mesma como criança.

Cavidade primária

Em muitas mulheres, a turbulência emocional e física da gravidez reativa as imagens da infância sobre o interior do corpo, tal como a ideia de um único espaço interior, no qual todos os órgãos estão interligados, despertando uma fantasia de que o bebê seria contaminado ou ficaria emaranhado. Um temor relacionado é que quando a *rolha* é retirada no parto, os conteúdos do corpo virão esguichando para fora; ou conforme o cordão umbilical é puxado após o nascimento, arrancará tudo para fora junto com ele. Este singular temor é intensificado em ocasiões de autoestima precária e fronteiras indefinidas, ou quando o interior do corpo é sentido como abrigo do verdadeiro *self*, que é protegido contra o mundo: "Tenho horror a exames de sangue. Quando furam minha pele sinto que posso escoar para fora. É como se houvesse um vácuo dentro e meu próprio interior fosse líquido – tão mole como a gema de um ovo quente que eu nunca, jamais comi", diz Raquel no início de sua gravidez.

Antigas memórias corporais são revividas com o tratamento físico de seu corpo prenhe. Medo dos exames íntimos pode ser relacionado a inibições sobre exposição genital, ou ao terror de ser manipulada abusivamente:

Não posso suportar a ideia de exames íntimos, diz Polly, recentemente engravidada. A última vez foram tão dolorosos, tão rudes. Tentei dissociar-me como se não estivesse presente, enquanto deixada ali, com minhas pernas erguidas no ar e aquela intrusão hostil da mão enluvada – e isso ainda afetou meus sentimentos nas relações sexuais por meses. Não podia suportar ser tocada.

Quando o corpo é conceituado como um tubo, os orifícios tornam-se interligados. Arrebatada por sentimentos de pânico e choque, porque sua garganta fechou, Rachel teve a fantasia, enquanto deitada na mesa de exame, que a mão do médico reapareceria através de sua boca.

Algumas mulheres podem utilizar separações defensivas para assegurar "repartições" internas, com estoques e provisões conservadas em um compartimento, separadas dos produtos usados. Outras ficam preocupadas com a desordem dos materiais internos – comida mastigada, urina, fezes, sangue, esperma, líquido amniótico, leite e flatulência. Para algumas mulheres, o interior do corpo pode parecer um local afetuoso e confortável; outras imaginam um labirinto escuro, que causa claustrofobia, confinando o manietado feto, ou um espaço vazio, com um solitário feto amarrado a uma placenta, girando no vácuo.

Em um relacionamento infeliz, a criança por nascer pode ter sido mentalmente concebida para desempenhar um papel. Ela pode ser designada salvadora, reparadora, reinício, prova de amor, bode expiatório, penhor, a que dá prazer. A lista é infinita – o desapontamento, inevitável. Às vezes, para distinguir o bebê imaginário do verdadeiro por vir, um rótulo sem

66   A CAIXA DE PANDORA

importância é colocado na barriga, como Popeye ou Gerôni-
mo – um nome que não será usado após o nascimento. Dar
nome ao feto permite comprometer-se em narrativas fantasio-
sas, enquanto que paradoxalmente, o feto invisível é localizado
no mundo dos intercâmbios sociais verdadeiros: "Vamos levar
uma banana quando formos ao teatro. Você sabe como Matilda
gosta delas".

Inovações tecnológicas têm perturbado o caráter misterioso do
processo primitivo das fantasias soltas. O conhecimento pré-natal
das feições da criança e de seu sexo, por meio da sonografia ou
amniocentese, pode perfurar a bolha da fantasia conforme os pais
começam a se referir a um indivíduo sexuado. A fotografia com
fibra ótica nos permite ver o bebê em ação no ambiente do útero,
e como ele reage a diferentes estímulos. Além disso, o que agora já
foi demonstrado, sem dúvida, é que o feto está ciente de sutis mudanças, tanto no ambiente interno como no externo, distinguindo
em reação a experiências físicas (escuro-claro, movimentos, sons,
sabores, toque); estímulos sociais (conversa, canto, dança, música, metabolismo, batimentos cardíacos, mau humor). Mesmo no
útero, o bebê humano está sendo influenciado pela cultura específica do ambiente, que busca significado e reage de um modo que
tem lógica. Gravidez é um tempo de transmissão: como impulsos das extremidades dos nervos faiscando através dos neurônios
em descargas elétricas, a transmissão ocorre através das fronteiras
uterinas. A criança está crescendo para conhecer um mundo além
do útero, através do impacto de biorritmos maternais, influências
hormonais e seus padrões de movimento, sono e influxo e, indiretamente, através de suas atividades. Conforme mães têm descon-
fiado através dos tempos, de modo brando e intenso, propriedades
do mundo emocional e do mundo material de cada mulher grávida infiltrando-se no útero.

Três na cama

Com a confirmação da gravidez, o sexo – não mais a simples hora de diversão ou ato propagativo intencional entre dois parceiros – passa para outra esfera onde três interagem. Para algumas mulheres, a criança concebida numa relação amorosa é, em si mesma, a essência do amor, ou sua comprovação. Para outras, concepção significa posse de um corpo sexual ativo, ou evidência de feminilidade, virilidade ou potência, e a gravidez pode despertar ressentimento ou inveja no homem, ou descontentamento na mulher, parecendo não uma feliz prerrogativa, mas um cansativo processo do qual os machos são poupados.

O ato sexual pode sutilmente mudar de uma atividade recreativa ou procriativa para uma de mútua criação ou expressão de experiências corporais separadas. A concepção de uma criança desejada intensifica a ternura no ato sexual, trazendo maior proximidade ao casal, conforme entram em sua nova condição de futuros pais, libertados das sombras da desaprovação e da dúvida. Podem experimentar um rejuvenescimento do desejo sexual, agora que a gravidez planejada foi finalmente alcançada – ou, ironicamente, no caso de uma gravidez inesperada, quando o fato está consumado, não tem mais necessidade de se preocuparem com a ocorrência de gravidez.

A própria sexualidade é repleta de mistérios da cena primária – as atividades secretas dos pais originais. Quando a concepção significa entrar em uma zona proibida, o ato amoroso pode ser intensificado ou inibido, de acordo com a carga emocional da fantasia inconsciente subjacente. A íntima ligação física entre amantes tira sua eletricidade da mistura de desejos da infância e preocupações da maturidade. Área livre para a suspensão de limitações e divisões, também salienta diferenças masculinas e femininas – especialmente durante a gravidez.

Submissão à fusão e entrega orgástica é frequentemente associada à ideia de reentrada no útero. Durante a gravidez – quando alguém *realmente* reside no útero – esta fantasia é complicada pela mistura da consciência inibidora de um intruso e/ou identificação com o feto *in utero*. A privacidade de um conjunto de dois é interceptada pela presença de um terceiro. A díade prenhe pode oscilar entre sentir que a gravidez enriquece seu relacionamento íntimo e experimentar um sentimento de invasão, imaginando o feto ocupando o lugar do pênis, ou espiando sua cópula de dentro. Em fantasias sexuais exibicionistas, o componente audiência, muitas vezes é atribuído ao feto; ou a criança pode simbolizar o rival, a criança íntima, o vilão ex-cindido,[2] a criança *voyeur*, a progênie incestuosa. Ou a mulher grávida, agora futura mamãe, pode adquirir uma aura de objeto maternal proibido. Questões complexas de posse esboçam-se em seu relacionamento, visto que a gravidez suscita o problema de a quem pertence seu corpo interior: a ela própria, a seu filho ou ao seu marido.

A gravidez altera a experiência interna da sexualidade da mulher, pois suas reações espontâneas são modeladas por sensações corporais e experiências hormonais incomuns, bem como sua experiência psíquica da gravidez. Seu corpo não é mais somente seu. Ela é mais do que a soma de si mesma, não mais um ser único, unitário: ela contém uma parte em crescimento de seu companheiro, enquanto ele permanece, fisicamente indivisível e separado como o foi desde o nascimento. Fisiológica e psicologicamente, ele é imutável, enquanto nela influências da gravidez afetam todas as esferas de sua experiência corporal e psíquica, incluindo o sexo: "Não estou certa de que o sexo poderia – *nos* colocar outra vez em renovada intimidade. Somos muito diferentes agora, porque estou envolvida com o que está acontecendo dentro de mim e me sinto tão cruelmente ruim; tenho me refugiado no interior, enquanto ele permanece na superfície".

Alterações no sistema circulatório da mulher durante a gravidez incluem aumento da vascularidade em toda a área pélvica, alterando sua capacidade de tensão sexual, aumentando a frequência e intensidade do orgasmo. O aumento da produção hormonal influencia a elasticidade e relaxamento dos músculos lisos, ligamentos e tecido conectivo. Profusas secreções vaginais alternam-se com incomum secura, afetando sua receptividade a estímulos eróticos. Tudo isso, mais a sensação de bem-estar induzida pela endorfina e a intensificada sensibilidade do mamilo e do clitóris podem contribuir para intensificar a experiência da sexualidade. Algumas mulheres grávidas sentem medo disto, sentindo-se ansiosas por libertar o seu até agora reprimido aspecto apaixonado.

Durante o primeiro trimestre, a mulher está ciente não só das mudanças físicas, mas também do novo e estranho significado de seu corpo como um recipiente, contendo matéria-prima. Tanto ela como seu companheiro podem se sentir preocupados com o efeito da penetração sobre o tenro embrião, temendo causar aborto ou prejudicar o bebê de alguma forma. O feto está, de fato, bem protegido quanto a dano ou infecção, e o ato sexual não consegue desalojá-lo. Não obstante, ansiedades podem persistir na gestação.

Estou completamente desinteressada por sexo. Realmente, não quero nada. Sinto-me fisicamente satisfeita, como se o bebê tivesse calado uma profunda necessidade física. Sinto-me excluída e não quero nada de fora. Suponho que sinto que a penetração pode não ser agradável para uma criança – toda aquela bateção – e retenho o orgasmo, porque tenho medo de contrações uterinas. Mas, acima de tudo, estou preocupada, porque não tenho nenhum desejo. Não quero que nos distanciemos.

A gravidez nos trouxe para mais perto um do outro, embora tenha também aumentado grandemente nosso isolamento – sou aquela que está criando o bebê e ele já fez sua parte...

Diferenças compartilhadas

Os parceiros tornaram-se profundamente diferentes. Mesmo em repouso, ela é uma geradora ativa; mesmo sozinha, ela não está mais por si mesma. O parceiro masculino pode se sentir excluído; a fêmea, invadida e explorada. Ela tem náusea matinal e uma cintura que engrossa; ele permanece imutável. Ela tem contato direto com a criança; ele se sente excluído. Ressentimentos profundos, que muitas vezes permanecem inconscientes, podem emergir durante o relacionamento sexual, criando tensão física e conflitos silenciosos entre os parceiros. O macho pode se sentir rejeitado: "Agora ela está grávida, me descartou sexualmente. Às vezes, eu me sinto como o macho da aranha, que é devorado após a fertilização".

Nenhum território para o homem

Em seu desejo de contribuir para o desenvolvimento da criança, o futuro pai pode, inconscientemente, comparar ejaculação com alimentação, imaginando que está irrigando o feto para ajudar o crescimento, ou o alimentando com o esperma leitoso. Pode também se sentir novamente incitado: sua germinante fertilidade masculina parece excitante e magnificamente atrativa. Um outro acha o corpo prenhe de sua companheira estranhamente indesejável e se sente defensivamente distante e perturbado pelo sentimento dela estar se tornando mãe e, consequentemente, edipicamente proibida. Em nível mais primitivo, ela se tornou a fonte, o lugar secreto e misterioso de onde ele próprio se originou – o todo do qual foi separado e dividido.

Para o homem, o corpo com o qual agora faz amor não é mais aquele de antes da gravidez que concebeu esta criança: "Casei-me com um carro esporte, mas da noite para o dia tornou-se um ônibus". O odor dela, a sensibilidade de sua pele, a textura de seus cabelos, tudo está sutilmente alterado. Suas formas mudam diante de seus próprios olhos, como seios crescendo, veias saltando, cintura sumindo e barriga aumentando. O homem pode sentir muita ternura pela mulher que está carregando seu filho, aumentando o contato sexual como um meio de mostrar seu amor a ela.

Nesta fase de transição, fantasias inconscientes florescem. Atemorizado pelos poderes criativos dela, ou se sentindo redundante agora que ocorreu a concepção, ou se identificando com seu fecundo esperma, o parceiro pode se sentir temeroso de ser sugado de volta para dentro do útero cerrado. Uma fantasia comum é que a criança pode prender seu pênis durante a penetração. Fantasias profundamente perturbadoras e inveja do tesouro interior da fêmea e/ou medo da represália do pai edípico, aparecem frequentemente em sonhos.

Na gravidez adiantada, embora o parceiro masculino possa se sentir mais relaxado, porque a robustez do bebê parece assegurada, sua aumentada vivacidade pode ser sexualmente inibidora. A sensação do feto sempre observando pode levar à perda da ereção no homem que se sente perseguido externamente, ou por sua própria exigente criança interior. Sadismo fálico inconsciente pode incapacitar o homem com temores de ferir o feto ou a mulher grávida com seu pênis pontiagudo resultando em impotência temporária. Em casos de inveja não resolvida da faculdade criadora da parceira feminina, os homens mostram repentinos sintomas gástricos ou genitais que impedem a penetração, ou vividamente expressam temores de contaminação ou ansiedades com relação à intocável mulher. Em outros casos, a insegura identificação masculina pode se manifestar como inveja e apropriação de cuidado pré-natal e planos sobre o nascimento, ou exibição de domínio machista por meio de violência verbal e/ou física, coerção sexual e mesmo estupro.

A mulher pode se sentir apaixonadamente sexual durante esta fase de sua gravidez, enquanto seu companheiro está inibido por suas ansiedades inconscientes. A alienação pode crescer, se eles diferem na intensidade de seus desejos sexuais e são incapazes de exprimir seus sentimentos um ao outro. Cada um dos dois pode se sentir rejeitado ou desprezado pelo outro. A sensibilidade de sua aparência em alteração pode contribuir para a sensação de falta de atrativos da mulher, que ela sente ser confirmada pelo desinteresse sexual de seu companheiro. Ele pode estar cautelosamente esperando sinais de encorajamento por parte dela, temeroso de infligir-se ele próprio sobre ela, como se ainda fossem os mesmos amantes de antes da gravidez.

No segundo trimestre, as contrações uterinas durante o orgasmo aumentam e a fase pós-orgasmo de relaxamento uterino é mais lenta. Algumas mulheres sentem-se liberadas das inibições sexuais, deleitando-se com a recém-descoberta sensualidade e, ironicamente, com a independência das preocupações anteriores sobre concepção. Algumas mulheres experimentam maior excitamento sexual e a amplificação do orgasmo pode causar alarma somático e/ou temores de desencadear um aborto. (Examinando recente pesquisa, a obstetra Wendy Savage concluiu que nenhum dano pode afetar a criança em virtude da penetração sexual.)

A fase mediana da gravidez é o período quando a maioria das mulheres se sente fisicamente mais confortável. Próximo ao fim da gravidez, quando sente seu corpo incômodo e opresso, a mulher pode estar menos inclinada a fazer sexo, embora algumas continuem se sentindo desordenadamente incitadas, também durante a última parte da gestação.

A excitação pode ter muitas formas de expressão. A atividade sexual, de modo algum, é o único indicador da intimidade emocional, e o prazer erótico não envolve necessariamente a penetração. Conforme o "inchaço" cresce solto, e a mulher reclinada sente-se como uma baleia encalhada, a motivação para encontrar novos meios de expressar sua afeição pode, acidentalmente, revigorar o namoro de um casal de futuros pais.

Acessando os mistérios femininos

Agora que o interior de seu corpo se tornou eletrizado pelo processo, reúne mistérios, ao invés de afastar o enigma: "Este sussurro apodera-se de seu corpo, enquanto você está lavando a pia. Não uma interferência, mas uma comunhão, um milagre; um milagre medonho, além do entendimento. Se paro de pensar sobre isso, mexe meus miolos".

Para a mulher, a extremidade fria do espéculo de sondagem, o exame interno feito pelo médico, embora desagradável, significa uma esperada mensagem do interior. Ela quer saber se seu útero é um lugar produtivo, vivificante. Pressão sanguínea, escrutínios e exames de urina são tratados pela mulher grávida, parte como ritual, parte como revelação. Suas visitas pré-natais são ritos migratórios, uma afirmação da qualidade de sua atividade criadora interior.

A tecnologia proporciona uma mágica *entrée* a um mundo secreto, oferecendo a experiência intensamente estimulante de realmente ver seu bebê através do ultrassom, observando-o movimentar-se, possivelmente até sendo dado um vídeo do esquadrinhamento. Ver as atividades do bebê, ou mesmo as feições de seu rostinho, e imaginar o interior do útero como sendo o seu lar, podem auxiliar o vínculo pré-natal. Em alguns casos, porém, o número de profissionais envolvidos, sua intrusão e a insensibilidade sua, a experiência emocional e o *estresse* incluído, podem realmente aumentar, ao invés de diminuir a ansiedade.

Alguns pais sentem-se perturbados pela caixa de Pandora da exposição pré-natal, despertando sua ira contra escolhas impossíveis e apresentando novas preocupações sobre o efeito dos exames. Juntamente com a intensificada familiaridade do bebê verdadeiro, pode haver uma sensação de logro de um período de livre e solta fantasia. Como o ultrassom e a amniocentese proporcionam informações sobre o sexo do bebê, os futuros pais podem se ressentir ao ter que fazer escolhas; sentindo-se compelidos a saber o sexo do bebê, já que os médicos sabem, e podem se sentir privados da surpresa no dia do nascimento.

Outros futuros pais ficam ansiosos e carentes de reafirmação. Às vezes, a simples experiência de escutar o vigor metronômico do coração do bebê pode revigorar seu otimismo. Semelhantemente, melhor do que tratá-la como um recipiente inerte, o respeito profissional pela consciência de seu bebê pela futura mãe, ou a cálida confirmação de que o bebê é feliz em tê-la como mãe, muitas vezes, fazem mais para aliviar ansiedades e incertezas do que quaisquer exames.

Nem todas as inovações tecnológicas são úteis ou inócuas. Estamos agora conscientes dos perigos dos raios X e de várias drogas, como a talidomida, tidas na época como benéficas à mulher grávida. Nem todos os procedimentos de exame pré-natal são informativos, e alguns, como os testes de tolerância à glicose, são considerados de valor duvidoso e, provavelmente, causadores de ansiedade desnecessária e interferências não justificadas. Conhecidas as desvantagens, podemos indagar por que algumas mulheres não só se sujeitam aos escrutínios rotineiros, mas muitas vezes procuram exames adicionais.

Em nível inconsciente, as questões que preocupam a mulher grávida em sua busca de informações são os primordiais mistérios femininos de compreensão, formação preservação e transformação. Psicologicamente, a compreensão de seus medos e revoltas emocionais imitam a compreensão de um outro ser no interior de seu corpo. Enfrentando sua enorme responsabilidade criadora, dúvidas surgem a respeito de sua capacidade de formar uma criança viável e sadia. Procurando saber como seu corpo saberá o que fazer, preocupa-se imaginando se ele será capaz de desincumbir-se do processo mágico da gestação – transformar o invisível óvulo fertilizado num embrião que pode se desenvolver e formar uma criança real, viável. E mesmo que o faça, será permitido a ela manter a criança?

Está preocupada com a questão de preservação: mantendo seu filho em segurança dentro dela, protegido contra os perigos externos e internos. A preocupação com esses antiquíssimos mistérios é pessoal e virtual. Num nível mundano, imagina como continuar sua vida ativa e ainda manter o crescimento do bebê, alimentando--o e protegendo-o contra perigos durante a gestação e das forças invisíveis durante o parto. Pode ela assegurar seu próprio bem-estar, enquanto mantendo um ambiente equilibrado em seu interior? Pode evitar que ele saia mal ou dissolva-se em nada? Manterá a criança feliz, querendo ficar no interior até o prazo? Nascimentos prematuros são frequentemente interpretados pela mãe como rejeição ou interpretação das condições interiores como inóspitas por parte do bebê.

Está preocupada com a normalidade do bebê, mas também com o que esse pensará dela. Esta criança, emergindo de dentro, sabe tudo o que está contido dentro dela e pode revelar seus segredos para aqueles ao redor. Poderá o bebê resistir à sua maldade interna? Pode ele se beneficiar de sua bondade? Quanto a este extraordinário mistério da transformação, pode ela conseguir o múltiplo milagre de transformar uma sementinha num feto, a gravidez numa criança, líquidos corporais em leite e ela própria em uma mãe? Estes são alguns dos enigmas para os quais mulheres ao redor do mundo procuram orientação – usando qualquer meio, místico, tradicional ou científico, à sua disposição.

Notas

1. Que importa o fim, Pandora? Foi tua

   A proeza que fez estas asas de fogo livres? [...]

   Que importa o fim? Essas batem suas asas livremente,

   As coisas malnascidas, as boas coisas tornadas más –

   Poderes das apaixonadas horas proibidas.

   Sim, abraça a caixinha agora! Para onde vão

   Tu jamais te atreverás a pensar: nem podes tu saber

   Se a Esperança ainda ali encerrada está viva ou morta.

   Dante Gabriel Rosseti, *Pandora*. (N. do T.)

2. No original, Split-off remete ao significado de cindido – expelido. Usou-se a palavra não dicionarizada ex-cindido para dar tal significação. (N. do R. T.)

3. O paradigma placentário

The cords of all link back, strandentwining cable of all fresh... Spouse and helpmate of Adam Kadmon: Heva, Eve. She has no navel. Gaze. Belly without blemish, bulging big, a buckler of taut velum, no, whiteheaped corn, oriente and imortal, standing from everlasting. Womb of sin.

Wombed in sin darkness I was too, made not begoteen. By them, the man with my voice and my eye and a ghostwoman with ashes on her breath. They clasped and sundered, did the coupler's will. From before the ages He willed me and now may not will me away or ever...

—James Joyce, Ulysses[1]

78   O PARADIGMA PLACENTÁRIO

Através de gerações, cada um de nós – homem e mulher – iniciou a vida dentro de um corpo materno. Nossas primeiras impressões foram das paredes do útero, do gosto do líquido amniótico e do som abafado de uma voz feminina. Para a maioria de nós, uma mulher exerceu domínio sobre nosso desamparo infantil, fonte de alegria e angústia. A gravidez é nosso fundamento sensual e essa condição revitaliza primitivas experiências na mulher, ela própria transformada em recipiente. Sombras do passado permeiam seu presente e seu corpo retoma a condição maternal, seu mundo interior sendo galvanizado em sublevação emocional.

Em sua identificação de inter-relação com a mulher que a carregou no ventre e ela própria como portadora de seu filho, a mulher grávida pode figurar uma enfeitada cadeia de cordões umbilicais, encadeando-a para trás, umbigo com umbigo, por toda a linha maternal até à mulher que não tinha umbigo. A maioria das futuras mães sabe que o cordão que as une tem uma dupla função: leva nutrientes à criança, enquanto remove detritos produzidos pelo feto a serem purificados através de seus próprios sistemas. Para o melhor ou para o pior, durante o tempo da gravidez, eles são uma dupla inseparável. Conforme seu estado de espírito, a mãe pode focalizar os aspectos positivos ou negativos de seu processo de duas vias, de dar e receber, vendo-se a si própria como um recipiente passivo, uma generosa armazenadora, uma envenenadora daninha ou uma hospedeira explorada. Pelo mesmo sinal, ela pode, às vezes, imaginar seu filho como um hóspede inocente, um parasita depletivo, consumindo suas energias; um intruso alienígena, contaminando seu íntimo; um sabotador interno que pode atacá-la e causar-lhe dano; um prisioneiro confinado, um ser vulnerável ou um companheiro amigo. O cordão que liga mãe e filho pode assim ser imaginado como um conduto de duas vias, visualizado por algumas como fonte de especial alegria: "Isso é o mais próximo que jamais poderemos estar – intercambiando nosso mesmo sangue vital", e, para outras, ameaçadora persecução retaliatória; "Quando penso no cordão umbilical", diz outra mulher grávida receosa de se sentir zangada, "é como se aquilo que sai de mim irá se projetar de volta".

Embora livros sobre a gravidez dispensem pouca atenção à placenta, para a mulher grávida essa tem, frequentemente, grande significação emocional. Pode ser imaginada como um órgão que ela desenvolveu especialmente para a criança, ou algo que o feto precavido trouxe com ele para sua própria alimentação. Dependendo de sua perspectiva, a placenta pode simbolizar sua generosidade ou insuficiência; voracidade do feto ou sua dependência simbiótica.

Na falta de conhecimento sobre seu bebê, o ventre torna-se um receptáculo para as fantasias, desejos, temores e esperanças da mulher. Seu bebê de fantasia é tecido com os materiais de seus sonhos e sua vista interior dela própria. Como um amigo imaginário, ele é uma miragem, adquirindo forma e solidez de narrativas emprestadas e resíduos emocionais de sua história interior. Durante a gravidez, ocorrem flutuações na ligação da futura mãe com seu feto. Essas podem ser determinadas por sua saúde o apoio emocional que recebe, exigências de outros dependentes e, acima de tudo, os recursos interiores nos quais ela se nutre. Não obstante, observando mulheres grávidas diariamente durante o curso de gravidez ou, em alguns casos, diversas gestações, verifiquei que, a despeito das variações do dia a dia, a maioria das mulheres desenvolve uma disposição de temperamento em relação ao feto e a elas próprias, atribuindo qualidades e valores positivos e negativos para cada um.

O paradigma placentário é um modelo que elaborei para esquematizar essas permutas emocionais. Focaliza o intercâmbio imaginado pela mãe entre ela própria e seu ocupante, o processo de duas vias que enfrenta, levando substâncias, bem como recebendo-as e filtrando-as.

Dependendo se a mãe considera a troca entre ela própria e seu feto favorável ou prejudicial, erigirá ou derrubará barreiras imaginárias entre eles. O modo como ela vê sua interação origina-se de conceitos inconscientes a respeito do feto e sua própria imagem como boa ou perigosa. A maioria das fantasias das mulheres grávidas flutua durante toda a gravidez entre esses vários pontos de vista, de acordo com seus ânimos e disposições. De modo geral, porém, cada mulher tende a gravitar para uma ou outra posição, de acordo com sua orientação emocional para esta gravidez em particular e modos habituais de defesa.

O paradigma placentário mostra como a avaliação da mulher grávida de sua própria imagem e sentimentos com respeito à criança por nascer podem influenciar sua experiência emocional de gestação, o encontro pós-natal e seu comportamento como mãe. Em sua mente, a coexistência é possível se a futura mãe for capaz de tolerar sua ambivalência relativamente à gravidez. Pode ela então se permitir pensar no bebê, também, como uma mistura: às vezes, inocentemente crescendo dentro dela, inconsciente de sua existência; outras, cutucando-a obstinadamente ou exaurindo-a cruelmente. É provável que essa mulher seja capaz de continuar a ver-se como uma mãe suficientemente boa para um bebê suficientemente bom, após o nascimento.

Reciprocamente, a mulher que idealizar o intercâmbio da gravidez, encarando tanto ela própria como seu bebê como exclusivamente positivos, desabrochará, negando quaisquer aspectos negativos, entregando-se a fantasias de mútuo enriquecimento, recursos combinados. Esta futura mãe não somente vê a si própria como generosa provedora, mas regala-se por procuração no estado paradisíaco de seu feto imaginado. A menos que lamente o passar da exclusiva intimidade deles, pode tentar restabelecê-la, após o nascimento, com ela própria, como *container* emocional que tudo abarca, numa fusão simbiótica que, uma vez mais, nega quaisquer imperfeições.

A mulher grávida que se sente interiormente perseguida por seu feto – vítima de um perigoso ser, sofregamente espoliando-se de seus recursos, ou poluindo-a com seus produtos de refugo – irá se sentir compelida a estabelecer uma barreira mental que a capacite a proteger algumas coisas boas dentro dela mesma da espoliação. Isso pode tomar a forma de separação, fazendo o que acha certo e recusando-se a permitir que o feto se aposse de seus pensamentos. Ou pode comer por dois, a fim de opor-se à ansiedade de ser internamente devorada ou esgotada pelo feto; ou beber em grande quantidade para lavar os detritos produzidos pelo bebê. Pode atribuir sintomas, tais como flatulência, azia, ou constipação à influência maléfica do bebê ou às suas defesas contra ele: "Sinto como se meu corpo todo estivesse em rebelião contra este assaltante".

Inversamente, quando a mulher grávida sente que é ela a má influência sobre seu vulnerável, bonzinho bebê, pode constantemente recorrer a comportamento supersticioso, a fim de evitar o vazamento de suas más emoções ou hábitos: "Sem um drinque, eu fico me debatendo contra a fascista em mim", diz uma alcoólatra desesperada que se apresentou voluntariamente para terapia. "Mas com a bebida ponho em perigo o bebê; assim tenho que passar todo o dia tentando pensar positivamente para compensar a inclinação para a garrafa". Uma vez nascida, a criança que esteve dentro dela e conhece sua maldade de dentro pode ser, às vezes, sentida como tolerante ou alegre, mas, outras vezes, acusatória ou condenatória. Pode alternar entre aceitação e culpa:

*Meu filhinho é muito magro e ainda não dorme bem,
diz a mãe de um menino de três anos de idade. Estou
convencida de que é porque eu fumava quando estava
grávida dele. Ele é muito forte, mas isso me persegue,
este sentimento de que alguma coisa está errada e eu sou
a causadora.*

A mulher grávida que está cronicamente insegura a respeito de
seu próprio valor, pode buscar constante reafirmação, não só no
fato de que ela tem alguns bons recursos, mas também na capacidade do bebê de resistir à sua maldade. Como diz uma delas:

*Às vezes, quando entro em pânico, sinto-me estourar aos
pedaços, como se meu corpo todo fosse se desmantelar e
nada pudesse mantê-lo inteiro. Tenho medo que o bebê
possa ser estourado ou envenenado. É tão frio e desagradável dentro de mim. Eu sei, tenho vivido assim durante
anos. Acalmei-me com comida e drogas, guardando minha loucura para mim mesma. Mas este bebê, ele está
bem ali no meio de tudo – não pode escapar...*

Se tanto ela como o bebê são imaginados como perigosos um
para o outro – uma fantasia exacerbada pela incompatibilidade de
Rhesus – a mulher pode solucionar seu dilema, tentando erigir
uma barreira impermeável entre eles, rejeitando ser envolvida de
qualquer forma com a gravidez. Outras podem tornar-se anoréti-
cas, recusando-se a alimentar o bebê e em sua mente, punindo sua
própria mãe que a privou. Ou, decidindo que cada um deve seguir
seu próprio caminho, pode aumentar suas atividades para provar
sua mútua independência. Semelhantemente, a futura mãe poderá

negar-se a fazer quaisquer concessões à sua gravidez, ou continuar a fumar, beber, ou usar drogas – não como um teste à tolerância do bebê, como nos casos anteriores, mas para demonstrar seu ressentimento por sua intromissão na vida dela: "Não estou preocupada com esse negócio de paparicos. A gravidez é uma coisa normal, então, você continua sua vida normal". Posteriormente ao nascimento, salvo se a mãe tiver tido assistência terapêutica, ou ganhe um bebê que tenha capacidades incomuns para sobrepujar sua indiferença, excessiva compensação de culpa ou rancor, a dispensa de cuidados suplementares é essencial.

A mãe como continente

Existe uma ideia psicanalítica da mãe como um *container*. Wilfred Bion propôs que, idealmente, mães que são continentes das ansiedades de seus bebês as *contenham* até que a criança tenha estabelecido uma noção de seu próprio espaço interior no qual conservá-las. A *boa* mãe conservará os inconcebíveis pensamentos do bebê, mentalmente os digerirá por meio de seu *reverie maternal* e, então, transportará as emoções abrandadas de modo que possam ser recebidas de volta pela criança, sem perigo. Estou sugerindo que um paradigma para este processo maternal existe, desde bem antes do bebê nascer. A futura mãe já está servindo como continente para seu filho e, através do processo placentário de dar e receber, o está nutrindo e também metabolizando os detritos por ele produzidos, em seu próprio corpo. O grau até onde se sente ameaçada pelos "venenos" da criança ou por suas próprias forças destrutivas reduz sua alegria da ligação placentária de ambos, durante a gravidez, e a receptividade para o diálogo emocional, após o nascimento.

84   O PARADIGMA PLACENTÁRIO

Muitas das configurações inconscientes das futuras mães são coloridas por sua própria estrutura emocional e o lugar da criança em sua realidade psíquica. Identificando-se tanto com a mãe e também com o filho, algumas mulheres idealizam a fusão mãe/filho, defendendo-se contra a ambivalência, atribuindo ao bebê ternos aspectos deles próprios como bebês imaginados e/ou exaltando o feto e a fantasia de uma fusão simbiótica com a mãe generosa e benevolente. Outras imbuem o bebê com os aspectos rebeldes delas próprias, que sentem ter sobrepujado, ou com as rejeitadas facetas de seus próprios mundos interiores – que podem incluir desejos incestuosos reprimidos, ou experiências de abuso.

Quanto mais tolerante com seus confusos sentimentos e com aqueles de sua mãe, e quanto mais receptiva às criancices e aspectos pueris dela própria, maior a probabilidade da mulher ficar com eles, ao invés de cindi-los e projetá-los no interior do bebê com quem inconscientemente se identifica. Não precisará, então, ter que ir muito longe para se defender contra as ameaças que imagina de tocaia dentro dela ou que atribui ao bebê. Isso, em compensação, intensifica sua capacidade de estar em contato com aquilo que está experimentando emocionalmente, ao invés de ter que manter esmerados mecanismos de defesa, tais como altruísmo, idealização, negação, ou desinteresse, a fim de proteger a si própria contra a consciência da dialética de amor e ódio, criança e adulto, processos sofisticados e primitivos que existem em todos nós.

Como uma metáfora, esse paradigma provou ser mais adequado do que eu pensava, quando o propus em 1989. Há poucos meses, biólogos progressistas estabeleceram que, uma vez que somente a metade dos gens da criança provém da mãe, os interesses genéticos do feto e da mulher grávida nem sempre são idênticos e, às vezes, um cabo de guerra fere-se por recursos, alterando a bioquímica da mãe para acomodar as necessidades de seu hóspede.

Uma vez que a visão de si própria e configurações inconscientes de seu filho vêm influenciar a interação pós-nascimento, a mulher grávida que se sente perturbada por sua incapacidade de comprometer-se com a ideia de ter um filho, ou sente-se perseguida por ele, pode buscar ajuda psicoterapêutica para promover a resolução de conflitos interiores, antes que o processo interativo de duas vias se inicie no nascimento.

Paradigma placentário

Mãe	Filho	Intercâmbio psíquico
±	±	coexistência ambivalente
+	+	intercâmbio idealizado
+	−	barreira da mãe contra o bebê parasítico
−	+	a mãe se sente perigosa para o bebê vulnerável
+/−	0	conflito bipolar: cisão bom/mau; criança = não entidade

Nota

1. Os cordões de todos se encadeiam para trás, tramatrançado cabo de toda carne... Esposa e companheira de Adão Kadmon: Heva, Eva nua. Ela não teve umbigo. Contempla. Ventre sem jaça, bojando-se ancho, bloquel de velino reteso, não, alvicúmulo trítico, oriente e imortal, elevando-se de pereternidade. Matriz do pecado.

   Matrizado em pecadora escuridade eu fui também, feito que não gerado. Por eles, o homem com minha voz e meus olhos e a mulher fantasma com cinzas em seu hálito. Eles se uniuniram e se dividiram, fizeram o querer do acopulador. De antes dos tempos Ele me quis e possa não querer-me longe agora ou jamais. James Joyce, Ulysses – Tradução de Antônio Houaiss, em Ulisses – Círculo do Livro S. A. – S. Paulo, 1975 (N. do T.).

4. O lugar do pai

Cesariana terminada, enquanto o médico retira o re-cém-nascido para cortar o cordão umbilical, o pai es-preita através da vidraça. "Alphonse, seu tão acalentado feto, tinha sido trocado por uma menina! A criança que lhe está sendo entregue não é aquela que tinha em men-te e com quem praticara brinquedos imaginários todos esses meses. Este pequeno torresmo, olhos fortemente apertados contra o brilho das luzes, é uma fêmea, como sua mãe". Seu filho, seu suporte masculino no futuro, seu sonho de continuidade, esvaneceu-se com o surgimento de um nenezinho sem pênis.

Enquanto uma operação mais importante se inicia para acomodar o bebê, já agasalhado, ao seio, o novo pai fica por ali, a garganta congestionada por contidas lágrimas de alegria, impotência, frustração e alívio, sentindo-se

*como um intruso no mundo das mulheres. Tudo o que
quer fazer é desenrolar o bebê e estreitá-lo sob sua cami-
sa, pele contra pele, murmurando e balbuciando banali-
dades para suavizar sua entrada no berçário barulhento
e desagradável. Mas é ignorado pela enfermeira em suas
tarefas e, de qualquer modo, teme que ela pense que ele
não tem o cheiro certo...*

Deparando-se com as prerrogativas da mulher de engravidar e
ter filhos, o parceiro masculino acha-se, como o fez seu pai, lutando para estabelecer sua própria contribuição. Mesmo dormindo, o
corpo de sua companheira grávida garante o crescimento da criança dentro dela, enquanto ele tem que trabalhar para manter contatos e encontrar seu lugar na esfera produtiva. Após o nascimento,
também, o envolvimento do pai continua um ato de fé, baseado na
confiança e aprovação social.

Através dos tempos, na maioria das sociedades, a mulher tem
sido fundamentalmente definida por seu papel procriativo e maternal, enquanto que o homem tem tido que criar identidades
masculinas, em contraidentificação com a maternidade feminina.
Com o progresso tecnológico das identificações genéticas, que podem determinar a identidade do pai biológico, sublocação de útero
e doação de gametas, não só de esperma, mas de óvulo – ou sua
fertilização *in vitro* fora do corpo – algumas das assimetrias entre
mãe e pai têm sido reduzidas. Com a crescente aceitação de pais
solteiros e a coabitação de casais não unidos legalmente pelo ma-
trimônio, a prática do reconhecimento de descendência, pelo pai,
transmitindo seu sobrenome, já não é suficiente para estabelecer
a paternidade. Os pais estão tendo que se comprometer em atividades maternais para ganhar a posição paternal, anteriormente

garantida a eles pelo nome. Agir como pai, bem como mãe, está se tornando cada vez mais uma atividade contínua. Inversamente, o homem parece estar começando a ser mais possessivo com relação a seus direitos paternais e sabe-se que, mesmo os doadores de esperma, têm requerido acesso às crianças que geraram.

Ao contrário de sua companheira grávida, que carrega uma visível protuberância, o pai expectador pode se sentir, e de fato muitas vezes é, deixado de fora e ignorado por amigos e profissionais da saúde. Evadindo-se dos desconfortos físicos da gravidez e do parto, renuncia ao prazer de experimentar a vida interior e pode sentir-se ciumento da intimidade que sua companheira experimenta com seu bebê. (Interessante é que pais que esperam gêmeos podem, ambos, sentirem-se excluídos da intimidade que as crianças gozam uma com a outra dentro do útero). O contato tátil é feito através da pele de sua parceira, e como ele tenta acariciar o pequenino corpo, ou sente o impacto de seus movimentos, talvez não possa ajudar, mas imagina como o bebê deveria se sentir ao experimentá-los de dentro.

A inveja do homem pela capacidade da mulher de criar seu filho não é incomum. As descrições de Freud de *Little Hans* e o *Wolf Man* referem-se ao primitivo desejo do jovem de ter um filho na identificação com sua mãe, bem como o desejo de ter nascido de seu pai, para ser sexualmente satisfeito por ele e para presenteá-lo com uma criança. Isso culmina numa fantasia de penetrar no útero da mãe, a fim de substituí-la durante o coito com o pai. Durante a gravidez de sua companheira, perturbadoras fantasias infantis e profunda inveja de suas capacidades e da criança dentro dela podem reaparecer no homem.

O resguardo

O resguardo é um rito cultural que auxilia o reconhecimento da paternidade do pai, retratando de forma simbólica seu comprometimento com a criança. Em algumas sociedades, o resguardo tem a intenção de proteger a mulher ou a criança por nascer dos demônios ou maus espíritos, desviando a atenção desses para o pai. Alguns antigos psicanalistas e antropólogos reconheceram a hostilidade inconsciente do pai contra sua companheira e/ou filho, subordinada a ritos formais de resguardo. Ainda, além de proporcionar um escape emocional para os confusos sentimentos do homem, num nível intrapsíquico, o resguardo é também uma forma de identificação inconsciente com ambos, mulher e feto, possibilitando ao homem desviar sua rivalidade e ambivalência por meio da criatividade, e para ganhar simpatia, despertando a atenção pública.

Nas sociedades industrializadas, na falta de ritos formais, a formação de sintomas pode substituir o resguardo, oferecendo ao futuro pai um meio de repudiar sua hostilidade, enquanto suporta punição por isso. Doenças psicossomáticas também podem expressar sua inveja da mulher e antigas fantasias sobre sua própria capacidade de dar à luz. Os sintomas proporcionam um meio de obter reconhecimento paternal e cuidados de profissionais e outros, bem como fugir às responsabilidades, e repouso para contemplação, possivelmente envolvendo tempo fora do trabalho.

Pesquisas indicam que a metade da população de futuros pais desenvolve alguns sintomas relativos à gravidez durante o curso da gestação. Diversos estudos confirmaram uma preponderância de obsessões hipocondríacas entre futuros pais que podem ser um meio de transferir inconscientemente o foco das atenções para seus próprios corpos.

Alguns sintomas psicossomáticos, como náusea e vômito matinais e aumento de peso em futuros pais, imitam a gravidez ou centram-se no desconforto ou dor em empatia com aqueles que a mulher terá que suportar. Outros são precipitados pela gravidez, mas são mais difusos, como palpitações, ansiedade aguda e assim por diante. Uma expressão mais sublimada de inveja pode se manifestar nos parceiros, como no envolvimento solícito exagerado, controle da alimentação e funções físicas da mulher grávida e sua preparação para o parto, ou o estabelecimento de um projeto criativo simulando a gestação ou competindo com a gravidez, possivelmente até mesmo marcado para coincidir com o nascimento. Nos casos em que o homem se preocupa com o início da paternidade, seu *projeto* pode ser engrenado para afastá-lo do nascimento ou dos ameaçadores primeiros dias ou semanas após o parto.

Tomados aos extremos – como em oposição a reações simpáticas ocasionais – os sintomas psicossomáticos indicam que, ao derivar pensamento e sentimento, o corpo está sendo usado regressivamente para manifestar antigos conflitos. Buscar tratamento com figuras de autoridade médica masculina pode expressar submissão, uma transigência de identificação e/ou competição com o objeto de amor materno, ao invés de arriscar a rivalidade masculina com um amedrontado pai edipiano.

Além dos sintomas simulando gravidez, alguns parecem se relacionar à identificação inconsciente com o feto:

> *Sonhei que estava sentado no sofá-cama e minha mãe mal me dirigiu uma palavra. Senti-me impotentemente furioso. Ela ocupa todo o quarto... sempre me aceitou sem restrições – e me ignora, me deixando apenas o suficiente para continuar vivo. Tendo recebido somente meros recur-*

sos para sobreviver, nunca o bastante para ir e vir e estar
no mundo, conta um futuro pai, após um ataque de asma.

O pai do pai

A experiência de esperar o primeiro filho desperta intensas emoções assim que o homem começa a tomar o lugar do pai, deslocando o seu próprio para a geração dos avós. Na iminência de se tornar pai, esperar um filho ativa no homem a reavaliação do passado como criança em relação a seus próprios pais. Ternas lembranças de ser carregado nos braços de seu pai ou empoleirado triunfantemente em seus ombros, podem colidir com imagens do rosto de seu pai deformado pela ira brutal. A mistura agridoce de um redemoinho de emoções converge em experiências lembradas e inconsciente de separações e reuniões entre pai e filho, fria indiferença ou procura de calor.

Penosas reverberações de ser o filho edipiano de sua mãe, ao invés de amante, podem também reemergir. A vaidade fálica de sua capacidade de procriar mistura-se com antigos sentimentos de intensa rivalidade relativos ao privilégio exclusivo de seu pai de fazer amor e bebês. Como este conflito básico tenha sido resolvido determinará a atitude do homem frente a esta gravidez:

- Se, auxiliado por um pai amoroso (vide Layland), o jovem foi capaz de identificar-se com ele e também renunciar a seus desejos impossíveis.

- Se contornou o problema, permanecendo identificado com a mãe que o gerou (assim negando as limitações de seu próprio gênero) ou desejando não a sua mãe, mas o pai.

- Se falhou em entrar na arena de todo mundo, mantendo uma vida de fantasia com sua mãe, livre do desafio da presença emocional ou física do pai.

A revisão do passado durante a gravidez, em alguns homens, pode trazer aqui e ali uma reavaliação de relacionamentos interiores, resultando em recombinações no sentido da própria personalidade. Na maioria dos homens, o processo de transição para a paternidade tem lugar em sonhos, devaneios diurnos e lembranças conscientes. Muitas vezes, isso termina, em face da realidade com seu pai ou com outras importantes figuras masculinas e mentores.

Alguns futuros pais são capazes de apreender o significado dessas experiências e elaborar os sentimentos a elas associados; outros desviam-nas do consciente, contando com a ação, preferivelmente ao pensamento. Se uma afirmação madura é conseguida e os atributos, bem como as faltas paternais, são reconhecidos, o homem, como cada geração antes dele, encontrará a si próprio em ascendência, conforme os poderes de seu pai declinam.

O futuro pai

A maioria dos estudos tem focalizado a mulher durante a gravidez. Somente nos últimos anos os futuros pais têm visto seus próprios direitos focados.

Em Israel, uma pesquisa de Gerzi e Berman comparou cinquenta e um futuros pais com cinquenta e um homens casados sem filhos. Os primeiros acusaram ansiedade generalizada e tensão significativamente mais altas e os testes projetivos indicaram preocupações edipianas e necessidade mais forte de dependência, rivalidade com irmãos e nivelamento do futuro bebê com um invejado irmão mais moço. Entrevistas clínicas com alguns dos futuros pais revelaram ambivalência, culpa, fantasias infantis, identificações femininas, temor de castração e consideráveis mecanismos de defesa.

Outro tema recentemente focalizado foi o desenvolvimento de mudanças que ocorrem no senso de recombinação da personalidade dos futuros pais. Vários estudos por psicanalistas americanos (como Cath, Gurwitt, Ross e Herzog) verificaram que a consciência de suas forças criadoras de vida, encoraja os homens no sentido da reconciliação com seus próprios pais. Aqueles que falham em salientar seus relacionamentos com os pais durante a gravidez, tornam-se progressivamente menos capazes de encontrar um mentor masculino interior, para protegê-los contra a identificação feminina. Em alguns, a *fome de pai* residual, devido à ausência física ou emocional durante o crescimento, leva, na média gravidez, à busca da masculinidade e virilidade através de aventuras bissexuais ou casos extraconjugais. Similarmente, um recente estudo no Instituto de Psiquiatria, em Londres, confirmou o relacionamento do pai com seu próprio pai, como sendo o único e mais importante fator em doenças mentais do homem após o nascimento (vide Lovestone e Kumar).

Em minha experiência clínica, a gravidez pode balançar relacionamentos internos bloqueados remetendo-os para fora de suas posições estáveis de compromisso, resultando tanto no enrijecimento das proteções como no abrandamento das defesas. Para alguns futuros pais, a comprovação pública de virilidade afeta hábitos da vida inteira em relação à figura paterna – liberando a criatividade bloqueada, que foi reprimida em deferência à autoridade, ou acabando com padrões de arrogante rebeldia, conforme o homem torna-se mais capaz de tolerar incerteza e ambivalência.

Em qualquer caso, a consciência de quão longe ele e sua companheira já chegaram, combinada à de quanto ainda terão que andar, pode tornar a gravidez numa jornada de autodescobrimento, acompanhada de sólida confiança e florescente iniciativa. Outros, incapazes de alcançar uma frutífera reconciliação com a imagem interna proibitiva do pai, podem começar a manifestar sintomas psicossomáticos ou dificuldades sexuais, sociais ou no trabalho, conforme conflitos edipianos não solucionados são revividos.

Se a gravidez é inconscientemente sentida como uma transgressão, velhos e irracionais temores de castigo primitivo – castração, ou ser sugado de volta ao interior do útero – podem resultar em estados de pânico, ou uma variedade de ações para aliviar ou evitar a ansiedade. Assim, um futuro pai pode contra-atacar temores de impotência e passividade com promiscuidade, ou ações negligentes, como dirigir perigosamente, ou aventuras doidivanas. Pode evitar a relação sexual com sua esposa gestante, procurando uma amante, pretextando preocupação com a saúde dela, ou ter infecções que se repetem, impedindo sua intimidade. Imagens interiores autoritárias do pai podem ser apaziguadas, voltando a ter uma atitude dócil, semelhante à de um menininho perante seu chefe ou pessoas mais velhas, ou submissão passiva, insinuando encontros homossexuais com homens mais velhos. Alternativamente, numa desesperada tentativa de provar sua masculinidade ameaçada, pode tornar-se beligerante e desafiador para com representantes da autoridade paterna, ou excessivamente possessivo com sua companheira.

Um tema que se repete em futuros pais é aquele do ressentimento desamparado de ter tão pouca influência sobre tão importante processo. Algumas vezes, uma divisão de trabalho surge durante a gravidez: ela se ocupa da formação do bebê, enquanto ele faz o *trabalho* mental – preocupando-se por ambos – desse modo aliviando-a da necessidade de estar ansiosa. Pode refletir sua inquietação real, ou preocupação neurótica sobre o desenvolvimento do bebê.

96   O LUGAR DO PAI

Em alguns casais, a excessiva preocupação do homem pode ser a contrapartida da negação dela quanto às preocupações – particularmente, se come irregularmente, fuma, bebe, ou comporta-se de modo a sentir que põe em perigo o bem-estar de seu filho.

> *Tornei-me como minha mãe, atravessando a casa com reverberações de condenação e desgraça, porque Eliane está tão danadamente saturada desta gravidez. Ela está com hipertensão sanguínea, mas nunca repousa ou para de comer sal, e não vai querer, por um minuto, considerar que é algo da minha conta saber o que está fazendo com nosso bebê, diz um homem em tratamento.*

O enfoque do futuro pai nas atividades "abusivas" dela e a sensação generalizada de augúrio podem refletir sua identificação com o desamparo do recipiente do feto, bem como a impotência de sua posição de expectador. Mesmo na ausência de motivo para preocupação, alguns futuros pais podem tornar-se preocupados com a alimentação de sua companheira como um meio de adquirir controle sobre o processo de gestação. Outros se empenham em rituais obsessivos ou comportamento supersticioso numa vã tentativa de exercer poder mágico sobre os resultados, uma vez que nada que façam parece ter algum efeito.

Em casos extremos, incapaz de tolerar sua condição secundária, o homem pode recorrer à violência como um meio de aliviar sua ansiedade e sensação de estar sendo enfraquecido. No momento em que sente que sua autoridade masculina está sendo corroída ou mesmo usurpada por um bebê ou pênis imaginário que a possui internamente, o abuso verbal ou físico tem a intenção de conservar a mulher sob controle e lembrar a ela quem manda. Se ela parece ter tudo, e ele é incapaz de sublimar sua inveja de plenitude e da capacidade vivificante dela, o homem invejoso pode usar a força destrutiva para afirmar seu próprio poder masculino.

Já durante a gravidez, parceiros masculinos com relacionamentos emocionalmente dependentes sentem-se ameaçados pela influência do bebê sobre a mulher. A violência é o apelo extremo para reclamar de volta a atenção que sente ter sido usurpada dele e que ela agora esbanja com o bebê – tal como a atenção de sua mãe deve ter sido focalizada em irmãos rivais. O alvo não é somente a mulher traiçoeira, mas pode ser seu ventre e o feto.

Embora essas situações sejam frequentemente toleradas pelos casais como compreensíveis, agora está bem documentado que a violência na gravidez pode levar não somente a abortos, partos prematuros e complicações por baixo peso no nascimento, mas o abuso fetal é um antecedente reconhecido para infanticídio ou abuso de crianças, enquanto a violência doméstica, sabe-se, persiste e aumenta após o nascimento.

Contribuições paternas

Ao contrário das sociedades tradicionais, que claramente definem as atribuições do futuro pai e as atividades que deve desempenhar, a sociedade ocidental deixa o homem à sua própria sorte. Existe uma profusão de escolhas, abrangendo desde a participação em escala integral na gravidez, nascimento e cuidado do bebê, até à renúncia e a fuga de qualquer identificação feminina. Alguns pais relegam a inteira contribuição genética inicial com envolvimento emocional durante a gravidez. Dependendo de sua realidade psíquica e confiança no processo de desenvolvimento, o homem pode utilizar a identificação feminina com sua mãe no princípio – não em competição com a mulher, mas para expressar aspectos criadores, empáticos, de sua personalidade.

Quando a mulher grávida, por razões inconscientes, duvida de suas capacidades criadoras, o envolvimento emocional de seu companheiro pode preencher o espaço vazio em seu mundo interior materno. Inversamente, o ceticismo e conflitos internos dele podem exacerbar os seus próprios, às vezes levando-a a desviar ou dispersar sua ansiedade por meio de padrões psicossomáticos ou viciosos. Seus sentimentos negativos em relação ao feto podem ser aliviados, se ele reconhece sua parcela em fazer o bebê, ou se tornarem exagerados, pela desaprovação dele.

O parto

Um fenômeno razoavelmente novo é a pressão sobre os pais para participarem das aulas de educação para o nascimento e assistirem ao parto e nascimento. Para sua surpresa, muitos homens acham isso uma experiência cansativa, porém divertida (vide Greenberg), e relembram com grande satisfação: "Foi um momento profundo e único, quando meu filho surgiu de repente – e eu estava lá para ver!"

A presença ao nascimento pode também executar sua parte no preparo das reações emocionais protetoras. Estudos de Rosenblatts em ratos ilustraram que machos, que normalmente comem os filhotes, não só não o fazem se expostos a esses logo após o nascimento, mas, de fato, desenvolvem comportamento maternalista.

O nascimento realça a diferença fundamental entre os sexos como nenhuma outra situação pode fazê-lo; é um confronto com os fatos básicos da vida que alguns homens acham intolerável. Temor de sentir-se como uma peça de reserva no mundo da mulher, sentimento de culpa por tê-la feito atravessar esta penosa experiência, enquanto incapaz de tomar parte nisso de qualquer maneira direta, podem colorir o parto com uma sensação de vergonha pessoal ou desamparo perturbador. Quando o casal pode compartilhar suas preocupações um com o outro e discutir suas respectivas vontades, mesmo que essas sejam diferentes, podem chegar a um acordo que lhes possibilite, a ambos, proteger seus próprios interesses emocionais:

> *Admito que me sinto um pouco rude ao recusar acompanhá-la durante sua provação, e egoísta também, preocupado com o efeito que isso poderia ter sobre mim. Assim, fiquei muito aliviado, quando ela admitiu que era melhor se eu não visse, porque estava com medo de que poderia ficar preocupada com o efeito que minha presença provocaria nela.*

Quando o homem decide declinar, seu próprio desejo de resguardar-se deve ser respeitado, embora seja preferível tomar uma decisão consciente, pois, com a compreensão tardia do que deveria ter sido feito, alguns lamentam não ter estado presentes ao nascimento de seu filho, e outros, que achavam que isso poderia ser alarmante, não o acharam tanto.

As ansiedades masculinas tendem a se decompor na impotência em face da dor da mulher sendo amedrontada e maltratada pelas intensas exigências emocionais e a cena ensanguentada do parto. Ansiedades inconscientes parecem relacionar-se com a exposição a cenas primordiais – testemunhar uma cena primitiva de imprediíveis, poderosas paixões, da qual está fisicamente excluído, enquanto que emocionalmente envolvido. Homens sobreviventes de abuso infantil e violência familiar são especialmente propensos às ansiedades neste desatrelamento de primitivas forças físicas e seu próprio desamparo face à dor. Se seus temores permanecem não revelados, os futuros pais acham até os vídeos de partos, exibidos em algumas aulas preparatórias, perturbadores, ao invés de tranquilizadores. Fantasias não relatadas proliferam e, quando a assistência ao nascimento lhe é impingida, o desfalecimento físico ou sabotagem prática pode assumir o controle para proteger o homem de ter que sobreviver aos aspectos altamente provocadores de sua sentença de nascimento.

O imediato encaminhamento à psicoterapia pode habilitar o homem ou o casal a manejar alguns desses sentimentos antes do nascimento. Quando isso não estiver disponível, a comunicação franca nas aulas de preparação para o nascimento e discussões sobre expectativas e incertezas antes do evento podem prevenir amargos desapontamentos. Um casal à beira de uma separação em minha sala de consultas fala dos acontecimentos do ano anterior, pela primeira vez, desde o nascimento prematuro de seu único filho.

— O que não posso esquecer – diz a mulher veementemente – é que ele me enganou me fazendo pensar que estaria presente ao nascimento, mas quando senti que o trabalho de parto havia começado e pedi para chamá-lo, ele demorou até que tudo estivesse terminado.

— Eu estava trabalhando – responde ele mal-humorado.

— Mas eu precisava de você – diz ela queixosamente. – Nosso bebê estava nascendo e você perdeu isso.

— Eu estava lá mais tarde, e coloquei cortinas no quarto do bebê, enquanto você estava no hospital – lembrou-lhe ele.

— Isso é coisa fácil. Eu precisava de você lá para querer compartilhar o mais importante acontecimento de nossa vida em comum, mas você não estava lá... Você cresce um bocado, quando está em contato com outra pessoa – acrescenta ela, de soslaio, para mim.

— Quando duas pessoas começam a compartilhar suas vidas, alguma coisa acontece para lhes fazer sentir que confiam que a outra conhece suas necessidades. Eu estava começando a sentir isso com ele, quando descobri que estava grávida. Não um grande ideal romântico, mas confiança. Foi isso que morreu enquanto eu estava lá, deitada, velando por ele e chorando, querendo-o lá e esperando por ele. Segurei e segurei, durante horas – perdi toda a noção de tempo – então, algo exatamente desabou lá dentro e eu me entreguei a ele, parei de segurá-lo e dei à luz em minutos. Quando ele deslizou pela porta da sala, era tarde demais. Eu havia perdido muito. Nunca mais poderíamos voltar lá de novo.

— Você nunca me disse o quanto isso significava para você – soluça ele.

— Suponho que eu estava muito amedrontada para saber.

— Não penso que tenhamos alguma vez realmente conversado – diz ele tristemente. – E agora não resta nada a dizer...

5. Um exemplo de orientações discordantes

Numa sala graciosamente atapetada, sete mulheres grávidas relaxam, enquanto falam sobre seus sentimentos:

— Este negócio de gravidez certamente está supervalorizado – diz Lisa, abanando-se.

— Gosto de estar grávida – cantarola Vicky. – Me faz sentir tão especial. Gostaria de ficar assim para sempre...

— Estou gostando desta gravidez – diz Maggie –, mas, da última vez, não pude tolerar o sentimento de ser ao mesmo tempo eu própria e estar prestes a ser direcionada por alguém. Eu queria um bebê, mas não esperava tantas mudanças e nenhum controle. Foi mesmo um alívio, quando abortei com onze semanas.

— Da última vez meu bebê estava atrasado – diz Clarissa, segurando sua enorme barriga. – Era como se meu corpo todo estivesse cerrado, não o deixando sair. Eu sentia que ele era todo tão lindinho, éramos tão íntimos e não era seguro deixá-lo sair. Mas logo que ele "saiu" nós éramos íntimos de um modo diferente – dediquei-me inteiramente a cada vontade sua. É engraçado. Desta vez, desde as vinte e oito semanas, estou querendo que a gravidez termine. Às vezes, gostaria que este bebê pudesse tomar conta de si próprio, assim, eu poderia voltar a trabalhar e continuar minha própria vida. Há um breve silêncio. Então, Sandra acrescenta pensativa:

— Com meu primeiro, estava tão agitada por ter uma coisinha tão dependente de mim, que escapei de volta ao trabalho, após umas poucas semanas. Desta vez sei o que esperar. Sinto que tenho mais para oferecer e não tenho tanto medo de ser possuída. Já estou muito mais envolvida e aguardo ansiosamente poder conhecer meu bebê.

— Bem, eu não estou! – replica Lisa enfaticamente. – Nos três meses intermediários, eu tinha mais energia. Usava isso como uma alavanca para renunciar ao meu emprego, mas desde que deixei o trabalho tem sido terrível – já estou tão aborrecida comigo mesma, que a expectativa de ficar em casa com um bebê me horroriza!

— Não estou aborrecida, ou sozinha – observa Esther, afagando sua barriga roliça. – Falo com meu bebê o tempo todo, e mais, ele responde.

— Para com isso! É apenas um feto, pelo amor de Deus! – retruca Lisa, sarcasticamente.

— Era o que as pessoas diziam, quando eu tive meu aborto – diz Colleen suavemente. – Mas foi uma criança que eu perdi.

Existem tantas reações à gravidez quantas forem as mulheres grávidas. Algumas desabrocham e sentem-se enriquecidas; outras murcham e sentem-se vazias. Algumas se entregam ao processo emocional da gravidez; outras resistem à introspecção. Algumas mudam seu modo de vida para se adaptar à gravidez, outras continuam como antes. Como vimos em relação ao paradigma placentário, algumas sentem o bebê como uma presença benigna, outras tratam-no como um parasita invasor. Devido às variações individuais, às flutuações emocionais durante o curso da gravidez e à singularidade da configuração do mundo interno de cada uma, quaisquer representações generalizadas das mulheres – grávidas ou em qualquer estado – deixam passar diferenças cruciais entre elas. Assim, é importante ter em mente *a extraordinária variação de reações à gravidez*. Ao mesmo tempo, porém, verifiquei que é possível discernir certas tendências que podem ter o sentido de abordagens aparentemente contraditórias à gravidez, nascimento e maternidade.

Divididas em subgrupos, as entrevistadas da pesquisa revelam padrões que são ampliados, tratando a amostra como um grupo homogêneo. Futuras mães também, às vezes, acham conveniente serem descritas de um modo que dê um significado único a fatores aparentemente desiguais e aumente sua compreensão de assuntos inconscientes.

Tentei encontrar um estilo de tendências cacheadas, na maternidade, que iniciasse durante a gravidez e continuasse durante as fases de desenvolvimento da criança, num modelo bastante flexível para reagir às mudanças das condições emocionais e socioeconômicas da mãe, incluindo o nascimento de crianças subsequentes. Também procurei construir um modelo que pudesse operar transculturalmente, levando ainda em consideração as práticas locais de educação da criança. Embora longe do ideal, essas categorias não são diagnósticas, decisórias, nem intencionadas a conjurar estereótipos, mas apenas delinear diversos tipos de reação e crenças que as apoiam. Na realidade, poucas pessoas são tipos puros e a figura apresentada é um misto de muitas mulheres.

Durante a última década, o modelo sofreu aperfeiçoamentos, conforme meu conhecimento aumentava. Esta exposição, consequentemente, é mais complexa. Originalmente composta de uma série contínua entre dois pontos – Facilitadoras e Reguladoras – vim a reconhecer que o modelo não é linear, mas circular, com o grupo intermediário tendo uma filosofia e identidade próprias, as Alternativas. Recentes estudos sugerem a necessidade de incluir um quarto grupo – a categoria *bipolar* – de pessoas contraditórias que se arrolam nas duas posições extremas ao mesmo tempo.

A Facilitadora

> *Sinto-me muito ligada e sintonizada o tempo todo e quero que todo mundo saiba que estou grávida, embora isso não apareça ainda. Sinto-me redonda e encorpada e maravilhosamente cheia.*

A mulher da primeira orientação, usualmente, torna-se ciente da concepção muito cedo. Com um arrepio de excitação, sente que não está mais sozinha, mas tem um sinal *secreto* lá dentro dela. Imediatamente ao assumir que está grávida, entrega-se à intensificada emotividade da gestação, desviando bem de situações e substância que teme possam ser prejudiciais, mudando sua dieta e hábitos. Almeja devotar-se em facilitar o bem-estar do bebê – antes e após o nascimento, ou mesmo por meio de cuidados preconceituais. Excitadamente compartilhando sua novidade, cuidadosamente estuda reações de seus confidentes, querendo que eles estejam tão emocionados e tão orgulhosos da maravilhosa realização dela, como ela própria está. Experimentando a gravidez como a culminância de sua identidade feminina, sente-se privilegiada em comparação com seu parceiro masculino, que tem apenas acesso indireto ao bebê.

Transformada por seu novo estado, que lhe concede a realização de um desejo de infância longamente adiado, sente a si própria transformando-se num elo, na cadeia das mulheres grávidas, desde tempos imemoriais, encadeando sua mãe, nascida de *sua* mãe, e esta de *sua mãe*. A recém grávida Facilitadora, assim, vem a ser apanhada numa série de identificações permutáveis, sentindo-se amalgamada, tanto com aquela que a teve como com o bebê que reside no interior de seu ventre – como ela própria foi carregada no interior do corpo de sua mãe.

No decorrer das próximas semanas, conforme sua concepção assume a condição de permanência, a Facilitadora começa a exultar em sintomas como náusea e pigmentação dos mamilos, que reforçam sua confiança na realidade de sua gravidez invisível. "Eu quero tanto ficar maior", diz Vicky, em sua nona semana, "de tal modo que o que eu sinto dentro de mim possa realmente ser visto, e as outras pessoas acreditarão nisso". De fato, ela pode se sentir tentada a começar a usar roupas adequadas para a gravidez, antes mesmo do "inchaço" começar a se mostrar. Contatos sociais podem se tornar restritos a um círculo seleto de amigos íntimos, conforme seu centro de gravidade muda para o interior do corpo, e ela se sente absorta em pensamentos sobre o mágico processo que tem lugar dentro dela.

A Reguladora

> *"Eu não me permitia mudar"*, diz a futura mãe Sabrina, numa entrevista em profundidade. *"Tenho visto um bocado de mulheres perderem suas identidades e se*

tornarem aborrecidas. Minha rotina não mudou muito, nem minhas roupas, e não disse a ninguém que estava grávida. Acho que muitas mulheres usam a gravidez como desculpa para ficarem preguiçosas e autoindulgentes e para ganhar atenção extra: Olhe para mim! Olhe para mim!"

Na outra extremidade do espectro, encontramos a mulher que quer regular sua vida. Para ela a gravidez é apenas um tedioso meio de ter um filho. Evitando a tendência para a introspecção que encara como indulgência sentimental, também decide não compartilhar sua novidade com ninguém, além de seus amigos íntimos mais próximos, até que esteja bem e realmente grávida. Ao contrário da Facilitadora, que participa com prazer do tratamento especial dispensado às mulheres grávidas, a Reguladora pode insistir em ser tratada como de costume, sentindo realmente insultante ser tratada como se fosse uma gravidez – ou, de fato, uma Reguladora – ao invés dela própria. Achando que a reavaliação de identidade, que lhe foi impingida pela gravidez, completamente desconcertante, resolve minimizar as mudanças em seu modo de vida e mundo interior, estabelecendo-se, ela própria, como autônoma e destacada. A despeito da fadiga, pode realmente aproximar-se de sua vida social, determinada a não ser possuída pelos sintomas. Está preparada para deixar o "inchaço" passear sozinho, mas não deixar que se torne o foco de sua existência.

A Alternativa

> É difícil continuar com o trabalho e o resto da minha vida, agindo como se não houvesse alternativa, diz uma grávida, mãe de três adolescentes. Preciso de tempo

para recuperação do cansaço e do desconforto, mas também preciso de tempo para consolidar minha carreira, antes do nascimento. Embora goste de estar com minha família, quero ficar comigo mesma, para participar com prazer desta gravidez que sei ser a última.

Ciente desde o início de sua ambivalência, a mulher Alternativa tanto está enlevada por estar grávida como também pesarosa pelas inevitáveis mudanças que, com certeza, ocorrerão em sua vida profissional e particular, na família ou no casal sem filhos. Embora entusiasmadas ante a perspectiva, ao se tornarem mães, as Alternativas raramente são capazes de antecipar realmente as mudanças que isso pode impor a seus relacionamentos como amantes, pessoas independentes ou marido e mulher. Conquanto a gravidez não domine suas vidas, acrescenta uma nova riqueza e calor à experiência do casal: a de cada um deles ser genitor potencial do bebê que fizeram: "Parte da graça de ter filhos está em descobrir o que a mistura de seus genes faz".

A futura mãe Alternativa, sem companheiro fixo, pode ter decidido engravidar e feito algumas concessões para consegui-lo. Ou, se sua gravidez não foi planejada, após algumas deliberações, pode ter feito uma escolha consciente em conservá-la, ciente de sua própria ambivalência, sabendo dos tempos tanto alegres como difíceis à frente:

Sei que não será fácil criar um filho sozinha, mas tenho trinta e sete anos de idade e o tempo está passando. Sempre desejei um filho e não poderia deixar isso ao acaso. Se no futuro encontrar alguém com quem possa passar o resto de minha vida, será maravilhoso. Enquanto isso, farei o melhor que possa com a ajuda de minha família e amigos.

No primeiro trimestre, embora sua vida esteja toda colorida pela consciência da gravidez, a Alternativa tenta manter o equilíbrio entre a absorção interior e a aguda percepção do mundo exterior no qual ela vive, trabalha e criará seu filho. O cunho dessa orientação é a capacidade de continuar ciente da ambivalência e contradições interiores.

Essas três orientações não são características de personalidade fixas, mas são baseadas no estado presente da realidade intrapsíquica das mães. As orientações podem variar, o que frequentemente acontece, com a gravidez subsequente:

Já estou muito consciente do bebê como um indivíduo – uma futura pessoa a quem serei apresentada", diz Sônia, nas primeiras semanas de gravidez. "Com minha filhinha, Sophie, não podia visualizá-la de modo algum, durante a gravidez, salvo como uma versão miniaturizada de mim mesma e, quando ela nasceu, devotei-me inteira para dar a ela tudo o que eu gostaria de ter tido como um bebê. Não tinha a menor ideia de como se desenvolveria nela própria, ou mesmo que o faria! Mas, com esta gravidez, compreendo que o bebê será muito mais sua própria pessoa, não como eu, nem mesmo como Sophie. Mas, ao mesmo tempo, devido à minha experiência, posso imaginar o novo bebê crescendo até atingir a idade dela.

Média gravidez e período final

A Facilitadora

Para a Facilitadora, logo que a movimentação é sentida, o feto, que até agora sentia como parte dela, é reconhecido como um ser separado, embora, como Sônia ilustra anteriormente, ele seja, inconscientemente, ainda parte de sua própria mãe. Aquecida no ardor do potencial da prenhez, relutantemente começa a diferenciar ela mesma de seu filho e de sua própria mãe. Simultaneamente, inventa fantasias sobre todos os possíveis bebês que esse possa ser. Como uma criança em comunhão com um amigo imaginário, ela nunca está só. Diverte-se na luta emocional, sentindo-se enriquecida por uma presença interior que somente ela pode experimentar. Parece-lhe que outra pessoa a trata com um leve senso de respeito, como se houvesse se tornado maior que a soma dela própria. De fato, num nível inconsciente, ela está finalmente cheia de si mesma, conforme idealizadas facetas mãe/filho de seu mundo interior adquirem substância com o crescimento de seu volume.

Facilitadoras extremadas podem recorrer à idealização como defesa contra não mitigadas hostilidades e destrutibilidades inconscientes. Prevenindo-se contra quaisquer insinuações de ambivalência, o precário estado interior de grande felicidade é mantido exteriorizando o inimigo, o que pode resultar em fobias de contaminação, de radiação, de alturas, de voar e de água, ou ansiedades paranoicas de ataques ou imperícia médica. Em mulheres com tendência psicossomática, os maus pressentimentos podem ser encurralados num órgão ou membro, que pode tanto despachar como manter aprisionados, para proteger o feto.

Em alguns casos, a gravidez pode ter sido buscada para servir como satisfação narcisista, para fechar magicamente uma ruptura interior no profundo fracasso da mulher de separar-se de sua mãe; ou como uma tentativa para negar culpa e arrependimentos passados; ou onipotentemente, para superar ansiedades inerentes ao envelhecimento. Se alguma coisa sai errada durante a gravidez ou o nascimento, essa Facilitadora pode se sentir inundada pela culpa ou a sensação de tudo estar sendo *arruinado*, antes mesmo de ter começado. Quando o feto supostamente deve reencarnar um ente querido perdido, ou ser usado para promover um estado onipotente de posse de ambos os sexos em um só corpo, a realidade do nascimento e o bebê são de modo crescente negados, até que sua inexorável iminência possa impelir a mulher para um estado de pânico ou colapso psicótico.

Como veremos nos Capítulos 10 e 11, o tratamento psicodinâmico pode capacitar uma mulher perturbada a tornar-se informada da importância emocional inconsciente de suas defesas e ajudá-la no sentido de aceitar sua própria ambivalência, por meio do relaxamento da repressão aos maus e detestáveis aspectos das imagens autoidentificadas com aquelas persecutórias interiores.

A Reguladora

A Reguladora pode se sentir, às vezes, como se houvesse sido tomada por um invasor consumindo seus recursos interiores. Uma vez que a movimentação é sentida, esse sentimento é exacerbado pela sensação de alguma coisa operando dentro dela, a qual permanece fora de seu controle. Pode decidir proteger a si própria contra o intruso, cuidando de seu corpo e recuperando suas energias perdidas por meio de refeições especiais ou dormitadas extras. Aproximando-se das atividades sociais e adiando o *aparecimento* ao mecanismo de maternidade, pode procurar reforçar sua identidade como mulher independente, sexual, magoando seu companheiro, que pode ter o bebê de ambos sem sintomas, sem divulgação e sem mudança física.

Relutante em atribuir ao feto traços de personalidade humana, abstém-se de fantasias e conversas imaginárias com ele; muitas Reguladoras ficam assombradas com a "tagarelice" impessoal/

consciente das Facilitadoras com o bebê. A Reguladora justifica sua posição como sensata, tentando manter a identidade familiar e senso de separação, no caso de alguma coisa sair errada.

Reguladoras extremadas podem empregar técnicas defensivas que as capacitem a permanecer ignorando estados emocionais primitivos. Ansiedades podem resultar em temor de exploração e subjugação, ou o senso de ataque persecutório do incontrolável feto, que, aparentemente, está de conluio com uma figura interior má; ou pode haver temores de sua própria maldade e hostilidade prejudicarem o feto. Ao contrário da Facilitadora, para quem os perigos espreitam de fora, a Reguladora pode ter a sensação do inimigo no interior. Medidas defensivas podem envolver divisão esquizoide, dissociação ou prática de comportamento compulsivo e rituais para manter conflitos obsessivos cercados. O nascimento que se aproxima agrava as ansiedades sobre danos e ferimentos internos causados por um bebê que está desesperado para sair e/ou pelo desatrelamento de seus próprios desenfreados impulsos agressivos.

Na última fase da gravidez, sentindo-se drenada e desajeitada, a maioria das Reguladoras está farta do martelar interno e dos distrativos chutes que afetam tanto o sono como o trabalho. Algumas reagem, intensificando o desinteresse. Embora ansiosa por livrar a si própria do perseguidor interno, a futura mãe, não obstante, pode estar apreensiva com a aprovação do parto, solucionando esse dilema, aprendendo tanto quanto possível sobre técnicas de redução da dor e controle do parto.

> *É uma sensação muito estranha – ter alguma coisa estranha movendo-se no interior, diz Sabrina, a quem encontramos anteriormente, no início da gravidez. No princípio, me senti invadida por esta criatura intrometida, escutando lá dentro tudo o que digo, e me*

explorando, apodrecendo meus dentes e drenando mi-
nha energia. Agora (oito meses), que já ganhei um berço
e algumas roupas, está começando a ser real, estou fa-
zendo a ligação de que aquilo que está aqui irá vestir esta
roupinha... As pessoas continuam dizendo: – Você fez...?
Você comprou...? – mas não quero fazer isso ainda, pos-
so sempre encomendar e tê-las entregues quando o bebê
chegar. O principal obstáculo agora é o parto. [...] Não
sou dessas mulheres que querem acocorar-se no chão;
não quero cesariana por causa da cicatriz e descartei um
epidural, porque não posso suportar a ideia de um par-
to com uso de fórceps – essas coisas horríveis, grandes,
de metal – assim, apenas usarei drogas e após ele nas-
cer, bem, eles podem pesá-lo e em seguida o entregam a
mim, não é? Ou se afeiçoam a ele? Não sei, suponho que
depende... Acho que gostaria que eles o trouxessem para
mim arrumadinho. Talvez eu apenas diga: – Deus, estou
tão exausta, entreguem-no a mim quando eu acordar. –
A única coisa é que podem confundi-lo no berçário. Mas
eu me colocarei em suas mãos e, provavelmente, ficarei
lá tanto quando possa.

A Alternativa

Enquanto desfruta sua gravidez como uma fase preparatória, a Alternativa está inquieta por vê-la terminada, para que possa encontrar o filho que está carregando:

Fico pensando no bebê um bocado de tempo, diz uma
música no sexto mês de gestação. Sinto-me mais ligada,

cheia de energia, e meus processos mentais estão vinculados ao bebê. Assim, pareço vagamente uma outra pessoa, não um indivíduo separado – mas a pessoa eu a quem refiro sou eu grávida. Estou muito feliz, esperando para poder conhecer este bebê. Não me sinto ansiosa, apesar de me preocupar com noites de sonolência e minha capacidade materna.

Quanto à gravidez – é bem-vinda aqui dentro, e me sinto feliz que esteja ali. Convidei-a a estar ali – sinto que se apoderou criativamente, não invasivamente. O bebê não exige demasiadamente de mim – é uma sensação de benevolência. Sinto-me cada vez mais estreitamente ligada a esta criatura que está aí e também a observo reagindo a coisas – como certas peças musicais. Mas não quero fantasiar ao ponto de uma frustração: este bebê é uma pessoa com suas próprias reações e uma personalidade que estou realmente curiosa a respeito. Não quero introduzir minhas expectativas pessoais – apenas espero e observo e quero saber como essas qualidades se desenvolverão dentro de algum tempo. Quanto ao parto, ele apenas acontecerá e farei o que estiver ao meu alcance na ocasião.

O futuro pai

Na maioria das sociedades, os bebês, tanto meninas como meninos, são criados principalmente pela mulher. Uma consequência disso é que tanto para meninos como para meninas a primeira identificação ocorre com uma figura feminina, não uma figura masculina. Em culturas onde se dá grande importância à autonomia, a masculinidade do menino acontece por meio da identificação secundária com seu pai ou uma figura masculina. O período inicial sob a asa feminina é anulado por completa ou parcial *desidentificação*, para usar o feliz termo de Ralph Greenson, da mãe que o cuidou, que se tornou sinônimo de dependência infantil. Dependendo da força dos vetores materno e paterno, em sua particular constelação familiar, e o grau de machismo na subcultura, alguns meninos conservam suas qualidades de cuidador, embora outros a abandonem, juntamente com todas as coisas *femininas*.

O participante

O futuro pai desta orientação quer participar tão plenamente quanto possa na gravidez, nascimento e primeiros cuidados da criança. Tem livre acesso dentro de si próprio para identificação com o bebê em crescimento, com a mãe nutridora de sua primeira infância e é capaz de ser terno e gentil sem constrangimento. Maravilhado com o milagre da gravidez, gostaria de poder experimentá-la também. Se pode confiar na capacidade de sua companheira em criar um bebê, ele contribuirá com sua quota, acariciando-o e conversando com ele na barriga dela, nutrindo-o com o amor e sêmen e cuidando da mulher que carrega o filho deles.

Porém, se a inveja da capacidade da mulher de ter um filho mete-se no caminho, pode não ser capaz de tolerar a boa experiência dela, sentindo-se compelido a roubá-lo ou apoderar-se dele. É possível que os amigos fiquem regalados com as descrições que ele faz dos sintomas dela ou das imagens do ultrassom, como se ela não estivesse lá. Pode se tornar excessivamente preocupado com seus hábitos de trabalho e alimentação, insistindo em comparecer a exames pré-natais, para verificar o progresso e controle dela na gestação de seu filho.

Para alguns participantes, a preocupação com a antiga mãe da infância pode levar à identificação não com a mulher grávida, mas com o feto que uma vez foi. Conforme seus antigos sentimentos são reativados, é possível que, às vezes, sinta-se tão desamparadamente dependente como o bebê: por exemplo, querendo ser cuidadoso ou, literalmente, tornando-se impotente. Identificação excessiva com o feto vulnerável preso no interior pode resultar nele vendo a si próprio como o porta-voz do bebê, interpretando toda a agitação e enunciando os imaginados pensamentos e preferências do feto. Face ao fato básico da exclusão do macho da gravidez, a maneira como o Participante solucionou sua antiga identificação feminina determinará se pode sublimar seus aspectos maternais para suportar sua companheira grávida ou se sua inveja e concorrência induzem-no à rivalidade, ao resguardo ou à inseparabilidade do feto.

O renunciador

O homem incluído nesta orientação também está claramente cônscio da separação macho/fêmea na gravidez. Porém, no seu caso, como antigas identificações com sua pré-edipiana mãe feminina ameaça lutar por eles próprios. Possivelmente ele intensificará seus atributos masculinos e a identificação com seu pai e o tradicional papel paterno: "Não é mesmo um baita garotão que eu botei lá?" Acha difícil sentir empatia pelas experiências internas da mulher, observa sua alteração de humor e introspecção com algum temor e considera o acompanhamento pré-natal um assunto de mulher. Não obstante, está preocupado com o bem-estar de ambos, sua mulher e seu filho e, se quiser comparecer, pode achar que a experiência de ver o bebê no ultrassom dá uma excitante realidade ao recém-chegado em sua vida.

Embora seja difícil para um pai pela primeira vez imaginar a vida com um bebê, é possível que se permita devanear a respeito de ensinar uma criança mais crescida, ou brincar com seu filho ou filha já verbalizantes. Como a maioria dos pais, o Renunciador, muitas vezes, imagina que espécie de pais os dois, ele e sua mulher, irão se tornar. A ansiedade pode ter raízes em memórias da infância, da espécie de contatos que teve com seus próprios pais, ou no temor de mudanças em seu relacionamento conjugal uma vez chegado o bebê. Outras ansiedades podem brotar da incapacidade de tolerar a carência e desordem infantis.

O alternativo

O futuro pai desta orientação está bem ciente de ter misturado sentimentos sobre a gravidez de sua companheira, o nascimento e o bebê. Enquanto semelhante à sua mulher em muitos aspectos, a esta altura, suas diferenças biológicas estão muito aparentes. Embora a gravidez possa ser vista como um estado desejável, é também uma fonte de desconforto para a mulher, e ele lamenta ter que deixá-la carregar o fardo da gestação e sofrer a dor do parto, para produzir o filho deles. Contudo, está ciente das agradáveis experiências que ela está tendo, que ele pode somente sentir de modo vicarial. Tentando retroceder no tempo, pondera como se sentia, quando era pequeno e o que seu filho pode estar experimentando agora, dentro do útero, e, mais tarde, durante o parto, nascimento e em contato com o mundo.

É esta experiência de continuidade e simultaneidade de diferentes percepções dele próprio e a capacidade de mover-se imaginativamente entre elas – jovem e velho, masculino e feminino, grande e pequeno, bom e mau – que ajuda os Alternativos a tolerar a ambiguidade e ambivalência da situação deles. Isso é frequentemente acompanhado de autorreflexibilidade, a capacidade de pensar sobre os significados de seus pensamentos e ações e seus efeitos em outros. De muitas maneiras, essas características fazem a vida mais difícil, já que o Alternativo de qualquer sexo tem que carregar a falta de certeza. Porém, nos maiores eventos da vida, como a gravidez, quando muitas vezes é impossível fazer predições seguras, o Alternativo tem a vantagem de uma aproximação flexível e acesso a uma variedade de recursos interiores a que recorrer, se o inesperado acontecer.

6. Mudando relacionamentos

Até agora, profissionalmente, sou o que sou por causa do que faço, diz Gabriela, uma profissional de alto posto, em seus trinta anos de idade. Atualmente, o que estou fazendo é estar grávida. Às vezes, fico tão exausta que a única coisa que sou capaz de fazer com vigor é concentrar-me em tentar levar avante esta gravidez. É tão perturbador pensar que de repente vou me transformar numa mãe e ficar em casa isolada do exterior e dependendo de meu marido para as novidades do mundo. Tudo está mudado – meu relacionamento com ele, com meus pais, com meu corpo, com minhas amigas, meus colegas, meu trabalho – não é de admirar que meu sonho de vida esteja tumultuado. É como se eu passasse minhas noites tentando pôr tudo isso em ordem.

Cônjuges

De todos os relacionamentos escolhidos, o mais íntimo entre amantes adultos é talvez o mais complexo, oferecendo um santuário para a intensa interação de múltiplos intercâmbios conscientes e inconscientes. Para muitos casais, é o mais próximo equivalente ao primitivo relacionamento emocional com seus próprios pais durante a infância. Muitas vezes, os parceiros são selecionados com fantástica precisão, para replicar aspectos amados ou odiados de um dos pais, ou duplicar, validar ou espelhar a si próprios o *self* não manifesto ou apreciado. Conluios emocionais ocorrem em todos os relacionamentos íntimos, conforme parceiros impressionáveis são inconscientemente induzidos a representar cenas de seu mundo interior. Conforme sugeri em outra parte, quando o cenário é predeterminado, como acontece entre parceiros que suprem um ao outro, é possível que venham a habitar o mundo de fantasias um do outro, ao invés de se encontrarem como indivíduos com suas próprias características.

Na transição para a paternidade, a gravidez altera os padrões de interação existentes, precipitando a mudança e oferecendo oportunidades de renegociar as expectativas emocionais. Mesmo enquanto aguarda seu primeiro filho, o casal de futuros pais, inevitavelmente, experimentará preocupações com o ter que compartilhar sua intimidade a dois e recursos emocionais com um terceiro. Ansiedades edipianas são reavivadas enquanto um conjunto de dois se transforma num triângulo e questões de posse e rivalidade vêm à frente, como acontece nos conflitos da infância. Pontadas de ciúme e competição, ou a preocupação de perder a plena atenção do cônjuge, são comuns e inevitáveis. Porém, intensas preocupações com a constelação triangular, muitas vezes, significam assuntos não resolvidos de inclusão/exclusão desde o casal parental da infância.

A reciprocidade entre os cônjuges é afetada pela gravidez, desestabilizando o equilíbrio do gênero. A polarização das diferenças macho-fêmea pode dar origem a problemas sexuais e redefinir ou exacerbar dimensões de poder e controle sobre a participação. Gestações subsequentes também podem reativar conflitos aparentemente resolvidos, ou despertar uma gama de sentimentos inexplorados e o potencial para novo desenvolvimento:

> *Levei um longo tempo para realmente olhar meu marido nos olhos, em contato direto, diz uma grávida cuja primeira concepção quase coincidiu com o início de seu relacionamento. Continuo sendo surpreendida por ele. Como se fosse somente durante esta gravidez que eu lhe permiti tornar-se real em minha mente. Suponho que com uma criança pode-se ainda pensar em separação, mas com duas é uma verdadeira família e fica-se ali, toda entrelaçada. Acho que me sinto presa numa armadilha, mas isso realmente nos aproximou mais, nos fez comunicar mais nossos sentimentos agora que estamos muito comprometidos.*

Entre casais heterossexuais, mesmo aqueles que tenham confidencialmente desfrutado uma distribuição igual de "quotas", a gravidez, inevitavelmente, acentua a assimetria. Essas diferenças tornam-se cada vez mais aparentes para Gabriela, especialmente desde que ela e seu parceiro compartilham a mesma profissão:

> *Existe uma nova aproximação entre nós, diz Gabriela (uma Alternativa), em sua oitava semana de gravidez. Ele está tão feliz que é palpável. No princípio, ele tentou*

ser sensível para me proteger de possíveis desapontamentos; mas agora é certo, ele está abertamente encantado – e continua dizendo: "Estou em vias de ser pai". Ao mesmo tempo, existe uma separação – esta experiência especial negada ao homem, a sensação de criar alguma coisa. Ele pensa que eu seria capaz de arrancar-me disso da mesma maneira como ele desliga uma máquina no trabalho. Mas não posso; ele está sempre lá. É pior às noites, quando sou forçada para dentro, por fadiga e por me sentir enjoada. Acho que estamos tendo duas conversas isoladas sobre nosso dia, não um diálogo. Realmente, temos que fazer esforço para escutar um ao outro...

Embora as reações individuais variem enormemente e mudem em diferentes épocas durante a gravidez, conforme forças inconscientes predominam, o princípio básico do fato biológico e experiência material forçam homens e mulheres a reexaminarem a si próprios como *masculino* ou *feminino* – às vezes, com consequências inesperadas. A mulher determinadamente independente pode surpreender-se, querendo ser paparicada por seu companheiro durante a gravidez, ou acalentada por sua mãe ou amigas. A mulher que tem sido dependente ou sem afirmação pode experimentar nova liberdade ao ficar grávida; ou pode sentir que encontrou um companheiro interior, testemunha ou espectador de suas atividades no mundo. A mulher vazia pode se sentir mais repleta e nunca sozinha; o homem autossuficiente pode se sentir esvaziado e excluído.

Jacob mal é notado agora. Gabriela, quatorze semanas de gravidez, refestela-se confortavelmente no divã, segurando a barriga. Sinto pena dele. É extraordinário ser capaz de ter um filho, o fenômeno mais privilegiado. Minha libido, simplesmente, foi-se. Nas primeiras semanas estávamos preocupados por causa das manchas. Agora, apenas quero dormir e sonhar meus sonhos estranhos. Ele é muito paciente, mas precisa ser satisfeito e sente-se excluído. Estou muito desinteressada sexualmente e não posso explicar como estou me sentindo. Estou certa que o sexo nos organizaria novamente e restabeleceria nossa proximidade, mas me sinto isolada, porque estou envolvida no que está acontecendo no interior do meu corpo. Acho que estou fugindo do que poderia ser uma intrusão na peculiaridade entre o bebê e eu... É estranho, pareço a mesma, mas há uma criança crescendo dentro de mim. Existem dois de nós, não um eu.

À medida que o *momentum* de transição para a paternidade reúne força, ambos os cônjuges podem verificar que o trabalho e preocupações intelectuais regridem em seu desejo de aprender mais sobre bebês. Porém, como Gabriela deixa claro, ele pode esquecer que *ambos* estão grávidos: ela vive cada momento de sua vida acordada com a realidade física disso.

Existem meios pelos quais a mulher grávida e seu marido, se houver, podem utilizar o ímpeto do movimento lento de esperar o nascimento de seu filho para se aproximarem mais. Isso pode incluir o aumento de sua suscetibilidade empática e mútua compreensão, falando sobre temores e fantasias e tentando compreender o que o outro está sentindo.

Sem dúvida, esta gravidez enriqueceu nosso relacionamento, diz Gabriela em suas últimas semanas, sentindo-se à beira do "estouro". Nos tornamos mais retraídos. No princípio, isso era imposto por meus sintomas de náusea e cansaço, mas também porque gostamos da companhia um do outro, a despeito do fato de nossa vida sexual ser outra vez inexistente. Meu amor por esta criança cresceu com o decorrer dos meses, como se houvesse um centro de paz no meu interior e em nossa casa, não importa o que de caótico tumulto esteja ocorrendo no resto de nossas vidas ou no trabalho. De algum modo, estou em vias de perder este fascinante sentimento de intimidade com o bebê – é o mais estreito que se pode ter de alguém – mas será lindo ter um relacionamento de dupla face e o nascimento nivelará nosso contato com o bebê, uma vez que esteja fora. No momento, meu esposo fala comigo e eu digo ao bebê o que ele mandou dizer, como se ele não pudesse se comunicar diretamente com ele. Ainda será irregular enquanto eu estiver em gestação e em casa, mas ambos nos deleitaremos, descobrindo quem é essa criança e como seremos como pais.

Durante os primeiros tempos da gravidez, o casal geralmente se retrai, tornando-se mais caseiro e autoabsorto, a fim de encontrar as necessidades emocionais e físicas. É possível que haja um realinhamento das relações, conforme os pais pela primeira vez gravitam na direção de amigos que tenham maior prática em gravidez e paternidade. Amigos solteiros e aqueles que involuntariamente não têm filhos serão evitados pelo temor de serem invejados, particularmente se o casal de futuros pais teve algum problema de fertilidade.

Por outro lado, a necessidade de falar sobre o processo em desenvolvimento no interior do corpo prenhe estabelece novos laços de amizade com outras mulheres grávidas, igualmente estimuladas pela sensação de entrar para o clube das mães iniciadas. O senso de compartilhar mistérios com os pares femininos é uma reminiscência da identificação da jovem adolescente com sua comunidade de amiguinhas, que repartem as descobertas de sexualidade, menstruação e segredinhos de meninas.

A mãe da filha

> *Entrei em pânico cego, após falar a meus pais, diz Gabriela, logo no início. Me senti como tentando o destino. Estava completamente aterrorizada, como se tivesse falado fora de tempo e pudesse despertar o mau-olhado. É fantástico como me tornei supersticiosa...*

Durante a gravidez, antigos sentimentos são reavivados pelo inevitável paralelo da futura mãe, mantendo uma criança em seu ventre, tendo sido mantida no ventre de sua mãe. O que é reativado é a ambivalência embutida em sua similaridade de gêneros e primitiva identificação corporal que a criança do sexo masculino não compartilha com a mãe. Essa fantasia de boneca russa, de mãe e filha uma dentro da outra, reacende antigas ansiedades e problemas não resolvidos de amor e ódio entre a mulher grávida e sua mãe interior (ao invés da mãe real, que pode ou não estar viva).

Uma numinosa rede de impressões entrelaçadas e lembranças fragmentadas ressurgem das profundezas do inconsciente da mulher durante a gravidez. Essas variam do jubilante êxtase à pungente

128 MUDANDO RELACIONAMENTOS

ternura, pontilhadas por momentos de frustração, angústia, perda e traição e incluem as antigas linhas de desprezo de sua mãe:

> *Você me rasgou toda; Você cheirava tão bem; Foi tão doloroso; Nunca recuperei minha forma; Seu parto foi mais fácil do que o do seu irmão; Tive que tirar minhas varizes depois de você; Eu gostava de amamentar; Amamentar deixou meus seios caídos; Olhe para estas estrias; A gravidez é um período fascinante; Nunca mais...*

Como todos os relacionamentos, o de mãe/filha é marcado por uma mistura de sentimentos. Aqui, porém, as origens são mais profundas, estendendo-se de volta para o útero. Mesmo uma mulher que tenha sido arrebatada pela concepção, subitamente, pode se sentir irracionalmente furiosa com o pensamento de seu filho receber o terno cuidado amoroso do qual ela própria se sente despojada. Antigos conflitos rugem no seu interior, como ciúmes, detrimentos, e ansiedades flamejam em toda sua potência:

> *Ontem, as lágrimas escorreram pela minha face abaixo, quando lembrei como beliscava e atormentava meu irmãozinho, quando mamãe o trouxe do hospital para casa, diz Miriam, que se apresentou para tratamento durante a gravidez, por causa de graves crises de pânico. Meu período deveria ter vencido e eu fiquei assustada, me sentindo certa de que iria abortar. Em minha cabeça, eu podia ouvir a voz da minha mãe dizendo: "Você realmente pensa que poderia se safar com isso?" Eu me sentia condenada a perder meu filho como castigo por ter atormentado o dela.*

Mulheres que não conseguem segurar a inevitabilidade de seus sentimentos confusos podem ser espetadas pela imagem rigidamente guardada, dividida e irreal de sua mãe. Isso será expresso numa superidealizada mãe que é onipotentemente perfeita e, consequentemente, um modelo maternal impossível de obter. Alternativamente, a mãe interior aparentará ser uma controladora sinistra e poderosa, presença malévola, ou ardilosa, indefinível. Pode haver, então, a necessidade de proteger a si própria, da real ou imaginada rivalidade ou hostilidade maternal. Possivelmente, essa mulher terá que ir muito longe para definir a si própria como separada e diferente da poderosa imagem materna que leva em seu interior. Uma não rara solução consiste em desmentir a *bruxa* e atribuir alguns atributos positivos da mãe a uma outra mulher mais velha – às vezes, uma profissional do serviço de saúde – que pode, então, agir como a figura da mãe e proporcionar algum cuidado maternal que muitas mulheres grávidas tanto desejam.

Tentando ser *boa*, a mulher emocionalmente dependente poderia se sentir levada a transferir sua assistência pré-natal, o parto e o bebê para sua mãe, que sempre fez tudo por ela: "Se minha mãe estiver lá, fará tudo certo". A mulher que permaneceu num relacionamento fundido, saturante, com sua mãe possessiva ou reciprocamente dependente, também pode inventar de dar o bebê para sua mãe cuidar ou para ser compartilhado dentro do seu círculo de intimidade. É possível que o bebê simbolize ela própria, nele reencarnada, ou o bebê de fantasia que ela e a mãe, mutuamente, trouxeram à existência: "Eu era toda a vida de minha mãe; o bebê nos permitiu reviver isso", disse Sônia, referindo-se à sua filha Sophie.

Uma mulher mais autorreflexiva poderia segurar esta tardia oportunidade para sair da dependência, planejando fazer da gravidez uma experiência particular: "Eu apenas finjo que não estou, quando ela telefona". Defendendo disputados direitos sobre seu corpo, ostentando sua autonomia emocional, a mulher recusará conselho ou ajuda e, às vezes, irá a distâncias temerárias para estabelecer sua emancipação, mesmo repetidamente concebendo e abortando, em inconsciente insubordinação. Outra expressará seu conflito interior, estabelecendo-se ela própria para ser o *oposto* de sua mãe: "Ela deve ter passado toda sua gravidez queixando-se. Você não ouvirá um pio meu".

Com a supersticiosa lógica do irracional, a mulher cuja mãe teve abortos, complicações obstétricas, um natimorto, ou uma criança deficiente, pode sentir-se particularmente vulnerável durante sua gravidez, achando difícil de acreditar que lhe será permitido ter uma experiência criativa sem se sentir culpada, embora triunfante, ou preocupada com retaliação: "Minha mãe sofreu uma cesariana com seu primeiro filho. Não posso acreditar que possa me sair bem com um parto normal. Minha irmã conseguiu, por isso, talvez, eu tenha que pagar".

Salvo o complexo, problemas inconscientes dominando esses comportamentos são emocionalmente tão completamente elaborados que apenas extirpar a mãe não impede a mulher de repetir as mesmas dominadoras intimidades com seu filho e/ou cônjuge. Ao contrário, o apelo do íntimo reafirma ela própria como um anseio por fusão emocional ou determinada imunidade a isso, manifesto em exclusividade maternal demasiado envolvida, ou o inverso.

Filhas que na adolescência, rebeldemente, resistiram à identificação com suas mães e alcançaram sua própria individuação podem agora sentir-se livres para utilizar a gravidez para confirmar sua feminilidade. Nova compaixão pode surgir, nascida da compartilhada experiência feminina. Outras acharão que o relacionamento conflitante mãe/filha persiste e, de fato, é agravado por sua vulnerabilidade da gravidez.

Devido à disposição para mudança e o ímpeto de tornar-se mãe ela própria, a gravidez oferece às mulheres que acham que têm conflitos internos não resolvidos com suas mães, uma excelente oportunidade para investigar isso com assistência terapêutica. Como Miriam, que foi citada anteriormente, diz em seu último trimestre de gravidez.

> *Há uma clara concepção de que uma mãe ideal não irá emergir de mim. Em algum lugar, ao longo do caminho, materializei este modelo materno e fiquei tão absorta em como poderia ser, se somente ela pudesse mudar, que não tinha realmente reconhecido que estava efetivamente lá, sendo oferecido.*

Os pais dos pais

A gravidez intensifica o senso de relações entre as gerações, realçando correspondências e diferenças emocionais no relacionamento dos futuros pais com os pais dela ou dele, mortos ou vivos. Em futuras mães que foram adotadas, lealdades divididas e antigos conflitos, frequentemente, reemergem, conforme a mulher está repartida entre a identificação com a mulher que a teve e a abandonou e os pais adotivos que lhe proporcionaram cuidados e que agora esperam seu neto. É possível que a concepção tenha vindo na esteira da perda de um dos pais, ou como uma dádiva reparadora para um pai ou mãe infeliz, inconscientemente esperando poder encorajar uma mãe ou pai adoentado, ou para preencher um vácuo em suas vidas.

Mesmo numa gravidez planejada, antigas proibições sobre sexualidade ou rivalidades inconscientes podem reemergir. Contar

132 MUDANDO RELACIONAMENTOS

também pode evocar primitivos temores de não ser capaz de ter o bebê. Sentindo-se ansiosa sobre sua revelação, que assoma com desaprovação, a mulher pode protelar o momento de falar a seus pais que está esperando um filho. A reação deles assume extrema importância como um eco de sua reação à notícia da chegada dela própria:

> *Estou morrendo de vontade de ligar para meus pais, mas sei que posso ficar muito desapontada. Quero que eles se sintam emocionados e achem que fiz alguma coisa importante. Quero que eles se sintam felizes e orgulhosos. Mas minha mãe nunca aprendeu a responder com um descomplicado: Oba! Sua resposta será: "Você o quê?! Não conte a ninguém até os três meses, porque você pode abortar", diz a mãe de Daniel, nas primeiras semanas de sua segunda gravidez.*

Em algumas famílias, a mulher pode sentir-se preocupada em revelar sua gravidez, tratando-a e/ou sendo tratada, como se isso fosse prova de deslealdade para com seu pai ou família de origem. Em famílias possessivas, mesmo com um feto, uma criança é passível de se tornar um penhor na luta de poder entre parentes afins, conforme reivindicações são estabelecidas e informações sobre a gravidez são compartilhadas ou sonegadas, e o controle é estabelecido sobre os futuros pais e seu filho, por meio de conselho ou chantagem emocional.

Enquanto para alguns casais a gravidez reativa ansiedades da infância, para outros a primeira gravidez consolidará um novo e amadurecido relacionamento com os pais – como se eles não houvessem realmente considerado sua filha ou filho como verdadeiramente crescido até esse momento. Paradoxalmente, lado a lado com esta confirmação de maturidade, é possível que haja uma intensificada recognição de ser a criança dos pais. Os futuros pais regalam-se com a sensação de terem satisfeito o desejo de *seus* pais de serem avós, enquanto os últimos concedem solícito cuidado à querida filha ou filho que (temporariamente) nada pode fazer de errado.

Mulheres cujos pais sejam aparentemente indiferentes e distantes saudarão a gravidez como uma segunda oportunidade para ganhar aproximação:

> *Estou com medo de contar a meu pai. Tenho a ideia fantástica de que minha gravidez acabará com a vida dele, diz uma de minhas pacientes, ao descobrir que está grávida. Três semanas mais tarde ela diz: "Desde que eu disse a ele que estou grávida, meu relacionamento com meu pai está mais fácil. Está todo animado, Pensei que ele ficaria arrasado, mas na verdade está muito contente comigo – é lindo vê-lo tão entusiasmado. Disse-me que ficara amedrontado ao ganhar um filho, mas que estava satisfeito por eu ter nascido. De repente, tanta aspereza simplesmente evaporou.*

A vinheta anterior ilustra não só as supersticiosas associações entre vida e morte, compreensão intuitiva e poderes curativos da gravidez, mas como a confirmação de uma desconfiança inconsciente – nesse caso, o antigo medo do pai – pode relaxar inarticuladas tensões de anos de duração.

Estas potencialidades da gravidez amplamente abertas como uma segunda oportunidade e novo começo incitam a imaginação de todos aqueles estreitamente envolvidos. Paradoxalmente, a experiência compartilhada de gerações – cada mãe tendo sido uma filha e cada pai tendo sido um filho – capacita o casal mais velho a renunciar suas reivindicações pessoais, no exato momento de estabelece-las possessoriamente. Na maioria dos casos, ao conceder ao mais jovem o seu lugar na cadeia das gerações, o casal mais velho, mais ou menos generosamente, dará passagem. Em compensação, conforme os futuros pai e mãe começam a contenda com as dificuldades diárias de se tornarem pais, gradualmente reconhecendo sua falibilidade, perdoam aquelas dos que a eles próprios dispensaram cuidados.

Os irmãos

> *Eu disse a Daniel: Tenho um bebê em minha barriga. "Não", disse ele. Então, arrojando sua blusa, declarou: "Tenho um também!" Alguns dias mais tarde, pôs seus lábios bem em cima de meu abdome e disse: "Bebê – muito prazer em conhecê-lo. Venha para fora". Mas, mais tarde, Daniel, com dois anos e meio de idade, disse: "Eu quero entrar na sua barriga e espremer o bebê de lá pra fora".*

Os obstetras referem-se a gestações como acontecimentos sem conexão, cada uma das quais podendo ser vista isoladamente. Porém, psicologicamente, cada concepção é influenciada por todas as concepções passadas e influenciarão as futuras. Do mesmo modo, conforme ocorre o reembaralhamento da constelação familiar, todos os membros serão afetados. Isso, frequentemente, exige o realinhamento de cada vez mais complexas inter-relações emocionais. Em números absolutos, cada nova chegada cria muitos novos relacionamentos. De fato, a fórmula $n(n-1)$ demonstra graficamente a progressão geométrica de como o segundo filho aumenta as inter-relações de seis para doze e um terceiro eleva-as para trinta e assim por diante.

Complexas interações entre fatores como número e idade que separam uma criança da outra, circunstâncias psicossociais, bem como o grau de suporte prático, emocional e econômico que recebe, afeta a capacidade da mulher em reagir favoravelmente ao resto da família, durante a gravidez e após o nascimento. A mãe de um filho pequeno terá que afrouxar as amarras com o mais velho, a fim de dar lugar ao novo – uma transição que somente poderá ocorrer após o nascimento ou, em alguns casos, nunca. Além de dar as boas-vindas a um estranho, os irmãozinhos terão que fazer difíceis concessões, cedendo território, posses e alguma atenção ao recém-chegado, enquanto abdicam de um precioso lugar na hierarquia da família. Durante a gravidez, o espaço físico da mãe torna-se ocupado pelo bebê crescendo dentro dela. Seus pensamentos desviam-se para a criança que tem em seu interior, mesmo enquanto convive com aquela em seu colo, que, frequentemente, terá consciência e, às vezes, chamará a atenção para seus lapsos emocionais. Outras vezes, estará comovidamente cônscia da inevitável brecha que o novo bebê causará na intimidade deles, sentindo dolorida ternura por seu filho mais velho, a quem se devota mais intensamente do que antes. Como diz a mãe de Daniel, algumas semanas mais tarde:

> *Estou com uma intrigante maneira de pensar. Estou muito presa ao Daniel e temerosa. Será que poderei amar ainda outra criança? Levei tanto tempo para realmente poder conhecê-lo. E, se for uma menina, meus sentimentos serão mais complicados por causa de meu*

relacionamento com minha mãe e irmã. Ainda não estou pronta para receber o bebê; este tempo com o Dan é muito precioso.

Em seguida ao nascimento, o irmão mais velho não só é privado da atenção amorosa normal de sua mãe, agora desviada para o bebê, mas é também despido de envolvimento emocional extra. Daniel, de três anos de idade, demonstra isso em seguida do nascimento de sua irmã. Quando alguém sugere que o bebê pegou seu resfriado, ele critica: "Ela não pode ter *meu* resfriado! Ele é *meu*!

As crianças são emaranhadas em tramas emocionais, originadas bem antes de sua concepção. Nascem numa rede pré-fabricada, para ocupar um lugar emocional específico na família. Às vezes, uma criança é destacada para tratamento especial: laços inconscientes entre essa criança e a ordem de nascimento na constelação de sua própria família infantil podem interferir no investimento espontâneo da mulher nela mesma como pessoa em seu próprio direito. O novo bebê pode vir a representar um irmão ou uma irmã, mais velho ou mais moço, invejado, amado, odiado, ou que inspira compaixão. É possível que a mãe ache difícil renunciar à sua intimidade especial com o filho mais velho, ressentindo-se com a intrusão do novo bebê. Poderá relegar uma das crianças para a posição emocionalmente negligenciada de segundo colocado. A mãe pode pensar que ela própria ou um de seus irmãos foi relegado a essa posição na infância e, assim, desforra-se no recém-chegado como se esse fosse seu próprio irmão: "Minha mulher trata o bebê como se fosse seu irmão mais moço. Esquece sua fraqueza e quase o insulta com isso, como se perdesse a visão dessa criatura pequenina e desamparada." O favoritismo ou detrimento de sua mãe em relação a um irmão poderá ser transferido para o bebê ou para outro filho. Esses sentimentos podem ser inconscientemente transferidos a um outro membro da família, a serem efetivados em seu favor enquanto ela conscientemente "opõe-se" a eles.

O trabalho

O problema trabalho/gravidez afeta a mulher em todo o mundo. Nos países do Ocidente, o adiamento da gravidez para facilitar o desenvolvimento da carreira significa que muitas mães em potencial têm um alto grau de responsabilidade em seus afazeres não domésticos. Para cada mulher, o problema de retorno ao trabalho envolve dilemas pessoais no equilíbrio do desejo de autoatualização e as exigências da gravidez e maternidade, de acordo com sua própria orientação. Dada uma escolha, muitas Reguladoras retornam ao emprego de tempo integral, enquanto as Facilitadoras protelam assim, agindo durante os dois primeiros anos, e algumas Alternativas voltam ao trabalho em meio expediente. Mesmo no caso de mulheres que preferem trabalhar sem serem a isso obrigadas, a tensão de fazer o trabalho conforme seus próprios altos padrões, sem quaisquer concessões ou reconhecimento de suas dificuldades, é uma expressiva acusação ao sistema:

> *Os locais de trabalho raramente fazem concessões ao esforço físico e emocional de ser mãe, queixa-se a mãe de dois filhos pequenos, tentando continuar seus compromissos profissionais em meio expediente. Os empregadores esquecem ou bloqueiam a luta que é para a mãe de uma criança pequena apenas manter-se civilizada neste momento crítico. Enquanto a criança é dependente ou quando um pirralho fica doente, temos que cortar tudo, menos o essencial em nossas vidas. Não há mais lugar para delicadezas, quando descemos ao essencial. Às*

vezes chego ao escritório vazando leite da amamentação de todas as horas da noite, quase desinibida pelo sono perturbado, cansaço crônico, e tensa ao ponto de ruptura – e, assim mesmo, tenho que me portar com meus colegas como se tivesse acabado de ler os jornais num calmo café da manhã num lar civilizado.

A tensão começa durante a gravidez. Longe de compensar pelas discrepâncias físicas deveras consideráveis, entre parceiros masculinos e femininos durante a gestação, na maioria dos países, existem restrições sociais que realmente perpetuam a separação dos gêneros. Estudos realizados na Europa revelam uma alta proporção de falta ao trabalho por doença durante a gravidez, particularmente, de mulheres cujo trabalho por doença durante a gravidez, particularmente, de mulheres cujo trabalho requer esforço físico ou psicológico. Minha própria experiência indica que os padrões de trabalho variam para diferentes mulheres em diferentes etapas da gravidez, dependendo de como cada futura mãe se sente com relação às exigências de seu trabalho específico e o significado que esse assume nesta ocasião de sua vida. Também estão implicadas as injunções de sua situação socioeconômica, expectativas culturais e crenças explicativas em sua sociedade. Citarei Gabriela novamente, já que ela e seu esposo compartilham uma profissão dinâmica:

Embora tenha sempre esperado tirar algum tempo livre após o nascimento, não tinha imaginado quanto meu trabalho seria afetado por meu cansaço, náuseas e falta de concentração durante a gravidez. Homens não são afetados quando têm filhos, mas suponho que eles também sofram revezes. Quando sou tratada no trabalho como se pudesse metê-la na bolsa e não tomar conhecimento da gravidez, minha desafiante represália é me sentir especial. E é verdade – estou fazendo esta coisa maravilhosa. Também é verdade que me será concedida licença maternidade para ficar com o bebê, enquanto Jacob não, embora este seja um período um tanto tumultuado para ele. Mas ele fica de fora – o máximo que pode conseguir são duas semanas de licença paternidade. Por outro lado, ele trata suas horas de trabalho como algo determinado, e eu já sei que me ressentirei sendo aquela que terá que correr de volta para pajear o neném. É sempre a mulher que tem que se curvar.

Na primeira fase da gravidez, quando muitas mulheres estão nauseadas e se sentem extremamente fatigadas, trabalhos que exigem esforço físico – ou tarefas repetitivas, mesmo enquanto sentadas – podem contribuir com o esgotamento. As mulheres diferem em suas reações às dificuldades do trabalho: algumas tentam conseguir licença para tratamento da saúde, a fim de poderem descansar, enquanto outras sentem-se melhor se ocupadas e na companhia de outras pessoas, ao invés de se sentirem doentes por iniciativa própria em casa. A despeito de sua necessidade de diminuir o ritmo, a mulher reticente ficará relutante em admitir publicamente que está grávida, quando solicitando tempo de folga. Analogamente, a mulher que trabalha com substâncias perigosas ou equipamento pesado enfrentará um dilema, particularmente se for supersticiosa ou tenha decidido guardar as novidades para si própria, até que esteja livre do risco de abortar. O segredo, porém, tem seus próprios riscos:

Embora esteja apenas de seis semanas e não tenha falado nem a meus pais ou melhores amigos, tive que contar aos técnicos do laboratório, pois existem radioisótopos e produtos químicos tóxicos envolvidos em meu trabalho, diz uma bioquímica. Também sinto que preciso me proteger contra o perigo emocional no trabalho. A última vez que estive grávida não contei a ninguém. Tive uma explosão de energia e fiquei muito ativa; então, quando abortei, ninguém soube e não tirei qualquer tempo de folga, salvo o dia em que estava dobrada de dor. Em consequência, não tive um período próprio de mágoa e lamentação – nenhum reconhecimento e nenhum tempo de restabelecimento, o que realmente me deixou com uma nódoa de vergonha e um sentimento de fracasso que somente há pouco superei. Se eu tivesse que perdê-lo agora, entendo que não é egoísta dizer que precisaria tempo para me restabelecer; penso que poderia enfrentar isso publicamente, não como algo vergonhoso, mas como um sofrimento que merece simpatia e amparo.

A maioria das mulheres sente-se capaz e cheia de energia durante a segunda fase. Conscientes da passagem do tempo e das incertezas à frente, esse período é geralmente usado para consolidar produtividade anterior. Algumas mulheres, realmente, aumentam gradativamente sua atividade no trabalho nesta época; outras se ressentem de terem que se concentrar no trabalho, ao invés de lhes ser permitido ocuparem-se de seu animado feto, e terem tempo para regalar-se por estarem grávidas.

Minha gravidez ideal seria passar os próximos meses em uma pacata vila em Tuscany, apenas concentrada na gestação e no bebê e me separar do resto, diz Gabriela na metade da gravidez. Não quero ficar em casa porque estarei fugindo aos desafios de meu trabalho, mas não posso realmente prosseguir com os dias normais de trabalho e tampouco ignorar minha gravidez. Esta será minha preocupação mais adiante também, quando o bebê estiver crescendo e eu sentindo que estarei trabalhando fora, perdendo a única oportunidade de presenciar acontecimentos marcantes, antes que o momento passe. É um terrível conflito, porque se eu tirar um ano de folga ou colocar minha carreira em banho-maria, não serei capaz de voltar à pista de alta velocidade – existem todos esses jovens competidores aproximando-se de mim, todos eles felizes em tomar meu lugar.

Conforme a fase final se aproxima, algumas mulheres anseiam pela chegada da tão esperada licença maternidade – outras se enchem de pânico ao substituir a segurança conhecida de um dia de trabalho por um período de tempo não organizado. Comparando estudos através da Europa, na maioria dos países, apenas vinte por cento das mulheres param de trabalhar por trinta e duas semanas. Como sempre, elementos interiores serão encontrados para reagir com os exteriores, conforme a relação da mulher com seu trabalho, com o esposo, mãe, bebê e crenças sobre o trabalho, inatividade, repouso e direito a cada um fazer sua parte:

Digo a mim mesma que estou tentando organizar meu trabalho tanto quanto posso, antes de sair em licença, diz Miriam, que é profissional autônoma, mas dentro de minha cabeça é como se escutasse a voz de minha mãe dizendo que não devia haver concessões para o cansaço.

142 MUDANDO RELACIONAMENTOS

> *Também me sinto temerosa de que uma vez que o bebê venha, estarei incapacitada e inapta para reassumir a mesma carta de trabalho. Foi somente nestas últimas semanas, desde que a parteira me deu permissão para fazer apenas o que não pudesse ser evitado, que eu diminuí o ritmo. Isso coincidiu com a movimentação do bebê para baixo em direção a meu osso pubiano. Eu estava furiosa, porque a cabeça estava sendo ajustada e que ele poderia estar seis semanas adiantado. A parteira me disse para falar ao bebê e dizer a ele que ficasse no interior por mais algumas semanas. Estava tão abatida que fiquei na cama por um dia e relaxei, e o bebê parece ter mudado de posição outra vez.*

Saber quando parar de trabalhar é entendido por muitas mulheres como um sentimento de omissão em solicitar tratamento especial, ou mesmo em admitir o cansaço, conforme descobriu uma médica:

> *Estou surpresa comigo mesma. Eu tinha essa imagem romântica da gravidez, mas é realmente um trabalho duro – uma ocupação totalmente separada e não tenho tido uma noite de sono ininterrupto há meses. É irracional pensar que alguém possa exercer uma função descuidadamente, mas existe esta estranha sensação de personalidade dividida: eu, satisfeita apenas por sentir minha barriga e conversar com o bebê e meu outro eu, dominado pela angústia, correndo acelerado como um cabriolé tirado por um onagro azul, pressionada para limpar a lousa antes do nascimento.*

Expectativas de trabalho durante a gestação são um exemplo de pressões sobre a mulher, para entrar nos padrões masculinos inadequados. Para algumas a admissão de suas limitações pode ser um alívio, derrubando a cisão entre a pessoa profissional, polida, e a pessoa particular comum. Descobrindo que tem direito a consideração, antecipa os tempos duros à frente, quando a mulher profissional e mãe, inevitavelmente, estará menos do que perfeitamente preparada para a tarefa, ou terá que superar repreensões interiores para buscar concessões por tentar satisfazer as necessidades de seu filho, bem como aquelas de seu chefe.

A profissional feminina

A natureza específica do trabalho da mulher é muito importante. Profissões envolvendo relacionamento próximo, de cuidar de outras pessoas – como professora, enfermeira ou conselheira – são particularmente fatigantes. Isso não apenas porque a mulher está sendo forçada a conceder seus próprios recursos emocionais, mas também porque seus clientes, transferindo sentimentos de suas infâncias, conforme ela fica maior, talvez se sintam ameaçados pelo poder de sua fertilidade e zangados por sua iminente licença maternidade, fazendo-a tempestivamente sentir-se culpada, tanto por estar grávida como por deixá-los. Punindo-a e testando sua paciência e dedicação, eles tendem a impor exigências extras à sua perseverança.

Clientes dependentes, colegas invejosos e outros traumatizados pelo nascimento de irmãos mais novos, frequentemente, ressentem-se com a gravidez da profissional, a ponto de fazê-la alvo de ataques verbais diretos ou dissimulados. Ela experimentará, então, a compulsão de proteger seu filho e ela própria, tanto física como psiquicamente, refugiando-se em seu próprio interior e/ou reduzindo seu trabalho. Isso é particularmente difícil, se seu trabalho exige escutar e dar ao cliente sua inteira atenção, quando está distraída pelo clamor de seus próprios sentimentos interiores e tentando filtrar comunicações que imagina poderiam estar perturbando seu feto:

> *Sinto-me exausta – diz uma preocupada psicoterapeuta. Todos meus recursos estão sendo exauridos, ao lidar com uma mulher extremamente invejosa, sem entrar no maldoso enredo que está escrevendo para mim. Tenho que dizer a mim mesma para ser realista – que tenho o direito de estar grávida; que embora minha paciente também deseje desesperadamente estar grávida, nada posso fazer a esse respeito; nem posso desistir de minha própria gravidez por ela. Mas é difícil ser generosa e compreensiva, enquanto se está na extremidade receptora de sua inveja e rancor. Com outros pacientes, é muito difícil aceitar seus castigos sem querer revidar ou sentir empatia por sentimentos inconsoláveis, quando eu mesma me sinto tão vulnerável. (Vide, também, Capítulos 10 e 11)*

Em outras profissões, como direito e medicina, as mulheres irão se sentir exasperadas pelo duplo padrão que desculpa folga para pesquisa ou licença para estudo, mas penaliza mulheres que tiram licença maternidade. Muitas profissionais femininas se ressentem por ter que antecipar futuros ajustes, antes de terem tido a experiência na qual basearão suas decisões. Outra fonte de ressentimento são as duras alternativas que algumas carreiras apresentam: trabalho de tempo integral ou rebaixamento final.

Além de não poder ficar atrás de suas iguais, a mulher que trabalha pode ser duplamente prejudicada, tendo que competir com homens que têm o apoio de esposas, enquanto ela tem que cumprir os deveres domésticos, além de seu trabalho. Quando crianças entram na equação, a menos que tenha a ajuda doméstica e assistência infantil, a luta para manter o *status* de sua carreira pode se tornar demasiadamente exigente. As perdas pessoais e sociais – não somente de lucros e treinamento, mas de objetivo, sólida experiência, competência e autoestima – são imensuráveis.

O importante é que cada mulher conheça sua própria orientação durante a gravidez: somente ela pode saber suas necessidades e prioridades emocionais, ou determinar suas limitações. Muitas mulheres aprendem, durante a gravidez, a encontrar meios de cuidar de si próprias, ao invés de serem guiadas por altos padrões irreais, sejam exteriores ou interiores. Analogamente, após o nascimento, algumas são dependentes de seus rendimentos ou não podem permitir-se negligenciar sua prática profissional, ou quebrar o *momentum* de sua carreira. Outras podem tirar um período de folga, mas preferem não se afastar do senso de realização, compromisso ou interesse em seu trabalho. Um equilíbrio pode ser conseguido com o trabalho compartilhado, ou expediente flexível, que permitam à mulher reabastecer seus *estoques* adultos e senso de atividade pública, enquanto tira proveito das alegrias da maternidade.

A dificuldade em prever seus sentimentos após o nascimento, através do Grande Desconhecido, complica o relacionamento da mulher grávida com seu trabalho. Em alguns países, esse dilema é facilitado por uma prolongada licença maternidade com pagamento integral ou, pelo menos, um emprego seguro que lhe é reservado. Isso possibilita à nova mãe fazer escolhas realistas, baseadas na experiência real com seu próprio bebê, ao invés de

146 MUDANDO RELACIONAMENTOS

boatos, necessidades econômicas ou medo de perder seu emprego. Profissionais liberais e aquelas com profissões mais flexíveis terão liberdade para postergar a tomada de decisões.

Conforme aumenta o desemprego, uma experiência natural pode acontecer, posto que muitos pais também ficam em casa, dedicando-se ao bebê, incapazes de determinar o curso de suas próprias vidas. Enquanto que pais de primeiros cuidados, que preferem a paternidade de tempo integral, tenham sido considerados como mais estimulantes educadores, quando não tiverem escolha, demonstrarão estes relutantes cuidadores de primeira viagem a paciência de incontáveis gerações de mães dedicadas ao lar?

7. Realidades concebidas – lucros tecnológicos e perdas

He laughed like an irresponsible foetus.
His laughter was submarine and profound
Like the old mano of the sea's
Hidden under coral islands

— *T. S. Eliot, Mr. Apollinax[1]*

Repensando preconceitos

No Ocidente, estamos vivendo uma época de extraordinárias mudanças. Famílias tradicionais extensas foram desmanteladas, em favor de unidades nucleares. O aumento da expectativa de vida, juntamente com gestações mais seguras e menores famílias, a mulher ocidental não passa mais a maior parte de sua vida adulta num estado de atividade reprodutora. Apesar de suas deficiências, a contracepção feminina controlada e a liberação sexual da mulher nos possibilitaram distinguir mais claramente a sexualidade da reprodutividade e da identidade feminina. É possível, agora, ser feminina sem ser mãe; ficar grávida e preferir não ter filho; penetração não implica mais em medo de concepção. Hoje, quando não somente podemos assegurar sexo sem gravidez, mas também gravidez sem sexo, estamos sendo obrigados a reformular cada aspecto de nosso pensamento sobre diferenças sexuais, visto que, mesmo os fundamentos dos fatos mais elementares da vida, estão sendo revistos. A pesquisa embriológica trouxe descobertas de realidades mais notáveis que a ficção. Parece que antes de cinco semanas, ignorando os indicadores cromossômicos, todos os embriões são essencialmente femininos até que alguns sejam estimulados por hormônios a desenvolver características masculinas.

Com os doadores de esperma e autoinseminação, em mães solteiras e famílias de homossexuais, a fecundação pode ocorrer sem sexo, ou mesmo sem um homem. Com a fertilização *in vitro* e a sub-rogação, a hereditariedade pode ser assegurada sem gravidez. Novas técnicas de reprodução, extensivas à doação de óvulos, significam que uma mulher pode ter uma criança não relacionada a ela geneticamente, e a gestação pode sobrepujar a barreira do tempo da menopausa. Progressos tecnológicos no congelamento de embriões significam que podem nascer crianças de pais mortos, ou gêmeos nascerem em anos diferentes.

Embora se movimentando a passos lentos, gradualmente, as normas sociais vêm a refletir as opções que acompanham essas mudanças – sancionando o direito da mulher de escolher tornar-se mãe ou não, a ser mãe sem um pai, ou mesmo ser mãe sem engravidar. Mas poderão nossos mundos interiores cooptar por essas mudanças exteriores? Escolher implica tomar decisões e aceitar as consequências. Tornou-se mais difícil ser pai ou mãe agora que as tradições sociais extensas às estruturas e restrições familiares, não estão mais disponíveis para nos orientar. A agitação geral das atitudes culturais para com figuras de autoridade e revigorado senso de autoexpressão resultaram num desabrochar de criativas abordagens à assistência infantil. Isso, oportunamente, significa que os assim chamados especialistas não têm mais garantido o *status* que costumavam ter. Tudo o que os pais podem fazer é escolher eles próprios, guiados pelo desejo de encontrar um modo de maternidade ou paternidade com o qual se sintam mais confortáveis.

Felizmente, as crianças não têm conhecimento de parentalidade *ideal*, nem chegam com noções preconcebidas sobre assistência. Sendo seres humanos comuns, apenas querem cuidado humano comum: compreensão, reconhecimento, acolhimento e contato carinhoso. A evolução parece ter criado uma resposta dentro do sistema: o próprio fato de eles mesmos terem sido crianças, faz mães e pais potencialmente suscetíveis, podem ter filhos, sabendo que eles, também foram relativamente carentes, dependentes, desamparados e experimentaram do mesmo modo intensos sentimentos. O entendimento intuitivo é intensificado pela capacidade de identificar-se com a experiência humana, seja qual for o sexo. Conforme os sentimentos naturais do bebê evocam memórias psíquicas e sensoriais dos pais daqueles primeiros tempos, dependendo da qualidade de suas próprias experiências emocionais infantis e do clima atual de seus mundos interiores, aqueles que podem permitir-se permanecer receptivos responderão com simpatia.

Porém, a valorização cultural da independência e não emotividade significa que, para muitos pais, é precisamente esta capacidade de despertar e realizar o retorno do reprimido que faz os bebês perigosos (e que pode causar dependência). E ainda que esses registros permaneçam impronunciados e tenham, há muito, sido suprimidos, o estreito contato com uma criança, desse modo, desperta uma profunda forma inconsciente de entendimento psicossomático.

Alguns desses sentimentos de empatia começam durante a gravidez, conforme o pai ou a mãe tentam imaginar como deve ser para o bebê flutuar em círculos no útero como um astronauta amarrado no espaço, recebendo e transmitindo *mensagens* biossociais e, rapidamente, tornando-se maior, até que haja espaço apenas para o estiramento ocasional dentro do confinado balão cheio de água, antes a expulsão. Com a rotina do exame ultrassônico, a fantasia dos pais é complementada pela visualização do bebê dando cambalhotas, bem antes de chegar. O bebê no útero não pode mais ser imaginado como uma bolha inativa.

"A janela do umbigo"

Procedimentos inovadores como a fotografia intrauterina, gravações fonoendoscópicas e a cada vez mais refinada sonografia têm nos dado uma rápida visão no interior do útero.

No meu entendimento, uma das mais extraordinárias conclusões das descobertas de pesquisas sobre feto, de nossos dias, é que *algumas capacidades do feto, de longe, excedem aquelas dos recém-nascidos*. De fato, algumas funções locomotoras, como a capacidade de rolar, a criança não é capaz de usar novamente, até os quatro ou cinco meses após o nascimento devido à dificuldade imposta pela gravidade.

Revendo o resultado de pesquisas sobre recém-nascidos, Chamberlaine concluiu que pelo segundo trimestre de gravidez, todos os sentidos humanos estão operantes. Isso indica que o feto é sensível a estímulos táteis, auditivos, visuais, cinestésicos, vestibulares (equilíbrio), gustativos (sabor), térmico (calor e frio) e dolorosos. O feto não é somente sensível, mas assertivo, tanto movendo-se para aumentar seu conforto, como induzindo mudanças na psicologia maternal. Como estabelece Liley, ele não só determina a extensão da gravidez e garante seu sucesso endócrino, mas, por si próprio resolve o problema da incompatibilidade imunológica.

Desde as oito semanas, aproximadamente, quando os movimentos são pela primeira vez observados no ultrassom, o feto passa grande parte do tempo movendo-se para lá e para cá. Muitos desses movimentos nunca são sentidos pela mãe, uma vez que a sensação é conduzida não pelo insensitivo útero, mas pelo contato com a parede abdominal; em quarenta por cento das gestações, a sensação materna é amortecida pela localização da placenta na parede frontal do útero. Observações no ultrassom mostram como, durante a primeira metade da gravidez, na falta de um eixo gravitacional de estabilidade, o irrestrito feto é capaz de dar incríveis cambalhotas e piruetas. Essa atividade é agora encarada como benéfica para o desenvolvimento adequado dos músculos, ossos e articulações do feto.

Cada feto tem seus próprios padrões cíclicos de atividade diária, aparentemente não relacionados com a atividade materna ou ciclos rítmicos biológicos diários. Porém, durante a segunda metade da gravidez, o espaço uterino torna-se progressivamente mais ovoide e o feto em crescimento alonga-se mais rapidamente do que o útero. Neste ambiente cônico, em forma de pêra, o bebê é progressivamente confinado, e muitos movimentos são feitos em busca de uma posição mais confortável, particularmente, porque o volume do líquido amniótico começa a diminuir após trinta e duas semanas. As contrações Braxton-Hicks da parede uterina durante o pré-parto, as perambulações da mãe e suas apalpações externas, tudo provoca a mudança de posição do feto.

Como a psicanalista italiana Alessandra Piontelli demonstrou graficamente, o ultrassom revela que cada feto parece desenvolver padrões de comportamento favorecido que continuam após o nascimento. Descreve a língua pré-natal da bebê Guilia, chupando ou sensualmente lambendo o cordão umbilical; Gianni agarrado a ele como uma corda ou âncora enquanto cobria sua face com as mãos; e diversos gêmeos, como Marco usando a placenta como almofada para sua cabeça e para se proteger dos vigorosos chutes de sua irmã Delia.

Longe de ser passivo, o feto procura suprir suas próprias carências. Durante o período inicial, se as mãos em botão tocam acidentalmente a boca, o embrião abre os lábios, mas desvia a cabeça. Porém, pelas doze semanas, o movimento é inverso e, como um recém-nascido, o feto volta-se na direção da origem da pressão, reage com movimentos de sucção, quando os lábios são tocados e pode introduzir um polegar, dedo da mão ou do pé na boca. No quarto mês, os reflexos da deglutição são ativados, conforme o líquido amniótico é ingerido e excretado, na preparação para a futura digestão. Às vezes, no final da gravidez, as mães sentem os soluços de seus bebês como uma série de solavancos ritmados. Experiências mostram que, já nos primeiros meses pré-natais, os bebês sentem dor e podem distinguir: esquivam-se de uma agulha intrusa, fazem caretas para um gosto desagradável e, se substâncias doces, como sacarina, são injetadas no líquido amniótico, o índice de deglutição dobra. Contrariando que a placenta supre todas as necessidades do feto, uma teoria é que, digerindo os componentes do líquido amniótico, o influxo de calorias é aumentado, suscitando a possibilidade da má nutrição do feto ser devido à apatia!

Que a audição também é seletiva, isso as mães que esperam filho sabem há muito. Gravações feitas por um minúsculo microfone introduzido no interior do útero revelam que muitos dos sons externos comuns são amortecidos pelo rumorejo interno do fluxo de sangue da mãe pulsando e ruídos da digestão. Além disso, uma vez que o tímpano do bebê está imerso em líquido em ambos os lados, os sons são abafados, embora as altas frequências sofram menos perda do que as baixas na propagação através de tecidos e fluidos. Assim, o bebê não só ouve e se assusta com ruídos altos externos, mas escuta a voz da mãe e a reconhece após o nascimento, preferindo-a às vozes de outras mulheres e, mais notável, como DeCasper demonstrou, relembrando e preferindo histórias lidas durante a gravidez. Também se tem observado que os recém-nascidos reconhecem, lembram e preferem certas peças musicais que se tornaram familiares durante a gestação.

Pelo sexto mês. Parece que o feto sonha, conforme revela uma filmagem com fibra ótica, pelo movimento dos olhos, semelhante ao dos adultos durante o sono. Alguma pesquisa infere que mãe e filho exibem padrões cerebrais de sonho simultâneos. É interessante imaginar a forma e conteúdo que os sonhos fetais podem adquirir. Uma possibilidade é que eles, como os adultos, usem o tempo de sonho para digerir e assimilar experiências da vigília.

No sétimo mês, os órgãos internos estão bem desenvolvidos. O bebê tem unhas nos dedos das mãos e dos pés e os pulmões estão se tornando capazes de se encher de ar. A diferença de sexo entre meninos e meninas, anatomicamente observável desde a décima segunda semana, está se completando.

Influências maternas

A questão de se os pensamentos e emoções da mãe podem afetas o bem-estar do feto, permanece sem resposta. Diversos estudos indicam que a experiência maternal pode ser transmitida diretamente para o feto. Num experimento de Benson, foi verificado que, quando mulheres que se consideravam ansiosas escutavam através de fones de ouvido gravações de crianças chorando, o índice de batimentos cardíacos do feto era afetado, embora, obviamente, o bebê não pudesse ouvir o estímulo. De modo semelhante, antigos estudos verificaram alterações no índice dos batimentos cardíacos do feto, em seguida a uma aflição da mãe. Feito o acompanhamento, foi constatado que o uso do fumo pela mãe tem um efeito semelhante de aumentar o ritmo cardíaco do feto – mas isso também acontece quando a mulher grávida apenas *pensa* em fumar um cigarro. A descoberta de Salk de que bebês num berçário são acalmados por uma gravação de batimentos cardíacos maternos normais e ficam aflitos se o ritmo dos batimentos é superior a oitenta por segundo (sic) sugere que a tensão materna crônica pode ter influência sobre o feto, como também a atividade hormonal aumentada que acompanha a ansiedade, a angústia, e esforço excessivo. O estudo longitudinal de Fels constata que, no curso de seus dez anos de coleta de dados, fetos que foram acompanhados antes e após a ocorrência de um grave trauma emocional de suas mães mostraram atividade aumentada de quadro a dez vezes e um aumento de cerca de vinte e cinco batimentos por minuto do ritmo cardíaco. Isso persiste por diversas semanas e bem após as manifestações de angústia da mãe terem desaparecido. Comparados a outros, foi verificado que esses fetos eram hiperativos e irritáveis como bebês e alguns tiveram graves problemas de alimentação.

Influências paternas

Em sociedades diferentes, as crenças variam quanto à contribuição dos pais na formação da criança. Em algumas, supõe-se que a mãe apenas incuba o *homunculus*, que está integralmente presente em miniatura na semente do pai. Em outras, vê-se a mãe fazendo o desenvolvimento do corpo, enquanto o homem contribui com a alma. E ainda, em outras, ambos contribuem para a formação do filho. Uma visão judaica talmúdica supõe que o sêmen do pai fornece a *substância branca* da qual os ossos, tendões, unhas, cérebro e branco dos olhos são formados; a mãe contribui com as *substâncias vermelhas* das quais a carne, cabelos, pele e a íris são formados; Deus provê a alma e o sopro da vida, a beleza das feições, a visão, a audição, a fala, a inteligência e o discernimento. Uma fantasia comum, compartilhada por futuros pais, tanto nas sociedades desenvolvidas como nas em desenvolvimento, é que fazer contato com o bebê não nascido por meio da penetração *alimenta-o* com sêmen, assim contribuindo para seu desenvolvimento.

Perda pré-natal

> *I never saw the features i had made,*
> *The hands i had felt groping*
> *For the life i had tried to give, and could not.*
> *But still, i sometimes dream i hear it crying*
> *Los somewhere and unfed.*
> *Shut in a cupboard, or lying in the snow,*
> *And i search the night and call, as though to rescue*
> *Part of myself from the grave of things undone*
> *Barbara Noel Scott, Stillbirth[2]*

Em nossa tendência para idealizar a maternidade, nem sempre se toma conhecimento que uma em seis gerações confirmadas termina em aborto e, possivelmente, a metade de todas as concepções. Cerca de três quartos de todos os abortos ocorrem durante o primeiro trimestre, frequentemente, chegando como um choque para a feliz mulher, inadvertida que está da possibilidade de perda. O aborto desmantela a autoimagem de fertilidade da mulher e, frequentemente, é acompanhado pela vergonha e um profundo sentimento de ineficiência. Se a criança foi concebida após um tratamento de infertilidade, a devastação é, muitas vezes, acompanhada de sentimentos de traição, desesperança e preocupações sobre procedimentos artificiais como origem do aborto. Quando a morte ou destruição interrompe uma trajetória de gravidez emocionalmente estabelecida, o trauma sofrido pela psique pode ser sentido tão tangivelmente como o físico, também necessitando adaptação à interrupção do *momentum* da gravidez. Porém, devido à discrição social sobre perda e o tabu de falar em morte, não é incomum para uma mulher sentir-se injustamente segregada. Isso, bem como um sentimento de solidão com a gravidez em seu corpo, marginaliza a futura mãe que tenha perdido seu filho. A capacidade de compartilhar sua experiência com outras mulheres que tenham sofrido aborto pode aliviar alguns dos sentimentos de depressão e fracasso (vide Hey, Oakley).

O uso predominante do ultrassom, como técnica de escrutínio inicial para anormalidades e más formações, parece ter os efeitos positivos de personalizar o bebê e, possivelmente, aumentar a união pré-natal. Ironicamente, esses mesmos efeitos fazem o aborto ou a ameaça de perda da criança mais difícil de considerar: "Estava aquela imagem brilhante do bebê na tela", diz o homem cuja mulher está com hemorragia. "Ele estava movendo-se por ali como se dissesse: 'Não é tão fácil se livrar de mim'. A lembrança de ver esta pequenina pessoa viva na tela da TV simplesmente parte meu coração".

O choque da ameaça de aborto é tão dissonante do otimismo da gravidez que os primeiros sinais podem ser negligenciados ou ignorados na esperança de que desapareçam. Em outros casos, a despeito da ausência de sintomas, a mulher que está em contato com seu próprio corpo pode sentir que não está mais grávida e o exame revelará que o feto está morto, embora a expulsão possa ser retardada. A confirmação pelo ultrassom da vida ou morte do feto ou um zigoto gorado – quando o bebê não se desenvolve – reduz a incerteza; porém, a perturbação emocional continua, conforme as ondas de choque registram, até que um processo de aflição ou regozijo seja instigado.

Após um prolongado período de considerável hemorragia, mesmo uma mulher esperançosa chegará a um divisor de águas emocional, quando não puder mais acreditar facilmente na viabilidade do bebê. Seu feroz desejo de que a gravidez sobreviva começa a se alternar ao gradual ajustamento à possibilidade, ou mesmo expectativa, de perda. Em alguns casos, o resultado é obscuro e a mulher pode alternar entre pontadas de esperança com cada movimento de seu ventre e o medo mórbido de estar carregando um cadáver ou bebê defeituoso dentro dela. Quando a gestação realmente continua, algumas mulheres logo voltam ao otimismo ou negação, enquanto outras permanecem vigilantemente preocupadas com a sobrevivência do bebê e a normalidade após esta crise, que pode acompanhar o casal pelo resto da longa espera pelo nascimento, ou mesmo depois.

Um *aborto tardio* é particularmente traumático: as contrações, algumas vezes, simulam o parto e, se isto ocorre em casa, a visão de um bebê totalmente formado, reconhecível, é devastadora. Quando a expulsão é retardada, a sensação de estar carregando por aí um corpo morto, pode ser aumentada com a ambivalência, conforme o desejo de conservar o querido bebê conflita com a repulsão e o medo. Abortos tardios que se seguem a experiências de movimento do feto, estreitas ligações e claras imagens do bebê são muitas vezes acompanhados por todos os estágios do luto: choque, descrença, raiva, pontadas de aflição e procura pelo bebê, penoso aceite da perda e gradual recuperação, que pode demorar muitos meses para completar-se.

Apesar de ter compartilhado sua gravidez com vasto círculo de conhecidos, o aborto, como o natimorto, muitas vezes, não é encarado como uma verdadeira perda. À mulher que está sofrendo e seu companheiro são negadas oportunidades para expressar tristeza por bem-intencionados amigos e parentes, que lhes asseguram com brandura: "Não se preocupem, vocês podem ter outro", ou evitam o assunto – ou mesmo o casal.

A *gravidez ectópica* concentra muitos eventos vitais em um, cada um deles suficiente para criar turbulência emocional: perigo de vida para a mulher, dor e choque pós-operatório, aborto da criança, possível perda da fertilidade e da esperança de outra gravidez. Tendo perdido o bebê com todos os sentimentos de atordoada mágoa que acompanham, é possível que ela se sinta também culpada/perseguida por não ter proporcionado um *solo fértil*, furiosa ("ele pôs seu esperma no lugar errado"), e extremamente lograda por não ter tido a experiência emocional de saber que estava grávida.

Numa porção de casos, lado a lado com o feto vivo, uma bolsa vazia na tela do ultrassom indica que eram gêmeos, um dos quais foi abortado. De fato, agora sabemos que, em ao menos cinquenta por cento das gestações de gêmeos, uma das crianças é perdida, um fenômeno tecnológico chamado *a síndrome do gêmeo desaparecido*. Esta justaposição de vida e morte, alegria e lamentação – como o penoso paradoxo de vida, findando antes de ter começado – fere a família profundamente e o gêmeo sobrevivente pode, inconscientemente, continuar sendo associado ao aborto.

Em sua experiência interna, cada aborto é um roçar com a morte, não apenas próxima, mas dentro do próprio corpo da mulher. Contudo, como acontece com outras perdas reprodutivas, uma conspiração de silêncio parece descer após este maior evento da vida, que é frequentemente tratado por outros, e às vezes pela própria mulher, como se nada houvesse acontecido – um não acontecimento. A despeito do fato que o aborto caracteriza toda uma hoste de emoções, tristeza, dúvidas, ansiedades ou desespero, algumas vezes são vistos pela equipe médica e amigos como excessivos. A perda não é a perda de *produtos da concepção* – como são eufemisticamente referidos nos livros de textos médicos – ou mesmo somente a perda de um bebê; o aborto causa confusão no mundo interior, conforme a realidade joga por terra todas as esperanças e expectativas investidas no bebê, afetando o futuro e também o presente.

A necessidade de entender o que é sentido como sendo um fracasso, bem como uma perda, é intensificada por abortos que se repetem. A autorrecriminação é comum, conforme questões são suscitadas na mente da mulher sobre sua capacidade de sustentar uma criança e a boa qualidade de seu útero e placenta, provocando ideias irracionais de ser punida por más ações passadas, e sentimento de culpa por ambivalência nesta gravidez ou conflitos sexuais passados: na falta de explicações, a mulher que se sente culpada tentando entender sua perda, irá se prender a antigas transgressões:

> *Sinto-me como uma rolha flutuando ao sabor das tenebrosas forças da fatalidade, diz Ruby, mulher de idade. Não existe recurso ao destino. Quando perdi o bebê, em minha mente estava claro o castigo pelo aborto que fiz quando tinha dezenove anos de idade. Você não pode fugir do que fez. Isso acaba agarrando-a no final.*

160 REALIDADES CONCEBIDAS

Outras reagem com irrigação, dando coices em todos ou tudo o que possa ser responsabilizado, incluindo, às vezes, seus cônjuges. Mágicas crendices e esquivas supersticiosas também são reações comuns ao aborto, inexplicáveis acontecimentos que são para todos.

A mulher cujo processo de introspecção e fantasia da gravidez foi tão rudemente interrompido, lentamente começa uma entorpecida recuperação, geralmente na proporção inversa a seu investimento no bebê. Porém, precisamente por causa de sua nebulosa natureza e falta de lembranças, o luto pelas esperanças perdidas e sonhos que o bebê representava é um longo e complicado processo, que pode reemergir em gestações e perdas subsequentes.

A terrível e inesperada perda de uma criança na ocasião do nascimento é chocante em seu breve caráter final. Quando a mãe toma conhecimento que seu bebê morreu, antes de nascer, poderá sentir um misto de choque e desespero, angústia e repugnância pelo corpo inútil, sem qualquer prêmio no final, é extremamente angustiante. Quando a mulher inicia o parto, com todo o excitamento de realizar as esperanças de nove meses de espera, o nascimento morto defronta-a com um branco que anula todo o sentimento. Ela e seu companheiro de parto podem ter estado totalmente despreparados para a ideia de que alguma coisa pudesse sair errada.

Muitas sentem seu torpor inicial crescer em dolorosa confusão, seguido pela ira por uma coisa assim ter podido acontecer. Procurando uma explicação para a morte, sua fúria, às vezes, é desabafada nos profissionais que permitiram isso acontecer, ou parecem não se preocupar que tenha ocorrido. A equipe, por sua vez, pode ter ficado tão chocada por este acontecimento incomum que leva o bebê embora e abandona os atordoados pais a seus próprios exauridos recursos.

Em anos recentes, acompanhando o trabalho dos psicanalistas Stanford Bourne e Emannuel Lewis, foi feita uma tentativa de substituir o embaraçoso silêncio sobre um "não acontecimento" por reações construtivas. Tem havido uma mudança gradual na atitude para com os desolados pais e, em muitas maternidades, equipes foram treinadas para dispensar cuidados compassivos para ajudá-los a atravessar as primeiras etapas deste tempo incerto. A ajuda depende do entendimento de que somente pode-se fazer o luto de uma perda que foi experimentada. Profissionais de assistência à saúde estão, agora, começando a reconhecer que a aflição pode ser amenizada, reduzindo o medo da morte. Ajudando gradualmente os angustiados pais a se aproximarem da criança morta, uma parteira pode possibilitar que eles a vejam, reconheçam e, possivelmente, que deem nome a seu filho, se quiserem. Conforme a realidade da perda se torna tangível, lembranças são formadas, e os pais poderão querer segurar ou vestir o bebê, agora mais familiar, pedir uma lembrança, como um prendedor de cabelo ou um bracelete com nome. Uma fotografia será tirada, para que os pais que não se sintam capazes de passar algum tempo com o bebê morto possam fazê-lo quando estiverem preparados, num estágio posterior.

Quando um aborto tardio, nascimento de criança morta ou morte perinatal ocorre, os pais, muitas vezes, tentam proteger os outros filhos, escondendo sua mágoa. Não tomam conhecimento do fato de que seu filhinho está sofrendo o seu próprio luto por causa do bebê que nunca foi trazido para casa e por causa da mãe que estava ausente. A falta de lágrimas dos pais pode ser desconcertante para a triste criança, contribuindo para a precariedade de fé na lealdade dos pais como fonte de segurança e proteção.

As crianças precisam falar sobre a coisa horrível que aconteceu e por que não pôde ser evitada; precisam apreender o sentido da morte em seus próprios termos e entender suas ramificações.

Irmãos desolados precisam se sentir aceitos, ter seus medos tranquilizados, pois é improvável que a morte os leve embora em segredo e que seus próprios sentimentos de culpa irracionais, mas muito reais, são infundados. Ajudar uma criança a atravessar sua mágoa pode proporcionar à mãe e/ou pai aflito um meio de dar vazão e consolo a seus próprios sentimentos de perda.

Exames pré-natais – anormalidades

Ameaças de aborto e perda são vencidas conforme uma gestação viável está seguramente em curso. Porém, um outro pensamento de incerteza está embutido na própria assistência pré-natal. Embora o risco de anormalidade seja muito pequeno – ao redor de três por cento – quase todas as mulheres grávidas experimentam exames rotineiros de anormalidades congênitas e transtornos genéticos, por meio de uma variedade de técnicas mais ou menos invasivas. Enquanto considerado como benéfico progresso e redutor de ansiedade em algumas futuras mães, os exames pré-natais suscitam questões morais, éticas e psicológicas.

Para muitas mulheres, a satisfação com a gravidez é perturbada desde as primeiras semanas pelo conhecimento de que o esquadrinhamento pré-natal traz com ele um terrível dilema. Frente a profundas implicações do desconhecido, às vezes há a tentação de concordar cegamente com o parecer do especialista. Porém, gradativamente, os usuários de serviços médicos estão se tornando mais questionadores, exigindo participar da tomada de decisões, esclarecidas em seu próprio interesse. Mulheres grávidas – definidas como *pacientes*, embora sem estarem doentes; tratadas como incubadoras ou corpos sem sentimentos; ainda conscientes de terem responsabilidade para com a criança por nascer, além de com elas próprias – estiveram na vanguarda deste movimento consumista. Para algumas os exames pré-natais habilitam-nas a acompanhar o progresso do bebê e, no caso de complicações, tais como um possível nascimento prematuro ou cirurgia de recém-nascidos, a prepararem-se para isso. Para outras são um fardo insuportável. A tomada de decisão automotivada não deixa de ter seu preço em ansiedade:

Surpreendi-me pensando coisas horríveis e incapaz de desfrutar minha gravidez por um minuto, sem me sentir infeliz e irritada por ter que tomar uma decisão sobre fazer ou não uma amniocentese. O exame de sangue estava bastante ruim, o que, ao invés de me tranquilizar, determinou um risco de oitenta e dois por cento devido à minha idade. Que acontecerá se o âmnio me fizer abortar este bebê que tanto esperei e sofri para conceber? E o que será se disserem que ele é anormal? Não posso suportar a ideia de um aborto – mas também não posso suportar o pensamento de me torturar com a incerteza por outros cinco meses, diz Ruth.

Estou atormentada com a ideia de que se tivéssemos uma criança anormal eu ficaria tão envergonhada que a levaria embora escondida, de modo a não ver os olhares de piedade, curiosos e o embaraço no rosto das pessoas. Quero amar nosso bebê, mas seria terrível deparar com alguma coisa de que gostaria de me livrar. Ao mesmo tempo, não posso pensar em deixá-lo de lado, diz Steve.

Toda a semana passada, pensando nos testes, me senti como magoando a mim mesma e ao bebê em meu ventre. Tenho medo de realmente ferir o bebê ou estrangulá-lo, se nascesse deficiente. Odiei-o por ter-me causado tanto aborrecimento e odiei a mim mesma por me sentir tão egoísta: odiei os médicos por me darem este terrível dilema e Deus por Seus valores morais – e, acima de tudo, odiei você por não me dar as respostas e me livrar deste incessante tormento..., diz minha enfurecida jovem paciente, dando voz aos sentimentos de muitas outras na sua situação.

Para mulheres mais velhas, ou aquelas em risco, o envolvimento pode ser mantido em suspenso, até que os resultados dos exames sejam obtidos. A amniocentese como meio de confirmar suspeitas suscitadas por testes positivos de sangue pode somente ser confiável se feita a partir da décima-sétima semana de gravidez; com os resultados, pode demorar mais duas semanas. Assim, para algumas mulheres, a decisão sobre uma possível desistência tem que ser tomada o mais tardar em seu quinto mês de gestação. Além disso, abortos no segundo trimestre tornam-se cada vez mais difíceis de considerar, tanto pelos profissionais como pelos pais, em paralelo com a sobrevivência de bebês prematuros cada vez mais jovens:

Tudo havia sido controlado pela amniocentese, diz uma mulher mais velha. Tinha sido a maior aposta de minha vida. Sou incapaz de lidar com quaisquer outras alternativas que se apresentem, exceto uma criança saudável. Não posso permitir que o bebê se torne real, e sonhei que estava dando banho num bebê arrulhante, murmurante. A próxima coisa de que lembro é que ele desapareceu. Procurei desesperadamente, mas ele tinha sido carregado pela água ralo abaixo, quando o tampão foi retirado, como um móvito ou aborto.

Malformação fetal

Um dos paradoxos de nossos dias é a ênfase na qualidade de vida que, juntamente com os avanços tecnológicos, propõe a possibilidade do extermínio seletivo de fetos múltiplos ou anormais. Abortos por motivo de se ter descoberto que a criança é deficiente ou portadora de enfermidade, são particularmente dolorosos. Na ocasião em que é feito o diagnóstico, o afeiçoamento paternal está formado e os pais estarão cientes de um terrível paradoxo: que o aborto é recomendado, porque a terapia pré-natal corretiva é mínima, ainda que inovações tecnológicas estejam melhorando a chance de viabilidade para cada vez mais jovens, prematuramente nascidos e malformados bebês.

O manuseio dos diagnósticos e o período de tomada de decisão, muitas vezes, sutilmente, restringem o devastador efeito bombástico dessa situação. Cicatrizes, dúvidas e, não raro, depressão seguem-se ao término. Com a decisão de abortar, todas as esperanças, sonhos e fantasias que cercam a gravidez são de forma semelhante abortados e, às vezes, a própria paternidade.

Eu sabia que alguma coisa estava errada, quando a técnica do ultrassom parou de ser loquaz. Mais tarde, ela procurou o consultor e esse nos falou sobre spina bifida, e que eu precisaria fazer um teste de alfafetoproteína para ter certeza. Aqueles dias de espera foram horrendos. Eu não podia dormir e repousava acordada, pensando que estava carregando um monstro, ou repassando cada simples coisa que havia feito nas primeiras semanas que pudesse ter impedido o bebê de se desenvolver adequadamente. No princípio estávamos tão aturdidos que mal podíamos falar sobre isso – então, não podíamos falar sobre mais nada. Era, absolutamente, nosso pior pesadelo tornado realidade. Uma vez que concordamos em terminar a gravidez se o resultado fosse positivo, tudo ficou mais fácil, embora ainda chorássemos muito e achássemos difícil contar às pessoas, especialmente nossos pais, que ficaram tão emocionados por eu estar grávida. Quando fiz o aborto, foi realmente um alívio. Sinceramente, acho que não seria capaz de passar por tudo isso de novo. Tenho a leve impressão de uma advertência que deveríamos ter percebido em nossos sentimentos esvaziados antes de termos tentado ter um filho. Mas ainda lamento o bebê que nunca terei.

O aborto de uma criança desejada é acompanhado de todas as manifestações do luto. Além de aceitar a perda do filho e, psicologicamente, recompor o futuro sem a criança, a mulher também sente a perda da gravidez, com todo seu séquito de processos físicos, sociais e emocionais, e a desilusão com o curso natural da gestação. A última afeta as gestações subsequentes. Mesmo a confiança restabelecida pelo nascimento de uma criança normal não pode apagar as profundas cicatrizes deixadas por esse aborto. Alguns casais poderão evitar o necessário trabalho de luto concebendo, sem demora, outro filho em substituição, ou recusando-se a pensar em outra gravidez.

Para aqueles que persistem em ter uma criança deficiente existem muitos sofrimentos e pouca ajuda. Quando os pais confiaram na tecnologia, ou foram enganados pela promessa de perfeição no esquadrinhamento pré-natal, o choque de gerar uma criança imperfeita será pontilhado de ira e desilusão. Para aqueles que, conscientemente, escolheram ir em frente ou recusaram fazer os testes, além das dificuldades, poderão enfrentar antipática censura.

Com a disponibilidade dos testes e a pressão social para o término, juntamente com o possível desenvolvimento de algumas incapacidades, a desaprovação da deficiência pode estar aumentando. Previsivelmente, isso levará não somente a maior prejuízo e culpa moralista – "Bem, eles poderiam ter feito aborto e não fizeram, logo, isso é culpa deles próprios, não é?" – mas também à redução em serviços para os incapacitados. A questão ética que persiste é de quem pode decidir e quem determina os critérios para saber se a vida merece ou não ser vivida.

Crianças de cuidados especiais

Nascimento prematuro definido é como aquele que ocorre antes de trinta e sete semanas de gestação. Alguns partos prematuros são espontâneos, outros provocados. Cerca de vinte por cento são nascimentos múltiplos, e cerca da metade desses nascem prematuramente. Outros nascimentos são provocados por motivos de má saúde da mãe ou crescimento retardado da criança.

O parto inesperado pode ser alarmante, quando a mulher é apanhada de surpresa e a trajetória emocional da gravidez é abruptamente acabada. O nascimento prematuro parece confirmar seus piores temores de não ser suficientemente boa para o bebê que, sente, está preferindo escapar de dentro dela. Confusões surgem conforme ela é arremessada para a posição de mãe:

> *Eu não estava pronta para meu filho. Mentalmente, eu sabia que bebês podem nascer com até sete semanas de antecedência – tinha acontecido com uma amiga minha, mas nunca me ocorreu que poderia acontecer comigo. Tinha estabelecido uma data limite e essa era quando meu filho deveria nascer. Esqueci que eu mesma havia*

nascido com duas semanas de antecedência... Suponho que não queria pensar em mim mesma como nascida de minha mãe – ela havia feito dois abortos depois de mim e eu me sentia de algum modo culpada por eles, como se tivesse deixado algo atrás, dentro dela, que os matou. Em algum nível, devo ter suposto que nunca seria permitido que eu escapasse, tendo um bebê comigo. Assim, quando minhas águas irromperam com trinta e oito semanas eu não podia imaginar o que estava acontecendo. Nada estava pronto, e eu estava emocionalmente despreparada para um nascimento ou um bebê.

À primeira vista, o frágil, quase transparente bebê prematuro ou doente, é totalmente o contrário do robusto bebê de sonho imaginado durante a gravidez. Muitas vezes, levado embora antes que a mãe tenha a oportunidade de se tornar familiarizada com ele, essa se sente alheia à pequenina criatura que respira com dificuldade, enquanto ligada a uma incubadora que a mantém viva. Ainda cambaleante pelo choque do inesperado parto, a mãe de um *prematuro* é inevitavelmente apanhada num tumulto emocional de gravidez interrompida, culpada por ter abandonado seu filho a profissionais e à maquinaria e um irracional senso de rejeição e fracasso por ter sido incapaz de manter a criança que preferiu, ou foi forçada a, deixar seu ventre incapaz de nutrir suficientemente.

A mãe de uma criança doente aflige-se que tenha contribuído para a condição de seu filho, sentindo-se culpada, também, por sua ambivalência, vergonha e desapontamento. O trauma continua conforme ela se sente separada fisicamente do fruto de sua gravidez, muitas vezes, por longos corredores expostos a correntes de ar, e separada em pensamentos, inconscientemente evitando envolvimento, caso o bebê não sobreviva. Ansiosa, exausta, magoada e esfrangalhada, seguindo sua provação, poderá sentir-se intimidada e dispensável na estranha e muitas vezes assustadora atmosfera da unidade especial de assistência ao recém-nascido, onde enfermeiras uniformizadas de modo encrespado correm eficientemente de um lado para outro apertando botões de alta tecnologia, introduzindo tubos na carne frágil e tomando decisões salvadoras de vidas em resposta a *sons* e leituras.

Mas seu filho precisa dela. Ela é o elo humano entre os biorritmos e pulsações que existiram antes deste pesadelo espaço/idade. Seu leite emergente pode fortificar o bebê, seu tranquilizante contato e a voz que acalma, familiares desde a gravidez, podem reunir sentimentos muito fragmentados e traumáticos para a tensa criança digerir. E ela precisa do bebê para completar o assunto emocional inacabado de sua gravidez abruptamente reduzida. Quando o recém-nascido está suficientemente recuperado para ser retirado da incubadora, à moda canguru, a mãe (ou pai, se sua cesariana a impedir) proporcionará o calor do contato pele a pele e a pulsação familiar, segurando o bebê dentro da sua roupa, contra o torso nu. Enquanto isso, aquecem seus próprios corações, permitindo eles mesmos serem tocados pelo filho, que foi mantido emocionalmente em apuros.

Conversas com outros pais de bebês doentes podem ajudar a promover recursos de ajuda própria, enquanto é aliviado o sentimento de desesperado isolamento e competição paranoica entre aqueles que sentem que a morte, arbitrariamente, tomará sua parcela. Participação paterna aumentada no cuidado da criança, massagens e afagos no bebê, fototerapia e alimentação por tubo no colo da mãe, chupetas, padrões diurnos de claro/escuro e condições intrauterinas simuladas, como camas d'água, redes de dormir ou peles de carneiro na incubadora, tudo tem sido vinculado a maiores ganhos em crianças nascidas com deficiência de peso. Uma vez que deixam a unidade, não raro leva um longo tempo para a família restabelecer os ritmos quebrados pelo nascimento e, em alguns lares, esses nunca são recuperados. Em todas essas situações, a terapia familiar ou individual oferece uma oportunidade de trabalhar sobre alguns eventos traumáticos e algumas revoltas emocionais, desde o emergir das águas, que podem precisar de discussão e serem analisadas verbalmente, para tornarem-se entendidas.

Notas

1. Ria como um feto irresponsável.

    Seu riso era submarino e profundo

    Como o do velho homem do mar

    Oculto sob as ilhas de coral

    T. S. Eliot, Mr. Apollinax (N. do T.)

2. Nunca vi as feições que gerei,

    As mãos que senti tateando

    À procura da vida que tentei dar e não pude.

    Mas até agora às vezes sonho ouvi-lo chorando

    Perdido alhures e com fome,

    Encerrado num armário ou atirado na neve,

    E procuro na noite e chamo, como para recuperar

    Parte de mim própria do túmulo das coisas não feitas

    Barbara Noel Scott, *Stillbirth* (N.do T.)

8. O nascimento

Eu não seria tão simplório a ponto de pretender ter qualquer ideia do que Cláudia estava atravessando, durante as horas que levaram até o nascimento. Bisonhamente, flutuava nas bordas de seu drama singular e muito íntimo. Ainda não havia me tocado que dentro de algumas horas teríamos um filho: vagamente, sentia que estava imerso em um sonho surrealista escorregadio que constantemente retrocedia dentro dele próprio... Ela fez uma epidural. Não havia qualquer agonia gritante ou exaustão coberta de suor. Alguma coisa estava acontecendo... uma flutuante, adejante, alucinatória jornada em direção a um loucamente pacífico e adorável verdadeiro clímax, que era o momento muito mais que cósmico e particular, delicioso e gracioso, sobre o qual jamais se escreveu... Um momento que, sozinho, tornou-se a mais marcante, bela e tremeluzente lembrança que tenho.

Uma grandiosa, magnífica imagem... Tivemos um filho; ali estava ela, tanto quanto eu sabia, ela era história. Eu estava ensopado e não me importava. Segurei-a, tentando parecer calmo e tranquilo por fora, uma ruína trepidante por dentro.

—Paul Morley, *On fatherhood*

O nascimento é uma separação. Para alguns é um bem-vindo final da geminação tipo siamesa, para outros, um puxão, uma perda, um abandono. Existem muitas variações, assim como parturientes no mundo, mas, acima de tudo, sobre cada leito de parto, a mãe arcaica paira, resmungando suas maldições ou cobrindo-o com suas bênçãos. Todos nós nascemos da mulher, cada um exilado e impedido de voltar ao abrigo que, na ânsia de divisão e separação, tornou-se a base de fantásticas reverberações.

Observadores e assistentes do nascimento, do mesmo modo, olham com respeito e veneração o corpo parturiente da mãe e, dependendo de sua capacidade de suportar a atração pelo *coração das trevas*, confiarão no processo de dois trabalhando como um, em busca de sua suprema separação, tentando controlá-lo ou, ainda, defensivamente, fugirão da cena. Outros direcionam esta ansiedade no sentido de domar o primitivo processo por meio de intervenção ativa.

Opções – local do evento e assistentes

Para cada mulher e seu filho, o nascimento é um acontecimento único na vida. Embora a prioridade seja segurança, ela também quer ardentemente que o nascimento seja tão intimamente significativo quanto possível. Revivendo a experiência do nascimento e infância do bebê, em vários momentos posteriores de suas vidas, muitas mães sentem essa como uma crucial oportunidade de reconciliação com uma parte alienada delas próprias que estava faltando. A absoluta enormidade e caráter primitivo da experiência do nascimento confere a este um poder de ter ramificações, tanto reparadoras como prejudiciais. Apoiar a confiança da mulher em suas próprias capacidades e aumentar as oportunidades para tomar importantes decisões baseadas em informações reais pode significar a diferença entre uma experiência contrariada ou indiferente e uma de exuberante capacitação.

Nas sociedades ocidentais, onde há maior variedade de práticas, as opções pessoais da mulher pelo local e assistentes do nascimento são cruciais para a garantia de bom entrosamento entre suas expectativas e a efetiva experiência. Enquanto as circunstâncias psicossociais e condições físicas podem ditar sua decisão, fatores inconscientes podem determinar suas vontades e temores.

Como os métodos de parto, o local do nascimento revela muito sobre os valores de uma sociedade. Em muitas coletividades, o nascimento tem lugar em isolamento, ou num local especial para isso designado. Em outras, o nascimento será encarado como um acontecimento social, acessível a muitos e celebrado pela comunidade. Em poucas, como na Holanda, é um acontecimento íntimo, salutar, no próprio quarto de dormir da mãe. O local do parto é determinado pelas fantasias que envolvem o nascimento, seja ele encarado como um acontecimento perigoso, potencialmente contaminador, uma cerimônia quase sagrada, numinosa, uma ocasião auspiciosa ou uma crise física. Em nossa própria sociedade, as mudanças de comportamento no decorrer do último século alteraram o acontecimento emocional íntimo de outrora num evento público, médico, centralizado entre estranhos. Retirando a parturiente da segurança de seu lar e comunidade, ela é removida para uma instituição de morbidez e alta tecnologia.

Mas não precisa ser assim. Um dos mais tranquilos partos que já assisti não foi domiciliário, mas teve lugar num pequeno e simples centro de maternidade, anexo a um hospital numa cidade de porte médio, ao sul da Suécia. Filmado por uma câmera de vídeo fixa, o parto seguiu seu curso no mesmo quarto cálido, doméstico, espaçoso, com serviço de lanches e cama de casal baixa, onde todos os *checkups* pré-natais das mulheres foram feitos. A parteira senta-se discretamente num canto do quarto, até ser chamada, deixando o cônjuge masculino, vestindo apenas roupas de baixo, para assistir, apoiar, afagar e massagear sua mulher nua, enquanto ela se vira e se agita, seios suspensos e a rotunda barriga, delicadamente mudando de posição, conforme ela própria entrega-se a um giroscópio interior, de ajoelhada à inclinada, de quatro a de cócoras, de reclinada para sentada, para deitada, por toda a longa noite – *pas de deux* em ritmo lento, cabeças juntas, balançando e gemendo, apertando e suando, em harmonia, até que, quase sem aviso, conforme a mulher avança para o segundo estágio onde ele não pode segui-la – o "bicho de duas costas", finalmente, parte-se em pedaços. Com estranhos uivos manifestos, como eu somente ouvira em partos de alguém inconsciente de si mesma, ou de mulheres desoladas que haviam perdido todo o senso de percepção do mundo enquanto renunciavam seus entes queridos, a mulher intensificou seus esforços. Agarrando-se com implacável força aos braços do marido ajoelhado, enquanto acocorava-se e impulsionava contra a gravidade, com um agudo grito final, o explosivo períneo liberou seu tesouro, um apropriado final orgástico para o processo de lento amadurecimento de dez luas de duração, desde aquele ato de amor original que a tudo deu início.

Os principais critérios na escolha do local do nascimento são a condição de que a mulher se sinta bem recebida e segura e confie que seu bebê será seguramente partejado e cuidado. É preferível considerar as opções de parto durante a gravidez, numa época em que a mãe possa pensar de modo tranquilo sobre suas prioridades e formular um plano de nascimento que reflita suas escolhas pessoais, dentro dos limites de segurança.

Asseguradas estas condições, a autoconfiança reduz tanto o choque como o senso de fracasso experimentado por muitas mulheres, que são apanhadas de surpresa por inesperadas e menos que perfeitas eventualidades, como cesarianas de emergência, ou um prematuro, precisando de cuidado especial.

Fatores inconscientes

O paradoxo da gestação jamais é tão aparente como no dilema fundamental do nascimento: quando a mulher – dotada de supremos poderes em sua condição de semideusa capaz de dar existência a uma nova vida – é também ameaçada pela crucial responsabilidade humana de conduzir essa vida com segurança à realização. Neste momento ameaçador, somos inclinados a retroceder, e é possível que haja uma tendência interior rumo a uma tranquilizadora figura de mãe, ou a uma imagem de benevolência paternalista, que promete proteger a ambos, ela e o bebê, convocando o filho edipiano que existe nela às armas fortes e medicamentosas. Mesmo mulheres que passaram suas vidas lutando pelo controle de seus corpos e seu direito de autonomia, podem se sentir incapacitadas pelo medo de perder esse controle. Para algumas delas, o parto ativo é a solução; para outras, a ideia de um parto aerodinâmico, tecnológico, oferece a esperança de conservar um fiapo de dignidade, face à perturbação emocional.

No parto em casa, um bom andamento depende de a mulher grávida ter tempo para travar conhecimento e estabelecer um relacionamento confiante com as pessoas que assistirão, obtendo informações suficientes para fazer escolhas e liberdade para procurar maiores informações, quando ansiosa. Porém, embora seja a senhora do local de nascimento e a parteira uma convidada, o parto em casa não significa que a mulher se sentirá automaticamente relaxada e preparada para o parto. Também precisa enfrentar seu medo, dor e ansiedades quanto à incompetência material e relutância emocional para levá-lo avante. Precisa espaço para ponderar seus próprios recursos interiores e resistência a fim de orientá-los para o parto.

Não posso suportar a ideia de um parto no hospital – aquele ambiente de enfermaria e todo mundo me dando ordens. Quero estar confortável em minha própria casa, usando meu tempo para procurar saber o que meu corpo pode fazer, sem interferência. Se alguma coisa sair errada, o hospital fica a apenas uma pequena corrida de distância.

O parto em casa pode ser tão natural quanto respirar, para algumas mulheres, mas afigura-se uma temeridade para outras. A mulher pode querer dar à luz num ambiente de alta tecnologia que possa cuidar de todas as eventualidades: suas incertezas interiores aconselharam-na a colocar-se nas mãos de profissionais, que irão lhe dizer exatamente o que fazer, desse modo, aliviando-a da responsabilidade e de possível culpa.

O parto compete aos médicos e parteiras. A ideia de um parto em casa para mim é horrível – tudo por minha

conta em casa com uma parteira e nenhum equipamen-
to médico! Eu não confiaria em mim mesma. Não acho
que alguém tenha muito controle sobre o que acontece
num parto e tenho medo de que, se eu perder o controle,
o mesmo acontecerá com meu marido, e ele não será for-
te o suficiente para me ajudar na travessia.

Um ambiente menor, mais íntimo, pode ser a opção de outra, ecoando um sentimento interior de que não existe cuidado
suficiente a ser procurado. Outras preferem uma arrumação dis-
farçada, ou expulsão antecipada, ou parto em casa com parteira independente. Porém, muitas mulheres deixam de averiguar
suas opções por medo de serem criticadas por quererem alguma
coisa especial.

O nascimento é o clímax da longa provação que é a gravidez:
a mulher tem o direito de expressar seus desejos e ansiedades,
sem que esses sejam encarados como uma fraqueza neurótica ou
petulância. É ela quem experimentará o trabalho de parto junto
com seu filho e quem terá que viver com as consequências nos
anos seguintes.

A mulher sábia e os assistentes

Em contraste com a nossa, nas comunidades tradicionais, a
mulher grávida é envolta num manto bordado de costumes familiares, cada mulher experimentando a gravidez como o fazia sua
mãe e, muitas vezes, sua avó antes dela. Através dos anos, tem sido
amadurecida para o nascimento de seu próprio filho com cada
sucessivo nascimento em seu extenso grupo familiar e, desde a
infância, tem ouvido sobre muitos partos em picantes detalhes e,

possivelmente, observado alguns. Carregando um irmão ou primo em sua própria anca, desde que era menina, lhe foi, muitas vezes, atribuída a responsabilidade de servir de mãe para crianças menores e está igualmente familiarizada com recém-nascidos.

Ao contrário, o colapso da família extensa nas sociedades industrializadas do ocidente resultou em nosso isolamento em núcleos familiares, que muitas vezes impedem o contato íntimo entre parentes consanguíneos, com a consequente perda da sabedoria feminina e as tradições familiares de gravidez e parto pela alijada nova mãe:

> Em minha família no norte (da Inglaterra), passei minha infância escutando as mulheres contando suas experiências corporais, das dificuldades menstruais à prestação de contas de sangrentos partos, detalhe por detalhe. Todas as minhas tias têm como certo que são mães substitutas e ama-secas de todos os sobrinhos, fornecendo berço e carinhos, bem como assistência material, apoio físico e conselhos grátis. Vindo para Londres, me afastei e, embora tenha tentado me reintegrar às minhas origens, esta espécie de calidez familiar está localizada na vida das pequenas cidades – não pode se estender pelas rodovias afora, diz Jane, advogada, ao ter seu primeiro filho, perto dos trinta e cinco anos de idade.
>
> Ninguém fala sobre seus temores. Os livros dizem somente que o medo aumenta a ansiedade, mas não reconhecem que existe uma boa razão para ter medo, diz a mãe de Daniel, em sua trigésima-oitava semana de gravidez. É amedrontador viver na incerteza. É tudo tão verdadeiramente real e estou sozinha e assustada. Estou assustada

por ter que dar à luz, quando estou tão bem com o Daniel. É realmente um caso para uma família toda, vivendo sob o mesmo teto. Estou tão desajeitada e o Daniel é tão pesado. E vivo esquecendo ou deixando cair coisas. Se estivesse cercada de pessoas que cuidassem de mim, minha distração de grávida pareceria afetuosa, mas, por meus próprios recursos, com todas as responsabilidades da casa em meus ombros, sinto que é amedrontador...

Bom cuidado satisfaz toda a mulher e todo o processo. Uma das dificuldades agora reconhecida e começando a chamar a atenção é a *fragmentação* dos cuidados, com uma diversidade de profissionais especialistas, cada um proporcionando modalidades de assistência de saúde pré e pós-nascimento. Isso difere da tradicional abordagem de continuidade de assistência – a mulher sábia que atua como orientadora e intermediária entre o passado e o futuro, nova mãe e sociedade, natural e sobrenatural – protegendo a ambos, mulher e feto, durante a gravidez e agindo como ponte para seu novo *status*.

A tradicional assistente de parto quase sempre é integrante mais velha, respeitada, da comunidade, experiente em partos e assistência, que, além das habilidades de parteira, normalmente, orienta sobre assuntos de fertilidade, contracepção, concepção, aborto, gestação, nutrição, parto, amamentação e purificação espiritual. Em nosso sistema, a combinação de uma legião de especialistas no contexto de uma instituição de domínio masculino fragmenta as transferências. Isso complica e dilui fortes sentimentos e os impede de serem investidos numa só figura maternal, que poderia ajudar a mulher a atravessar a linha divisória entre ela própria como filha de sua mãe, para se tornar mãe de seu filho.

180   O NASCIMENTO

Em anos recentes, mães e parteiras, do mesmo modo, têm-se envolvido numa campanha para restabelecer a assistência feminina, opção individual e partos seguros em casa e, particularmente, reconhecer a primazia das necessidades emocionais. Quando acompanhando processos fisiológicos, poucos assistentes de saúde ocidentais, às vezes, repreendem as mulheres em trabalho de parto por fazerem muito barulho. O requintado processo feminino de gestação oferece uma especial oportunidade aos assistentes de restabelecer valores maternais de parentesco e criação entre e no meio de mulheres, enfatizando a continuidade e integridade de toda a trajetória, desde a preconcepção até o cuidado da criança. A maioria das clínicas pré-natais negligencia uma oportunidade de ouro para facilitar a comunicação entre mulheres grávidas a seus cuidados, seja em grupos de troca de ideias, ou em intercâmbio informal. Aulas de educação para o parto tendem a proporcionar variedades de exercícios e técnicas psicológicas das ansiedades e questões emocionais que, se não externadas, podem contribuir para dificultar o parto. Proporcionada a oportunidade de expressar seus sentimentos – em reuniões de grupos com outras mulheres grávidas ou em psicoterapia, as futuras mães sentem tremendo alívio ao ver suas incertezas compartilhadas por outras com dúvidas e temores semelhantes.

Instituições médicas

Estou escrevendo isto num pequeno aeroporto da China, esperando o avião de volta para Londres. O nascimento que filmei ontem me trouxe, forçosamente, à consciência, de que quaisquer que sejam nossas diferenças culturais – e existem muitas e grandes entre nós os chineses – o acontecimento do parto é um denominador comum: a mulher em trabalho de parto, seu ventre em contrações, dilatação do colo, endurecimento da barriga, arredondamento do períneo, cabeça ascendente e a súbita torrente de líquido amnióti-co; então, aquela translinguística ordem – *Espera!* – e então – *Em-purra!* – seguida pela lenta emergência da cabeça e o deslizamento impetuoso de um corpo retorcido, escorregadio.

Esses são os mesmos pelo mundo afora, ainda mesmo entre as semelhanças, as diferenças começam. A sociedade põe seu cunho no recém-nascido, antes que ele alcance o seio de sua mãe. No caso da menina que vi nascer ontem, no hospital-escola de uma univer-sidade chinesa, após o cordão umbilical cortado e amarrado, uma das parteiras orientadoras carregou-a por um braço e uma perna para a mesa de aspiração e deu palmadas em seus pés conforme seu primeiro choro foi seguido por nenhuma respiração. Finalmente, embrulhada e rotulada, foi exibida à sua mãe exausta. A silenciosa parturiente – a cabeça pendendo para baixo em direção ao solo, enquanto deitada na mesa de parto, estreita e inclinada – abriu os olhos resignados e olhou para o pacote feminino cuidadosamente embrulhado. Sozinha, a despeito das quatro enfermeiras atenden-tes, achatada sobre as costas, pernas separadas e metidas em lin-guiças de aniagem contra o penoso frio da sala sem aquecimento, pacientemente, esperou as secundinas e os pontos e o desaponta-mento da família. A criança foi bruscamente levada embora para o berçário, onde trinta outras crianças, identicamente enroladas, repousava nos berços. Na China 1,7 milhões de meninas são abor-tadas, abandonadas ou desaparecem todos os anos.

Em gerações anteriores, muitas pessoas eram concebidas, nas-ciam e, eventualmente, morriam no mesmo leito, na mesma casa, rodeada pela família e os objetos familiares de uma vida inteira. Hoje, nascimento e morte, muitas vezes, têm lugar em instituições, na presença de estranhos. A maioria das mulheres teve pequeno contato prévio com hospitais, ou somente visitas ocasionais, as-sociadas a doença ou acidente. Mães que tencionam dar à luz em

182   O NASCIMENTO

hospital preocupam-se com a recepção que ela e o bebê terão. Imaginando o horror de estar em dores num ambiente estranho, a mulher se sente desorientada. Temerosa que possa perder sua posição, saindo do odor confortante e limites familiares de seu lar, receia ab-rogar a administração de seu corpo a pessoas que não conhece nem confia. Sente náuseas ao pensar em ser intimidada pela atmosfera clínica da sala de partos, conjeturando se poderia perder sua autoconfiança sob condições de dor extrema; começar a gritar e não parar mais; ou não se sentir livre para experimentar suas próprias sensações, sob a dupla ordem de serviço de pressões interiores de ter que ser *boa* e agir *sensivelmente* e o comando exterior de bem intencionados estranhos fardados: "Da última vez foi como estar sentada num vaso sanitário e sendo mandada: – Empurre! – Encolho-me de medo, quando penso na humilhação de não ser capaz de um desempenho conforme suas expectativas".

Receia encontrar-se numa montanha russa ascendente de intervenções que levam de um lado para outro e cascateiam fora de controle, não lhe dando espaço para tomar fôlego ou retomar o senso de si mesma e do que havia desejado. Sua luta pode ficar esperando para usar os recursos disponíveis para minimizar quaisquer riscos para ela mesma e para o bebê, ainda temerosa de ser tragada por um parto tecnológico, que deixa pouca liberdade para vontades pessoais:

> *Não quero quaisquer intervenções, mas tenho medo que eles insistam. Da última vez, assim que romperam minhas membranas, as contrações se tornaram repentinamente tão fortes que tive que fazer uma epidural e então não pude sentir a incitação para empurrar. Terminei tendo que fazer uma enorme episiotomia, aplicação de fórceps e a pobre Sara nasceu parecendo um monstro –*

sua cabeça tinha grandes inchaços e esmagamento. Levei
semanas para poder gostar dela.

De fato, alguns hospitais exigem concordância, apresentando práticas de rotina intentadas para aumentar a *eficiência*, algumas vezes equiparadas a parto apressado. Melindrada por essas políticas, a mulher grávida tem exigido mudanças que fazem concessões às necessidades individuais. Planos de nascimento personalizado e protocolos de equipe têm sido instituídos e procedimentos de rotina têm sido questionados, incluindo a raspagem, os estribos, ruptura de membrana, gotejamentos, litotomia, episiotomia e monitoramento do escalpo do feto e sucção. Porém, mudar as presunções subjacentes e um sistema profundamente arraigado tem sido um processo lento como é da natureza de instituições para defender os profissionais contra envolvimento empático. No caso do parto, essas emoções são intensamente pessoais e agravadas pela crônica tensão e exposição à dor e intimidade. Elliot Jaques mostrou como instituições tendem a desenvolver mecanismos para defender suas práticas habituais e para proteger o pessoal de ser inundado por ansiedades incontroláveis que, por distribuição de responsabilidade e padronização de prática, reduzem a iniciativa pessoal e envolvimento ao mínimo.

Diferentes orientações

As mulheres diferem em suas necessidades. Geralmente falando, as mulheres da orientação Facilitadora desejarão um parto natural, geralmente em casa; as Reguladoras desejarão um parto civilizado e as Alternativas tendem a partir para um parto ativo. Essas diferenças não são caprichos, mas refletem profundas crenças inconscientes sobre o processo de nascimento.

Para a Facilitadora, o trabalho de parto é um processo excitante, poderoso, ao qual ela e o bebê devem entregar-se, a fim de serem reunidos. Seu maior temor é a interferência: indução antes do bebê estar pronto; escalonamento, rompendo o processo rítmico espontâneo, sincronizado, e a intrusão na intimidade orgástica de sua divisão e saudação. Tendo escolha, a Facilitadora quer o parto em casa. Se isso não for possível, tudo o que ela quer é uma parteira para cuidar dela, até que esteja pronta para pôr seu bebê para fora e amamentá-lo, antes mesmo que o cordão umbilical seja cortado. Evita qualquer separação de seu filho e pode optar por um parto precoce, se no hospital.

Para a Reguladora, o parto é um acontecimento médico; uma crise penosa, inevitável, infligida a ela, a ser suportada com um mínimo de desconforto, usando todos os meios a seu dispor para abreviar e anestesiar o procedimento. Escolhendo o parto em hospital, tende a entrar logo em trabalho de parto, que pode levar a diversos procedimentos de intervenção, como o rompimento artificial das membranas. Carente de fé no conhecimento primordial do parto por seu corpo, sua principal preocupação é manter o máximo de controle. Um monitor fetal proporciona informações sobre o progresso do trabalho e equilibra suas ansiedades. Acima de tudo, a Reguladora teme ser embaraçada e exposta durante o parto. Ao contrário da Facilitadora, a Reguladora recebe bem o fato de dar à luz entre estranhos e o conhecimento de que nunca precisará vê-los novamente. Longe do envolvimento imediato, prefere a familiarização gradual com o bebê, tendo dado tempo e espaço para recuperar-se da provação do parto; se o hospital tem um berçário, por exemplo, poderá querer que o bebê durma lá na primeira noite.

A Alternativa trata o nascimento como um processo natural por meio do qual a criança fica preparada para tomar seu lugar no mundo exterior. Poderá opor-se ao uso de drogas inibidoras da dor, mas poderá fazer uso de gás e ar, ou um sistema de estímulo nervoso transcutâneo automático de funcionamento com bateria (TENS), que bloqueia os sinais de dor. Ciente da imprevisível natureza do parto – com possíveis inesperadas complicações que podem necessitar intervenção – mesmo com um parto em casa, ela prefere ter a seu alcance equipamento de emergência. Acha divertido o real nascimento do bebê e está ardente para poder conhecer seu filhinho.

Perguntas sem resposta

Todos nós estivemos sujeitos a essa jornada desde o espaço interno de um corpo feminino; escorregando através de um colo amadurecido, expelidos de ponta-cabeça ou extraídos e erguidos contra a luz antes de sermos separados a esmo do cordão da vida sustentador, enquanto tentamos respirar. Esperando seu dia, a mulher barriguda de cada geração defronta-se mais uma vez com o medonho desafio do parto e separação, desta vez, às avessas. Conforme a data do nascimento se aproxima, as ansiedades do parto proliferam e as preocupações primárias são básicas.

Há somente uma certeza sobre o nascimento: é que o que está dentro precisa vir para fora. Através de longos meses de gravidez, perguntas amontoam-se conforme o bebê cresce, ocupando as horas de vigília, fantasias e sonhos; o que é *isso* que está se desenvolvendo dentro dela? Quem emergirá? Como se sentirá ela, uma vez esvaziada?

Se nunca experimentou o parto antes, a ideia das contrações uterinas, impelindo a criança pelo canal de nascimento abaixo e a maciça dilatação de sua vagina para possibilitar ao bebê cabeçudo vir para fora de sua pequena toca, é inimaginável e enche-a de medo. Fantasias cloacais são revitalizadas, como o são desejos e sonhos de que o nascimento pode ter lugar através de uma abertura mágica: o umbigo, ou por substituição através da osmose.

Para escapar de suas perturbadoras fantasias, ela se volta para os especialistas. Eles tentam descrever a coisa, dizendo-lhe que é como expelir uma grande laranja ou melão – mas por que isso faria a coisa mais crível, não tendo experimentado expelir a fruta toda? Outros dizem que é sempre uma experiência muito divertida – mas como pode ser assim, se machuca? Os orientadores sobre parto dizem a ela que, se respirar corretamente e fizer o que lhe foi ensinado, tudo sairá bem – mas como pode ela estar certa de lembrar de tudo, quando chegar a hora?

Corretamente, conclui que o nascimento é um fato extraordinário e que a singularidade da experiência de cada mãe faz a generalização impossível. Durante os longos meses de espera, a incerteza prevalece e ela permanece mistificada: que acontecerá? Estará ela com alguém ou sozinha? Onde estará – em casa, no ônibus, na rua?

Às vezes, há uma sensação de que o bebê vá continuar tornando-se maior, até que o corpo dela se estique até o limite e se rompa nas costuras. Outras vezes, tem horror de que o bebê possa vir antes do tempo dele, antes do tempo dela, antes do tempo, depois do tempo – nunca. Tantas perguntas sem respostas; tantas respondidas e ainda ignoradas.

Na ausência de mulheres mais velhas, experimentadas, muitas futuras mães, preocupadas em não saber quando o trabalho de parto começa, poderão voar para o hospital ao primeiro sinal de contrações. Se houver confundido fortes pontadas Braxton-Hicks com o trabalho de parto, porém, dirão, ao chegar, que está em falso trabalho e será mandada de volta para casa, muitas vezes sem a explicação de que esse processo irregular de contrações é o trabalho preparatório do parto, que lhe dá sinal de advertência e tempo para repousar. Outra pode ignorar suas cólicas semelhantes às do período e, mesmo quando o trabalho iniciado, acha difícil calcular o momento em que deve ir para o hospital.

O trabalho de parto, que começa com uma aparência falsa, é amedrontador, colorido por uma crença irracional de que uma vez que a *rolha* mucosa for removida o bebê pode cair fora. O irromper das águas pode aumentar as dúvidas interiores, como a vergonha infantil de molhar as calças, que é revivida – no exato momento quando ela está em vias de ser iniciada no mundo feminino *crescido*. Mesmo a mulher que já tenha tido uma experiência positiva de parto sentirá algum tremor, ressentindo-se de sua impotência de determinar a hora e local do início do trabalho de parto e preocupando-se que possa confundir os sintomas.

Na trajetória da condição de filha para a de mãe, a mulher grávida, muitas vezes inconscientemente, espera que seus atendentes de parto lhe ofereçam apoio emocional e que proporcionem o restabelecimento da confiança para que lhe seja permitido entrar no reino das mães e ter e manter seu bebê. Salvo se sentir-se livre para entrar no processo de parto por iniciativa própria, pode, inconscientemente, ser compelida a representar o trabalho de parto de sua mãe ou de outra mulher importante – conforme contado ou imaginado – ou, ainda, pode ab-rogar a propriedade do corpo à administração dos especialistas.

Durante as horas de trabalho, conforme as contrações aumentam em duração, intensidade e frequência, as emoções da mulher também aumentam e diminuem – alçando-se ao pânico momentâneo ou fúria, no auge de uma contração, seguido de intervalos de relaxamento e, às vezes, bem-vinda calma entre uma e outra.

188   O NASCIMENTO

No decorrer do trabalho, seus sentimentos passarão da elação e abandono à ansiedade, irritação, lamentação e desespero, particularmente, quando encaminhando-se para a transição e durante essa.

Apesar de centrada profundamente em seu próprio interior, a mulher em trabalho de parto, muitas vezes, tem um intensificado senso de mensagens não verbais, captando vibrações de ternura, aceitação ou desaprovação naqueles a seu redor. Esta sensibilidade, porém, não é necessariamente recíproca, e ela é, muitas vezes, tratada como questão material pelos profissionais que medem a *eficiência* de seu progresso ou aqueles que, incapazes de dar à luz com ela – ou dar à luz seus próprios sentimentos de desamparo – sentem-se impelidos a *fazer alguma coisa* para intensificar o trabalho, tal como a ruptura das membranas para *fazer as coisas seguirem*, ou incapazes de participar disso com ela, deixam-na aos seus próprios recursos.

Reciprocamente, embora haja o desejo da mulher de ser telepaticamente interpretada e fisicamente cuidada nesse momento, mesmo um cuidadoso atendente, provavelmente, precisará de algumas instruções verbais, quando não perceber antecipadamente suas necessidades.

Jornada para o exterior

Tudo está terminado, o bebê nasceu e minha provação finalmente acabou. Levantei da cama e, gradualmente, estou voltando à vida de novo, mas com um constante medo e receio sobre meu filho e especialmente meu marido. Alguma coisa dentro de mim parece ter desmoronado e sinto que, o que quer que seja, estará ali para sempre

para me atormentar... pois estou assustada com o amor
vulgar do útero por seu fruto...

Do Diário de Sofia Tolstaya, mulher
de Leon Tolstoy, 14 de julho de 1863.

O nascimento precipita uma nova jornada para a criança e os pais: da psique para o interior da realidade exterior. Com o impulso final da expulsão, o primeiro grito do bebê tira a nova mãe de sua preocupação interior intensamente focalizada. Abrindo os olhos, ela defronta-se com uma criaturinha amassada, azulada, magrinha – bem diferente do querubim rosado, bochechudo, de seus sonhos. Experimentalmente, saudando o pequeno estranho, os novos pais devem renunciar ao bebê imaginário para dar lugar ao que é real, cujo aspecto, impressão e, algumas vezes, sexo não são, absolutamente, como fora antecipado.

A fase de nascimento fora de casa significa que poucos adultos nas sociedades ocidentais já tenham visto crianças recém-nascidas de perto. Elas podem parecer decepcionantes e diferentes dos recém-nascidos de suas semanas de idade do cinema. Na vida real, os bebês tendem a ser menos bem forrados de polpa e a cabeça pode ser amassada no processo de parto, desfigurando sua forma. Cabelo, se houver algum, é emaranhado, úmido, geralmente raiado de sangue e mais escuro do que finalmente será. Após um parto de fórceps, intumescências na cabeça e marcas de contusão nas faces parecem alarmantes para os pais, embora cessem dentro de poucos dias. As feições do bebê podem estar um pouco amassadas, e a ruptura de alguns vasos sanguíneos devido à pressão do parto pode causar descoramentos da pele e estrias vermelhas nos olhos. Urticária e pálpebras avermelhadas são comuns, como o são passageiras outras marcas do parto, como marcas acima da ponte do nariz e na base do pescoço, coloquialmente chamadas *bicadas da*

190 O NASCIMENTO

cegonha, ditas serem causadas pelo bico da cegonha que traz o bebê. Imediatamente após o nascimento, o recém-nascido é coberto por matéria graxenta branca e sangue do parto. Ele ou ela poderá ter alguns pelos finos no corpo. A visão dos órgãos genitais, geralmente causa consternação, pois, tanto num sexo como no outro, estão inchados e parecem desproporcionais ao corpinho magro. O aumento e endurecimento do tórax é comum, tanto em meninos como em meninas, devido a hormônios maternos, e algumas crianças produzem um líquido conhecido como *leite das bruxas*.

Embora raramente usado por motivos práticos, um dia ou dois após o bebê ter nascido é muito benéfico para a mãe reencontrar uma das pessoas presentes no parto para uma espécie de conversa ao estilo de relatório, que lhe possibilitará fazer perguntas e preencher os vácuos em sua memória, ou diminuir a confusão, confirmando detalhes que não pode acreditar que tenham realmente acontecido:

> *Foi somente quando fui consultar o pediatra para o check-up dos três meses que compreendi que o estado de meu bebê não era devido a alguma coisa que fiz a ele durante o parto, mas porque estava em perigo devido ao cordão umbilical ter-se enrolado em seu pescoço. Passei todo esse tempo neste estado de angústia, culpada – mal podia segurá-lo com medo de machucar, diz a mãe de uma menina que passou alguns dias numa unidade de tratamento intensivo.*

Episiotomia

É raro a mulher que não se encolhe de medo ao pensar numa episiotomia – ser cortada naquela área mais íntima e delicada de sua anatomia. Além dos temores físicos, as conotações psicológicas assomam amplas conforme, esperando o nascimento, a mulher grávida enfurece-se desamparadamente com a possível inflição de uma episiotomia, antecipando com receio a humilhação, o ultraje e a dor de ser cortada contra sua vontade, aparentemente punida por pensar que pode ser bem-sucedida, querendo um bebê sem ter sido marcada para toda a vida pela experiência de ter tido um.

Psicanalistas falam de ansiedades de castração infantil. Como a circuncisão, a episiotomia é uma realidade. Comparada às ansiedades sobre as dolorosas horas de trabalho e parto, essa é uma preocupação de longo prazo. Sua região nunca mais voltará a seu estado anterior. Autoestima e imagem física são violadas por um processo infligidor que proclama a descrença em sua capacidade de completar o parto sem intervenção artificial. A mulher está preocupada com os danos a seu corpo e seus efeitos psicológicos sobre sua sexualidade feminina e amor-próprio. Além do tremor pelo bombardeio do parto sobre seus órgãos internos e orifício corporal – que pode ser tão grande de modo a levar algumas mulheres a desejarem cesariana – muitas vezes, existem ansiedades como se, uma vez suturada, sua abertura vaginal e períneo serão jamais sentidos os mesmos novamente, e como as cicatrizes afetarão sua vida amorosa:

Tenho muito medo de que sob o efeito da dor do parto eu me torne muito agressiva e seja vista como se não estivesse lidando direito com isso, diz uma Reguladora grávida. O que eu realmente quero é uma cesariana. Prefiro uma pequena incisão em meu abdome, que é robusto e forte, do que ter minhas partes íntimas rasgadas em pedaços e maltratadas e cortadas onde são mais delicadas.

Para quem lê a respeito de dar à luz, posso oferecer uma certeza. Embora parteiras recentemente treinadas estejam reaprendendo velhas técnicas de parto, a episiotomia é dita como sendo ainda regularmente predominante em muitos hospitais. Porém, pode ser evitada pela absoluta e obstinada determinação da parturiente de permanecer intacta. O corte propriamente e a sutura são normalmente pouco doloridos, precedidos que são com anestesia local, e o períneo saturado é naturalmente entorpecido. Porém, o ruído e a sensação das tesouras são desagradáveis no momento climático do nascimento.

Uma vez que o efeito da anestesia passe, o períneo fica machucado e dolorido. Funções simples podem se tornar estranhamente amedrontadoras conforme os pontos fazem o ato de sentar doloroso durante uma semana ou mais, urinar queima e o ato de defecar pode ser acompanhado de intensa dor e (normalmente infundado) medo de que o esforço possa fazer com que os pontos rasguem a pele.

Muitas mães acham que o processo de cura pode ser apressado por banhos quentes salgados e secador de cabelo. Porém, a violenta dor e o desconforto básico, no exato momento em que as exigências físicas de seu corpo estão no auge, são exasperadamente impróprios.

É uma loucura. Tão insensato como um treinador cortar o tendão de Aquiles de um atleta para tornar o tornozelo mais flexível e, então, mandá-lo para uma maratona, diz uma irada mãe.

Embora uma quantidade de mulheres ache pouca diferença na elasticidade da vagina, uma vez que a episiotomia tenha tido a oportunidade de cicatrizar convenientemente, outras sentem persistente delicadeza ou hipersensibilidade ao longo da cicatriz durante meses ou anos. Queixas de lubrificação diminuída, incontinência de pressão ou dor durante a penetração são comuns, e algumas experimentam na ausência de sintomas físicos, fantasias inconscientes acompanham a ira da mulher ao ter sido prejudicada e seu sentimento de violação:

> *Ninguém jamais mencionou pontos ou hemorragia. Esse consultor me arruinou. Sinto-me estropiada e suja, mutilada por sua brutalidade como uma vítima ensanguentada de estupro e desde então, nunca mais me senti a mesma, diz uma mãe, alguns anos depois.*

Nem todas as mulheres são tão explícitas em suas expressões de ultraje e algumas aceitam os efeitos colaterais da episiotomia como parte da inevitável redução de sexualidade devido à maternidade. Alguns maridos, porém, poderão sentir horror a este *bárbaro* ato (*"retalharam a abertura dela"*) que constitui uma intrusão, muitas vezes injustificável, em sua intimidade sexual. Ironicamente, os obstetras, frequentemente, justificam a episiotomia com o falocêntrico pretexto de robustecer uma vagina flácida. Embora muitas vezes não revelado aos atendentes do parto, para mulheres que tenham sido vítimas de abuso na infância ou de estupro, qualquer violência genital, incluindo exames internos, a episiotomia e o parto com fórceps, são traumáticos. De fato, algumas mulheres, sob o impacto da experiência do parto, pela primeira vez, relembram abusos sexuais reprimidos, ou suas consequências.

O parto cesariana

Nos últimos vinte anos, a proporção de partos cesarianas no Reino Unido aumentou dramaticamente, de menos de cinco por cento de todos os nascimentos para cerca de quinze por cento. Nos

194 O NASCIMENTO

Estados Unidos, a cesariana é a operação mais frequentemente realizada, totalizando perto de trinta por cento dos nascimentos. Os motivos para a mudança parecem estar relacionados a: medo de litígio; cesariana anterior (ambos particularmente nos Estados Unidos); parto de bebê "sentado" e parto prematuro sendo vistos como indicação automática e vários critérios por trabalho prolongado e embaraço do feto. Na Inglaterra, a maioria das mulheres teve parto vaginal, após uma cesariana.

Do ponto de vista da mulher, deve ser feita a distinção entre o impacto emocional de uma cesariana de emergência e uma operação planejada. Mesmo no caso de cesariana *eletiva*, porém, a notícia de que sua gravidez deve terminar artificialmente pode chegar como um raio do céu azul. Ouvindo a decisão do médico, a mulher e seu esposo podem sentir como se a dura realidade se apoderasse deles. As implicações da notícia podem levar tempo para serem assimiladas, quando o sonho amigo de um nascimento perfeito caiu pela beirada. Poderão se sentir fraudados e amedrontados, sendo discriminados, quando todos seus esperançosos conhecimentos estão aguardando com ansiedade um nascimento "habitual".

Para algumas mães Reguladoras, uma cesariana pode ser vista como uma solução perfeita: sabendo a data do nascimento com antecedência, planejando sua vida de acordo e tendo o bebê "retirado" – melhor do que ter que atravessar todas aquelas coisas imprevisíveis e dolorosas. ("Você se deita, toma uma injeção e acorda para encontrar o bebê ao seu lado – parece ideal!"). Contornar o parto vaginal pode ser um alívio para sobreviventes de estupro ou abuso, para quem a região genital é hipersensibilizada.

Algumas mulheres poderão sentir que lidar com uma data estabelecida é mais assustador por causa dos temores e incertezas sobre a cirurgia e seu resultado. Outras, que temem machucar a criança durante o nascimento, podem se sentir aliviadas por terem a responsabilidade retirada delas e por lhe entregarem o recém--nascido sem as marcas do processo de parto. Em nível prático, como todas as crises, a recuperação é auxiliada por instruções breves e informações. Se a criança está para nascer prematuramente, algumas das preocupações sobre seu bem-estar podem ser discutidas com o pediatra antes do nascimento, e uma visita à unidade de assistência especial neonatal pode familiarizar os futuros pais com um local que, frequentemente, parece assustador, no período vulnerável imediatamente após o nascimento. O hiato então pode ser utilizado para aliviar ansiedades melhor do que exacerbá-las. Como todas as operações cirúrgicas, quanto mais efetiva a informação que ela tiver sobre o procedimento e quanto mais tempo para assimilar e pedir esclarecimentos, menos as fantasias de mãe se expandirão e melhor preparada ela irá se sentir.

Trabalho de parto prematuro inesperado é chocante, enchendo a mulher de dúvidas sobre por que a criança quer deixá-las antes do tempo. Uma cesariana de emergência pode ser sentida como uma traição adicional, mãe e/ou filho sendo frustrados de um parto natural. Se após um trabalho de parto demorado uma cesariana é considerada necessária, a exausta mulher poderá achar a provação particularmente alarmante. A mulher poderá querer pedir à parteira que atendeu a seu trabalho de parto para acompanhá-la à sala de cirurgia e ficar com ela do começo ao fim, assim, proporcionando continuidade e confiança. Outras sentirão alívio:

> *Houve este terrível período, quando eu não podia me levantar. Era muito assustador. Achei que ela estivesse atolada, porque estava muito assustada. Estava com medo de impulsionar e não queria que eles a tirassem com fórceps, porque receava que ela fosse esmagada ou que eu*

*ficasse machucada por dentro. Quando finalmente deci-
diram fazer uma cesariana, me lembro da sensação de
grande alívio, como se a sorte houvesse sido lançada; em
breve tudo estaria sendo revelado e a angústia de esperar
e tentar estava quase terminando.*

Mesmo uma mulher bem preparada pode experimentar inesperadas reações psicológicas, que são exacerbadas, se não estiver
prevenida para as consequências de longo prazo de uma cesariana.
As primeiras semanas com seu filho podem ser problemáticas na
medida em que tem que se recuperar de uma operação maior, enquanto atende às necessidades básicas de outrem. Advertida para
ser cautelosa ao erguer e carregar, a mãe fica restringida em seu
cuidado para com o bebê e pode sentir que caminhar ou mesmo
rir é penoso por algum tempo.

Dias ou mesmo meses após a euforia e sentimento de gratidão
por uma criança em perigo, ter nascido sem danos, um profundo sentimento de perda ou fracasso pode repentinamente brotar,
acompanhado do pensamento de ter tido um filho sem ser pelo
parto. Não tendo assistido ao bebê emergir de seu interior, uma
reação comum, após uma cesariana sob anestesia geral, é o mesmo que ter dado à luz a criança errada. Frustrada pelo parto que
havia planejado, a rápida transição de gravidez para a criança a
deixa sentindo-se roubada de dizer adeus a seu bebê de fantasia.
Sua imagem corporal pode ser tão alterada pelo parto e/ou pela
dor pós-operatória que ela se sente incapaz de reconciliar seu antigo corpo com o novo, marcado por cicatrizes, que para sempre lhe
lembrará esse nascimento.

A mulher pode se culpar por não ter dado à luz normalmente, ou se sentir indignada e fisicamente profanada pelos cirurgiões

que fizeram a intervenção e nunca lhe deram uma chance. Pode se ressentir com seu cônjuge por permitir que acontecesse, ou culpar a si mesma por não resistir à pressão psicológica e insistir no parto vaginal que desejava: "Eles disseram aquela terrível frase: 'É melhor para o bebê'. Aceitei a decisão deles, mas, muitas vezes, fico pensando que eu deveria ter tentado com mais afinco antes de me dar por vencida e desistir". Poderá pensar que traiu seu filho, negando-lhe o direito de nascer lutando pela vida, e a ela própria a experiência de impulsionar seu filho interior para fora dela e para dentro do mundo. Não resolvidos, esses remorsos podem persistir por anos.

É importante que a mãe compreenda que esses sentimentos não são exclusivos da mulher que fez cesarianas. Quando mães relembram o parto, muitas sentem que existem aspectos do trabalho que elas gostariam que houvessem sido diferentes, ou que não fizeram o melhor por seus filhos durante o parto ou seu resultado. Pungentes remorsos fazem parte e são uma parcela da difícil tarefa emocional de toda a zelosa mãe que acha que a realidade jamais pode ser tão perfeita como gostaria que fosse para seu filho. Para algumas mulheres, a experiência da cesariana é feita mais satisfatoriamente usando-se uma epidural, assim, ela presencia o nascimento e é capaz de segurar e amamentar seu bebê imediatamente após. Outra pode se sentir escrupulosa com a ideia de ser incisada enquanto consciente, mesmo se não sentir dor, e prefere que seu esposo receba o bebê e cuide dele até que se recobre da anestesia. Esses pais que tiveram a oportunidade de custodiar o nascimento e de serem os primeiros a segurar o filho recém-nascido, normalmente, tendem a se sentirem afeiçoados ao bebê e seus protetores.

O processo de adaptação paternal pode levar dias ou semanas, conforme as feições da criança se desenvolvem e tornam-se familiares. Muitos novos pais sentem frustrado seu sonho, desapontados

198 O NASCIMENTO

com este bebê que lhes foi dado com a condição de não ser devolvido. As reações iniciais podem ser defensivamente entorpecidas. Em seu estudo de 120 mulheres dando à luz, Kay Robson e Channi Kumar verificaram que perto de cinquenta por cento das novas mães manifestaram a indiferença como principal e predominante reação emocional ao pegar seus recém-nascidos.

Não obstante, conforme Marshall Klaus demonstrou, o envolvimento pode ser acelerado na primeira ou segunda hora após o nascimento, conforme uma cascata de processos interativos começa a se desenrolar. Em muitos casos, filhos e mães que não tomaram quaisquer drogas analgésicas durante o trabalho de parto são mais alertas durante os primeiros noventa minutos do que o serão por alguns dias. Para muitas mães, este é um momento de intensificada receptividade, antes que a euforia do nascimento tenha passado – embora outras possam estar demasiado exaustas para se preocuparem com qualquer outra coisa além de sua recuperação. Mesmo na mesa de parto, o reflexo de engatinhar do bebê descansando na barriga da mãe, ou os pequenos movimentos de passos, quando ele é segurado em uma posição em pé, deixarão os pais deleitados com uma olhadela no futuro.

O nascimento é o final de uma jornada e o início de outra. Embora antigas privações e trauma emocional, indubitavelmente, tornem-se fonte de progressivas vulnerabilidades em adultos, o desenvolvimento psíquico e o restabelecimento continuam através da vida, como o fazem influências interpessoais e as causas de tensão. Não superamos nosso passado em passos sucessivos em discretas etapas de desenvolvimento, mas os processos emocionais continuam por toda a vida, crescendo sobre *camadas* acumuladas que se cruzam, trabalhando novamente com problemas anteriores e revisando antigas versões esquemáticas. Uma vasta extensão de experiências dinâmicas, entrelaçadas com configurações psíquicas de si mesmo e de outros, coexiste em nossos mundos interiores, mudando caleidoscopicamente conforme diferentes aspectos têm juntos ou quebram-se em pedaços. Para aqueles que podem compreendê-los, a gravidez e os primeiros tempos de paternidade oferecem ricas oportunidades emocionais para remediar velhos desequilíbrios. A história é reciclada para a mãe pela justaposição do bebê no útero com aquele no útero de sua mãe e a projeção de seus desejos, esperanças, temores e fantasias num receptáculo de criança/sonho. As primeiras semanas após o nascimento não são meramente um período de aprender a lidar com um novo bebê, mas um apaixonado confronto com um ser que esteve em seu interior e conhece seu corpo pelo lado de dentro, cujo odor e percepção são profundamente evocativos, e incita antigos resíduos da infância em ambos, mãe e pai. Gradualmente, essas identificações primitivas são abandonadas para serem substituídas por reconhecimento, compaixão e aceitação – que são o direito inato de cada membro da família.

9. Diferentes abordagens à maternidade – facilitadoras, reguladoras e alternativas

Acho que retornei direta e imediatamente à minha identidade original, queixa-se Lisa, três meses após ter seu filho, mas meu corpo mostra que sou mãe. Estou infernalmente cansada todo o tempo e minha capacidade de trabalho é precária.

Há uma conspiração para fazer acreditar que você pode voltar ao normal, diz Maggie, segurando sua rechonchuda filha de sete semanas de idade, mas você não é mais a mesma pessoa. A realidade é que a vida é diferente com uma criança. É irrevogável.

Minha mãe me trata como se tivesse havido *nenhuma* mudança. Não me vê exatamente como uma pessoa adulta responsável. Não pode resistir a não ter controle sobre como estou conduzindo seu neto, diz Vicky, tristemente, alisando o cabelo de seu filho sonolento.

Sei o que quer dizer, diz Colleen. Agora que ela está vindo para cá, sinto este dominante desejo de me ver livre de minha mãe.

Sempre achei que ela não me cuidou tanto como eu queria, mas agora, quando estou preocupada e insegura com o bebê, encho-me de medo com suas visitas. Ela acha que está vindo para ser prestativa, mas realmente não pode acreditar que eu possa me sair bem.

A imagem que tinha de minha mãe mudou, cisma Maggie; dediquei minha vida para não ser martirizada como ela. Mas sou muito mais como ela do que pensava...

Tive um relacionamento difícil com minha mãe, fala Shama, lentamente. Passo um bocado de tempo fora de casa, tentando elaborar meus sentimentos sobre a espécie de pessoa que ela queria que eu fosse. Agora que sou mais assertiva, ela reage comigo como uma pessoa independente – não pertencente a ela. Quando minha irmã teve o filho, morava com a mãe e cedeu. Eu sou mais firme com minha mãe. Sendo mãe eu mesma agora, sinto muito afeto por ela; até este momento foi mais um caso de "eternamente obrigada até sua morte".

Não posso acreditar quão incrivelmente exigente uma mãe é. Existe aquele conflito entre a pessoa que eu gostaria de ser e pedacinhos de minha mãe que não quero que continuem pipocando em mim. Quanto mais forte ele fica, mais eu perdoo seus pecados e, então acho que o bebê perdoa os meus. Acho que isso também significa que estou mais receptiva à ambivalência – a bestialidade do filho que você ama, conclui Clarissa, que tinha ficado em silêncio.

Após o nascimento – interação das sombras

Conforme ilustraram essas mães, posterior diferenciação tem lugar após o nascimento, quando, em sua nova qualidade de mães, os relacionamentos com suas próprias mães e pais são reavaliados. Uma nova fase relativa à criança também se inicia, conforme os

vagos contornos de fantasia, transpostos da gravidez para o bebê recém-chegado, começam a retroceder. Paradoxalmente, porém, conforme o bebê imaginário se desvanece, um outro começa a aparecer.
Revividos pela exposição às emoções cruas de seu recém-nascido,
aspectos latentes dos pais, eles próprios como bebês, são reacendi-
dos. Subitamente, sua imagem de adulto está em perigo de esfacelar-
-se, conforme enfrentam a chorosa carência e fragilidade física de
um corpinho excretando matérias corpóreas por todos os orifícios.

Como cada etapa do desenvolvimento de seu filho, o grau em
que cada mãe ou pai tenha resolvido seus conflitos e ansiedades infantis individuais determinará o grau em que suas antigas emoções
palpitarão em reações de empatia ou perseguição. Assim, podemos
dizer que cada par pai (mãe)-filho envolve uma *interação de três sombras*: da reevocada criança que o pai configura ter sido com seus próprios pais; da criança desejada ou detestada que ele ou ela imagina ser
em relação à sua constelação interior; e da criança real a quem estão
começando a reconhecer como indivíduo. É quando as sombras intrapsíquicas rompem suas fronteiras, lançando sombras depressivas
ou projetadas de tal intensidade que obscurecem a criança real, sendo
preciso ajuda para levantar o véu. Neste momento, a intervenção terapêutica pode derramar luz nas forças inconscientes.

Uma questão interessante é como essas configurações de um
bebê de fantasia e diferentes abordagens à gravidez são refletidas no
relacionamento pós-natal dos pais com a criança verdadeira. E como
diremos? A maioria dos que cuidam de crianças as pegam no colo,
alimentam-nas, trocam-nas, dão lhes banho, são acordados à noite
por um apelo de conforto, leite e agasalho. Como ainda diferem?

A íntima compreensão de mães e pais desde a gravidez, ou
mesmo antes da concepção, e através desse período até os primeiros tempos da paternidade, sugere que, embora o sexo e

204 DIFERENTES ABORDAGENS À MATERNIDADE

personalidade da criança influenciem a prestação de cuidado, *a conceituação pré-natal do bebê geralmente prepara a orientação dos pais*. Isso significa que durante a gestação e nos primeiros dias seguintes ao nascimento, baseados em seus próprios modelos interiores, cada mulher ou homem tem em mente uma ideia elaborada do tipo de mãe, ou pai, que deseja ser e um conjunto de crenças a respeito de como são os bebês. A cena está preparada para o padrão pós-natal de interação definido pelo mesmo modelo.

Gostaria de salientar que nenhum tipo de relação é defensivo; os pais podem fazer somente aquilo com que se sintam à vontade. Além disso, os bebês têm misteriosa habilidade para detectar fraude: pessoas que na idade adulta culpam seus pais por sua precariedade parecem mais inclinadas a chegar a um acordo com um pai, ou mãe, autêntico(a), porém, com falhas, do que com um enganador, embora bem intencionado. A patologia espreita nos extremos de cada orientação paternal, onde o adulto é incapaz de reconhecer a criança e sobrepõe uma predeterminada imagem, ou aplica tão altos padrões a si próprio ou ao bebê, que o desapontamento é inevitável. Dificuldades podem se manifestar em formas variáveis de envolvimento ou alienação, possessão e/ou intrusão; do subjugante envolvimento excessivo, esperança prematura ou irreal, ao desligamento, crônica desaprovação, hostilidade, violência e/ou sujeição excessiva.

A Facilitadora

A Facilitadora aborda a maternidade como uma experiência longamente esperada, profundamente gratificante. Trazendo o filho ao colo, logo após o nascimento – algumas vezes, antes mesmo do cordão umbilical ser cortado – está determinada a não se separar da criança que sente ainda ser parte sua e a ela simbioticamente ligada: o nascimento é a reunião com um ser querido.

A Facilitadora acredita que o sincronismo biológico durante a gravidez e comunhão pré-natal estabeleceu um entendimento especial entre eles. Em seu estado empático de intensificada sensibilidade, a Facilitadora sente, acentuadamente, que somente ela tem a capacidade intuitiva de interpretar as necessidades do bebê: "Somos tão intimamente ligados que posso sentir dentro de mim mesma suas carências". Uma vez que ninguém pode tomar seu lugar, o bebê está inteiramente garantido em sua contínua presença. Ciosamente guardando a bolha de exclusiva intimidade na qual ela está encerrada com a dependente criança, a Facilitadora pretende se dedicar inteiramente em decifrar e satisfazer espontânea e imediatamente as necessidades de seu recém-nascido.

Obedecendo a orientação do bebê, a Facilitadora oferece seu peito irrestritamente, amamenta imediatamente e durante o tempo que ele quiser sugar, dia e noite (a desama usualmente ocorre entre um e dois anos, salvo se instigada pela criança). Como todo o som é entendido como um apelo, tem que manter constante vigilância durante todo o tempo. Conserva o bebê perto, em seus braços ou a tiracolo, a maior parte do dia, e em seu quarto ou sua cama, à noite. A estreita proximidade durante a noite alerta a mãe para qualquer pequeno som de seu bebê e, reciprocamente, o odor de seu leite e o ruído de seus movimentos podem perturbar o sono do bebê. Efetivamente, o sono pode ser sentido como uma separação pela mãe, que almeja estabelecer sua fusão de antes do nascimento. Ansiosa por recuperar esta ilusão de perfeita, primordial unidade, a Facilitadora, muitas vezes, nega qualquer insinuação de ambivalência, idealizando seu satisfeito bebê e ela própria como mãe generosa, mantendo um cordão umbilical invisível no processo emocional, placentário.

A Reguladora

Em contraste, a Reguladora encara a devoção maternal como um mito superavaliado, propagado pela sociedade para conservar as mães em casa. Está determinada a evitar ser submersa em domesticidade, retornando à sua vida *real*, logo que possível. Tomando tempo para se recuperar após o parto, não se preocupa com a separação do novo bebê, que a princípio parece um estranho que ela, gradualmente, virá a conhecer.

Ao contrário da Facilitadora, que deseja satisfazer toda a vontade de seu bebê, a Reguladora acredita que a tarefa básica de quem cuida, é tornar social o pré-social (ou não social) bebê, impondo regras a seus impulsos em preparação para as exigências do mundo como um todo. Afirma que é errado dar a seu filho uma falsa ideia dela própria como a exclusiva fonte de bem-estar: o modelo que ela apresenta é o de uma variedade de pessoas que oferecem cuidado. Em sua visão, ser mãe não é algo inato, mas uma habilidade adquirida que pode ser aprendida.

Desde que acredita que o recém-nascido não faz distinção entre aqueles que o cuidam, a mãe Reguladora cedo apresenta cuidadores auxiliares, uma vez que estabeleceu regularidade ótima. Para esse fim, estabelece uma *rotina*, que assegura a previsibilidade da informe e potencialmente desconcertante situação e proporciona à mãe e filho uma sensação de segurança. Alimenta a criança a intervalos regulares, com horários estabelecidos para cada alimentação; se estiver amamentando, fornece mamadeiras suplementares para possibilitar às outras pessoas que cuidam da criança alimentarem-na e pretende iniciar o desmame com a introdução de sólidos. A obediência a uma tabela possibilita à Reguladora e a outras pessoas que cuidam, dar continuidade e serem coerentes na determinação das necessidades do bebê, enquanto distinguem entre o que é considerado choro *legítimo* e *manha*.

> *Sabia que não poderia ser fome ou gases, pois fazia apenas duas horas desde a última alimentação. Ele havia sido trocado antes de ser posto para sua soneca e não era esperado que acordasse antes de mais meia hora. Não havia alfinetes em sua fralda. Quando o observei, estava ainda coberto com seu cobertor e não estava frio; assim, deixei-o berrar, o que fez por uns instantes, depois cansou e voltou a dormir.*

A rotina também proporciona à mãe uma certa liberdade. Uma vez que o bebê se torna regularizado com o regime, a proximidade não é mais imperativa. Ele pode ser deixado em receptáculos – berço, cadeira elástica ou carrinho – durante o dia e dormir em seu próprio quarto, onde o bebê, segundo se diz, dorme a noite toda, desde tenra idade, que é medida em semanas melhor do que em meses.

Enquanto a Facilitadora adapta-se ela própria a seu bebê, a Reguladora espera que o bebê se adapte à rotina da casa.

A Alternativa

Embora as Alternativas aparentem ocupar uma posição intermediária entre Facilitadoras e Reguladoras e, de fato, envolvem-se em ambos os tipos de comportamento, elas também têm uma filosofia de cuidado do bebê. Desde o princípio, as Alternativas tendem a ver a criança como uma inteira e multifacetada pessoa com quem podem interagir. Como a criança é vista a ocupar diferentes estágios de vigilância que determinam o nível de interação, há constante *negociação*, ao invés de um padrão, seja de facilitação ou regulamentação.

Ao invés de ver o novo bebê como social, mas simbioticamente fundido com a mãe e ela dependente, como a Facilitadora, ou como separado e carente de socialização, como a Reguladora, a Alternativa vê o recém-nascido como uma pessoa distinta, saliente, sociável, capaz de formar relacionamentos e fazer exigências. Uma vez que a criança é vista compartilhando de emoções semelhantes às dos pais, ainda que em diferente nível de sofisticação, a mãe Alternativa, ou pai, sente que ele ou ela pode aprender a entender a criança e pode vir a ser entendido(a):

> *É maravilhoso ter alguém que possa olhar para mim, reconhecer e me aceitar exatamente como sou, diz a mãe de Alice, de três semanas de idade. Estamos todos descobrindo novos mundos; estamos começando a conhecê-la como pessoa e ela está nos ensinando sobre nós mesmos como pais. Estou aprendendo seus diferentes choros, mas às vezes temos embaraços na comunicação. Ela não é uma criatura desamparada; também toma decisões e resolve como quer ser. Frequentemente, ela fica muito atenta e não perturbada, somente observando o mundo e percebendo coisas e reagindo. Gosta de pessoas, mas se a deixo esperando pelo alimento porque estou ocupada, ela fica muito irritada e impaciente comigo. Aprendi que quando está com muita fome, ela não consegue segurar o mamilo adequadamente e golpeia-o, ao invés de sugá-lo. Ela também sente minha tensão com o mamilo golpeado; mas, se a advirto antes, ela é muito delicada e não parece frustrada se explico porque estou demorando.*

As Alternativas acreditam no companheirismo e respeito recíprocos. Sabem que as necessidades do bebê têm direito a inteira consideração, mas, justamente por isso, também têm as de todo o mundo na família, inclusive as dos pais. Concessões especiais são feitas à incapacidade da criança de esperar e às limitações, dele ou dela, em comunicar ou entender a linguagem, ou de conservar uma lembrança por muito tempo. Porém, isso não significa colocar sempre as necessidades do bebê em primeiro lugar, nem adaptar inteiramente a vida da família a seu ritmo, nem fazer com que ele se adapte ao ritmo deles próprios. Ajustes são feitos continuamente, conforme as rotinas e atividades diárias são reavaliadas de acordo com o humor do bebê, seu desenvolvimento e mudança de necessidades daqueles que cuidam de se dedicar ao trabalho ou por espaço.

Certamente, manter um alto grau de flexibilidade e a complexa prestidigitação das necessidades de cada um é uma proporção difícil. De algum modo, é muito mais simples se fixar uma rotina regular, ou então devotar os esforços de todos para satisfazer como prioridade as necessidades do bebê. E, efetivamente, as Alternativas muitas vezes, julgam-se incapazes de manter todos em igualdade em sua mente. Contudo, como acontece com todos os pais, a capacidade de reconhecer erros e refletir sobre as causas potenciais e as reparações os ajuda a retornar a seu curso preferido.

Relacionando os dois modelos

Se agora reexaminarmos o paradigma placentário à luz desse modelo descritivo, podemos ver na tabela a seguir que cada posição maternal está baseada numa combinação particular de representações interiores dela própria e do bebê.

210   DIFERENTES ABORDAGENS À MATERNIDADE

Opiniões que apoiam a orientação maternal

	Facilitadora	Alternativa	Reguladora
Modo	mãe adapta-se	negociação	bebê adapta-se
Hipóteses	o bebê sabe mais	nenhum dos dois sabe, ambos podem descobrir	mãe/especialista sabe
Base	identificação	intersubjetividade	afastamento
Recém-nascido	simbiótico, sociável	diferentes níveis de vigilância	não discriminativo, não social, pré-social
Dever materno	processamento	interação	socialização
Propósito	dependência > dependência madura	Interdependência vitalícia	dependência > independência
Atribuições inconscientes	o bebê é ideal por si próprio (medo de odiar)	o bebê é uma pessoa (aceitação da ambivalência)	o bebê representa o próprio íntimo repudiado (medo de amar)

Identificações inconscientes

Evidentemente, a experiência das primeiras semanas após o nascimento difere enormemente para cada mãe, que, na devida ordem, cria um ambiente único para os recém-nascidos. Como podemos explicar as diferenças experimentais que sustentam as orientações maternas? Donald Winnicott descreve um estado de acentuada sensibilidade, que chamou de Preocupação Materna Primária, em que um *aspecto da personalidade da mãe toma o poder temporariamente*, baseado em sua capacidade de identificação com o bebê. Para a Facilitadora, essa condição parece iniciar-se no começo da gravidez e está baseada numa identificação inconsciente dela própria como o bebê idealizado e o bebê imaginado. O bebê imaginário pode ser conceitualizado como o *self ideal* sem defeito, ou um ideal glorificado de *fusão mãe-bebê*. A identificação narcisista com ambos, mãe e filho, é transformada, após o nascimento, em enfática gratificação da criança como uma extensão do *self*. Isso presta-se ao duplo propósito de autocompensação vicária e compensação para a própria mãe da mãe.

Porém, como vimos, nem todas as mães têm uma visão positiva delas próprias, ou uma agradável experiência emocional com o bebê. Para algumas já durante a gravidez, o feto é sentido como explorador e o bebê imaginário pode representar aspectos não estimados, mas repudiados dela mesma: uma criança dependente, fraca, gananciosa ou sádica, denegrida. Uma vez que o que é interiorizado são relacionamentos e não indivíduos, esta imagem dela mesma quando bebê é usualmente ligada a uma prestadora de cuidados, vista como superavaliada, crítica, negativa ou seca. Para a Reguladora, um ajuste defensivo poderia residir em evitar conflito sobre o próprio papel maternal, que pode ser denegrido, ou parecer inatingível em vista de sua própria depreciação em contraste com sua própria superestimada mãe. Estratégias podem envolver rebelião ("Jamais serei uma dormente com minha mãe!"); imposição ("O que o bebê realmente necessita é de muito relacionamento"); ab-rogação de responsabilidade ("A babá faz o que é preciso"); ou salvaguardando sua própria competência ("É depressivo para mim tentar ser aquilo que não sou. Não sou boa nessa função de servir de mãe; assim, faço aquilo em que *sou* boa").

O ponto crucial do assunto é que a Facilitadora tem medo de odiar; toda a Reguladora tem medo de amar. Em sua idealização, a Facilitadora, inconscientemente, expressa medo de sua própria ambivalência, precisando preservar o mito de incondicional, ilimitada, de munificente amor maternal e incapaz de contemplar sua própria miséria; a Reguladora evita a armadilha de se apaixonar e ser sugada para a identificação com o bebê ou com sua mãe.

A mulher que sente que seu próprio amor foi rejeitado, ou mesmo tratado como perigoso, pelas primeiras pessoas que cuidaram dela e/ou por seus amantes adultos, pode querer proteger o bebê contra a poderosa intensidade de seus sentimentos, conservando sua distância emocional ou controlando sua paixão, estabelecendo limites através da rotina.

Para a Facilitadora, a perda da enriquecedora gravidez é compensada pela glória refletida, enquanto ela se identifica com a criança perfeita que produziu e, de modo vicário, gratifica suas próprias necessidades, colocando-se ao lado do bebê durante a "lua-de-mel" que segue ao nascimento. Sua idealização defensiva, porém, é mantida às custas de, a saber:

- Negação de imperfeições da maternidade e do bebê;

- Repúdio de sentimentos subjacentes de inveja, rivalidade, irritação, depressão e agressão;

- Rendição altruística e suspensão das necessidades pessoais e interesses adultos não maternais;

- Fomento de uma ilusão para desfazer e negar isolamento;

- Maníaca compensação para negar culpa e evitar frustração.

Para a Reguladora, a gravidez emocionalmente empobrecedora não só a esvazia de sua identidade familiar, como também, após o nascimento, faz com que ela tema uma competição com o ganancioso bebê por seus próprios e parcos recursos, que não têm possibilidade de reabastecimento. Pode também se sentir em competição com sua mãe, que é sentida como a tendo despojado na infância, ou tendo sido tão eficiente que ela, a nova mãe, não pode ter esperança de competir. Inconscientemente, o bebê representa uma ameaça de exposição em quatro considerações:

– Tendo estado em seu interior, a criança é vista com depreciativa ou crítica e pode pôr a nu sua maldade oculta;

– A criança, que é produto seu, não só revela sua pobre habilidade, como também, por comportamento inconveniente, pode mostrá-la como uma mãe incompetente;

– A exposição às necessidades cruas e emoções primitivas do recém-nascido pode evocar experiências infantis, que redespertam antigos *déficits* e vulnerabilidade, descentrando sua competência adulta arduamente ganha;

– O desamparo do bebê aumenta a tentação da mãe de dominá-lo – e o aspecto dela própria que o bebê representa – aumentando, desse modo, seus temores de perder o controle num esforço para fazer o *malvado* bebê *bom*.

Assim, para a Reguladora, cada grito pode ser considerado desaprovação ou exposição, uma insaciável exigência por mais do que ela pode oferecer e chantagem emocional com um resgate além de seus recursos. Projetando seus propósitos interiores na criança, ela teme não só os acusatórios ataques sadistas dessa, mas também suas próprias retaliações: o perigo de que ela própria pudesse tornar-se a mãe perigosa, ou de ser tragada pelo perigoso bebê. Podemos ver por que, para a Reguladora, essas semanas iniciais não trazem preocupação materna primária, mas um estado que chamo perseguição materna primária.

Muitas Reguladoras protegem-se contra os múltiplos perigos da maternidade inicial por várias formas de dissociação:

- Renunciando à gratificação vicária, pela qual a regressão e ruptura de suas necessidades são evitadas;

- Mecanismos de defesa que, cindindo e negando a fantasia, protegem-na contra o reconhecimento de identificações inconscientes;

- Fortificação do controle e enrijecimento das defesas, desse modo, reduzindo o envolvimento emocional;

- Instigação de uma rotina, eliminando a necessidade de reciprocidade empática; minimizando os perigos de negligência ou excessiva indulgência e o ímpeto de invejar o cuidado do bebê;

- Cuidado compartilhado, que protege seus recursos, reduzindo o grau de exposição. Isso dispersa a ansiedade persecutória de hostilidade projetada e retaliadoras e evita o caráter possessivo, amenizando a culpa de usurpar sua mãe interior.

A Alternativa, que está ciente de uma mistura ambivalente, parece estar apta a aceitar a ambos, ela própria e os bons e maus aspectos do bebê: "Minha filha é maravilhosa e eu a amo ternamente; mas quando me acorda pela enésima vez, tenho vontade de estrangulá-la". Essa tolerância está relacionada à coexistência de vários sentidos do ego – físico, social e intrapsíquico, pré-verbal e falado – e o sentimento de conforto com ambas as iden-

tificações, masculina e feminina, experimentadas simultaneamente. A capacidade de envolver toda a riqueza da personalidade, sem retirar muitos favos, também, possibilita à Alternativa experimentar necessidades infantis, sem ameaça ou ânsia secreta, e as indulgencia sem renunciar à condição de adulto.

Inter-relacionamento com os cônjuges

Mães e filhos não existem no vácuo; mesmo durante a gravidez, a orientação da mulher é guiada tanto pela realidade exterior quanto pelo interior. No período imediatamente posterior ao nascimento, a mãe Facilitadora não pode se dedicar a auxiliar devotadamente seu bebê, a não ser que alguém esteja providenciando por ela e assumindo a responsabilidade primária de fazer compras, transportar outras crianças ao redor e ajudar nas tarefas de casa. Do mesmo modo, a Reguladora pode desejar companhia adulta e a oportunidade de exercer sua competência, mas, se desempregada, pode se sentir isolada com seu bebê, particularmente, se lhe faltam meios para contratar alguém para cuidar da criança.

É cada vez maior o número de mães que vivem sozinhas, seja por preferência ou por circunstância. Outras vivem com um parceiro masculino que não é o pai da criança. Algumas vivem em pares lésbicos e podem estar enfrentando preconceitos sociais ou dificuldades legais, além do sofrimento da maternidade recente, distribuição de funções e ajustes dentro da parceria. O companheiro coabitante não faz necessariamente as coisas mais fáceis, especialmente se sua visão de como cuidar do bebê não combina.

Usando o mesmo modelo – e sempre lembrando que na realidade existem poucos tipos puros – podemos falar do cônjuge

216 DIFERENTES ABORDAGENS À MATERNIDADE

como um Facilitador, Alternativo ou Regulador em sua própria condição.

Porém, outra dimensão entra na parceria. Embora a biologia restrinja a maternidade às mulheres, a sociedade, que sempre atribuiu de maneira automática os cuidados primários à mulher, está começando a mudar. Até recentemente, a extensão da escolha sobre qual das parceiras deverá cuidar do bebê, em alguns casais de homossexuais, não existia em casais heterossexuais, onde ainda era a mulher quem cuidava da criança. Contudo, aos homens são agora proporcionadas opções socialmente aprovadas, antes inexistentes, com relação ao cuidado da criança. Consequentemente, podemos falar de um espectro de cônjuge Participante, que quer participar tanto quanto possível no cuidado do bebê, e de cônjuge Renunciante, que desiste de suas capacidades de cuidador.

O Participante

O Participante poderá se sentir estimulado, quando seguindo a longa provação da gravidez à distância e penosamente desamparado durante a experiência de observar o excitante nascimento, até o ponto em que ele ou ela finalmente saudar o bebê diretamente. Se durante a gravidez, a identificação com o feto permitiu a reentrada vicária ao ventre materno, a paternidade concede ao Participante recuperação da infância.

Inspirado nos aspectos maternais arraigados na identificação primária com a mãe criadora, com os quais tenta competir ou ultrapassar, o cônjuge embala e acalenta, afaga e acaricia o recém--nascido e toma conta de todo o cuidado, se em parceria com uma Reguladora. Se a mãe é uma Facilitadora, os respectivos desejos por exclusividade podem colidir: "Eu queria muito ser tudo para meu filho, mas ela tem o leite e estava lá primeiro", diz um pai Participante, dolorosamente. Se nenhum dos pais cede em seu propósito de exclusividade, eles poderão competir em suas respectivas necessidades para ser a melhor babá ("De quem o filhinho gosta mais: da mamãe ou do papai?"). Outras soluções poderão consistir de um acordo em que os primeiros cuidados são compartilhados: "No princípio ela parecia tomar o poder e me deixar de fora. Mas compreendi que não poderíamos ser os mesmos; éramos diferentes e o bebê nos vê diferentes também. Eu, verdadeiramente, o adoro e posso fazer a maioria das coisas por ele, menos amamentá-lo; assim, compartilhamos, mas cada um faz as coisas a seu próprio modo". Ou ainda, o cônjuge serve de mãe para que essa possa cumprir seu dever de mãe para com o bebê.

O Renunciante

Em contraste, o Renunciante vê muito claramente a divisão das atribuições, renunciando aos aspectos femininos desta identificação inicial: "Estou certo de que estarei perto de meu filho, quando ele tiver um ou dois anos de idade. Sei que é antiquado, mas agora mesmo sinto-me orgulhoso de estar cuidando de minha família, protegendo-a e sendo quem provê seu sustento". A mãe Facilitadora pode regozijar-se neste arranjo tradicional, que lhe dá a oportunidade exclusiva de cuidar do bebê, desde que o cônjuge Renunciante apoie sua função de mãe em tempo integral. Neste lar tradicional, mãe e filho formam a unidade primordial, se o cônjuge puder tolerar ou mesmo preferir ficar nas linhas emocionais secundárias. Porém, alguns podem achar a divisão de suas mulheres amamentando ou mimando o bebê, perturbadora e, ocasionalmente, a mãe pode se sentir compelida a mudar seu modo de cuidar do bebê para conciliar as sensibilidades do cônjuge: "Ele tratava minha amamentação como se seu estivesse cometendo incesto ou adultério. Tive que desistir completamente da amamentação à noite e somente dar o seio durante o dia, quando ele não está por perto. Parece furtivo".

Inversamente, a mãe Reguladora desejará que seu cônjuge Renunciante a alivie de alguns deveres para com o cuidado do bebê ou, ao menos, apoie sua decisão de retomar sua vida anterior de trabalho ou atividades sociais, o que poderá acarretar a necessidade de pagar uma babá. Sua solução de concordância poderia ser o cuidado compartilhado da criança ou, numa família de dupla carreira, ambos os cônjuges deixarem isso para outra pessoa. No caso deles, poderia haver uma nítida divisão, não entre gêneros, mas entre gerações – com o casal como unidade emocional primordial. A sexualidade é reiniciada usualmente entre esses casais mais cedo do que entre um casal Facilitadora-Renunciante.

Angústia pós-parto

Muitas mulheres experimentam flutuações secundárias de ânimo, associadas ao estado transitório de lacrimação chamado *melancolia da maternidade*, que passa dentro de uma semana ou duas após o parto. Todavia, depressão pós-parto mais persistente tem prevalência razoável. Essa pode tomar a forma de moderada angústia, que é sofrida por aproximadamente metade de todas as mães em alguma época antes do filho completar dois anos de idade e é acompanhada de choro, ansiedade e irritabilidade. Depressão grave, sofrida por até um quarto de todas as novas mães, inclui sintomas de: autonegligência, tendências suicidas, perturbações no sono, libido e perturbações do apetite; sentimentos de profunda autodepreciação, desamparo, autorrepugnância, inadaptação e desesperança.

Em estudos clássicos, julgou-se que fatores contributivos têm relação com antiga privação emocional, pobre suporte social, dificuldades conjugais, falta de emprego e ambivalência sobre a gravidez.

Em meus próprios estudos, verifiquei que fatores precipitantes da depressão pós-parto diferem para cada orientação maternal: assim, falta de emprego pode angustiar uma Reguladora, mas o inverso é verdadeiro para uma Facilitadora. Podemos também ser mais específicos sobre a natureza das dificuldades conjugais: uma combinação errada de orientações paternais pode constituir um fator precipitante da angústia pós-parto. Por exemplo, às vezes um Renunciante tradicional, com base em seu próprio modelo interiorizado de paternidade, insiste que sua mulher seja uma mãe ligada ao lar. Enquanto concordando com um Facilitador, se a mulher for uma Reguladora de coração, esta restrição à sua independência será penosa, especialmente se lhe for negada a companhia adulta que deseja e se sente incapaz de restabelecer sua identidade anterior, quando presa em casa com um bebê exigente. A contínua exposição à criança pode parecer ameaçadora e depletiva, e se ela sente o bebê como sendo determinativo, poderá experimentar o senso de perseguição maternal primária, particularmente, se for incapaz de encontrar tempo para si própria, ou se a fizerem sentir--se culpada e repreendida por querer deixar seu filho.

O conflito bipolar

A angústia pode resultar não somente de uma imposição exterior, mas de uma combinação errada. A autoestima de uma mulher pode ser posta em perigo, se ela se sentir dividida entre a orientação que antecipou antes do nascimento e a materialização de suas capacidades como mãe:

220 DIFERENTES ABORDAGENS À MATERNIDADE

Sinto que não me é permitido ser uma pessoa normal. Espera-se que eu seja totalmente devotada, mas, quando estou com ele, estou sempre querendo estar em outro lugar, ou que ele vá dormir e não precise de mim. É insuportável para mim, porque todas as coisas das quais usualmente dependo para me completar – como ler e dormir e manter-me com boa aparência e bem vestida – são incompatíveis com a condição de ser mãe em tempo integral. Estou tentando fazer as coisas direito e estou com medo de que, se eu me desviar de qualquer modo de nossa rotina, todos os diabos se soltarão. Sempre, desde seu excruciante nascimento, não tenho tido espaço para me recuperar, me recompor e me sentir bem comigo mesma como pessoa e estou me tornando aquela mãe terrível.

A citação anterior é de uma mulher deprimida, em tratamento. Sua mãe interna Reguladora a critica constantemente por não ser suficientemente forte; sua consciência Facilitadora a atormenta por não ser suficientemente devotada, enquanto, em sua depressão, ela não consegue recuperar o senso de si mesma ou achar um caminho para encontrar suas próprias necessidades, bem como as do bebê, para um "bom começo".

Esses conflitos bipolares, nos quais a mulher se encontra intimamente dividida entre os extremos de Facilitadora e Reguladora (algumas vezes como representação interior de seus pais), podem ser extremamente penosos e aflitivos. Ela pode se sentir apanhada entre o desejo de proporcionar *satisfação ilimitada, imediata e eterna* (conforme Melanie Klein, em 1952, descreveu o *inesgotável seio* ideal) e os devastadores medos de sua própria maldade e/ou a voracidade ou determinação do bebê. Poderá sentir-se como esta mulher:

> *Tenho esses sentimentos sinistros, quando estou ama-mentando na presença de minha mãe, ou mesmo pen-sando nela. Meu leite se transforma em veneno e, quan-do ele chora ou vomita, me sinto acusada e ouço sua voz dizendo no interior do meu ouvido: Você está fazendo isso errado. Então, eu quero fazer a coisa certa, mas não quero seguir a abordagem de seu livro de regras. Mas, quando sigo o bebê, ouço-a rosnando: Pare de alimentá--lo demais. Para onde quer que eu me volte, não acerto, diz uma mãe que não pode suportar seu bebê chorando, sem que ela própria se derreta em lágrimas.*

Para ser uma mãe generosa, a mulher precisa se sentir cuidada como filha. A falta de uma mãe amorosa ou cônjuge para realmen-te apoiá-la, ou para enriquecê-la desde seu interior, poderá fazer a mulher desistir da ideia idealizada de se tornar a mãe perfeita que ela nunca teve, para ser uma filha carente que sente um vácuo no lugar dos recursos maternais. Uma mãe, em tratamento, fala de sua antiga depressão pós-parto:

> *Quando meu filho não sorria, eu sentia como se ele es-tivesse me evitando. Por outro lado, algumas vezes, res-sentia-me com ele, agarrando-se a mim e recusando ir com os outros. Ele queria somente a mim o tempo todo. Sentia-me sufocada por mais exigências do que eu era capaz de satisfazer. Precisava de alguém com quem com-partilhar isso e dar a mim como eu estava dando. Outras*

pessoas têm suas mães, mas a minha havia morrido e meu marido realmente não entendia. Sentia que não estava recebendo nada de bom de ninguém.

A terapia, proporcionando à mulher cuidado e acesso a uma bondosa mãe interna, auxilia a mulher perturbada no ajudar-se a si mesma. A estreita identificação da mãe Facilitadora com seu bebê oferece uma experiência vicária de receber dela própria os cuidados de mãe; porém, a Reguladora que se julga em competição com seu filho por escassos recursos pode ficar indignada por exigências feitas a ela, ou mesmo invejar os cuidados que ela mesma dispensa (inveja de seu próprio seio).

Uma babá que conceda à mãe tempo livre pode servir ao duplo propósito de protegê-la da experiência da imputada reprovação da criança ("Quando a amamento, ela me olha com animosidade – mas não posso melhorar isso, se meu leite é diluído"); e proporcionar tempo à vontade para diminuir o risco de *contaminação* emocional (ser sugada de volta às antigas dependências) e permitir-lhe a oportunidade de reabastecer seus recursos adultos. "Trabalhar é minha sanidade", diz uma Reguladora deprimida. "Quando estou parada em casa, com este bebê chorão, sinto que estou ficando louca e não sei mais quem sou, ou o que ele quer de mim, ou por quanto tempo posso sustentar sua pegajosa dependência, sem jogá-lo pela janela".

Se uma Reguladora tem dúvidas sobre suas qualidades maternais, o cuidado compartilhado não só resguarda o bebê de sua constante influência, mas proporciona-lhe uma desculpa para futuras culpas de ser a única causa do mal-estar da criança. A mãe Reguladora que tem a intenção de abrandar suas próprias forças *más* e presenças internas persecutórias poderá empregar uma babá

Facilitadora para proporcionar sentimentos positivos que ela julga que lhe faltam.

Do mesmo modo, após o nascimento, a Facilitadora poderá sofrer de depressão, ocasionada não pela situação de acentuado *envolvimento*, mas sim pela obrigação da *separação*. Se teve que deixar seu bebê antes de se sentir preparada para fazê-lo, devido a pressões econômicas, nascimento prematuro, problemas de saúde, ou exigências sociais, não somente se sentirá traída em seus próprios padrões de perfeição, mas ainda terá medo de ter causado dano emocional irreversível a seu bebê. Igualmente, se o nascimento ou os primeiros meses não foram livres de problemas, a Facilitadora poderá ter dificuldade em ver a si própria como a mãe ideal, generosa, boa, sentindo que se tornou uma mãe má ou prejudicial para seu filhinho vulnerável, inocente e confiante, inflingindo a ele danos de longa duração: "O parto foi tão horrivelmente cruel, que achei que havia traído sua confiança e que nosso relacionamento estava arruinado antes mesmo de começar".

Tais relacionamentos podem se tornar complicados para a mãe Facilitadora que tenta desesperadamente diminuir sua culpa para compensar imperfeições passadas. Efetivamente, melhor do que servir de mãe, começa a praticar "psicoterapia" com seu filho. Os mesmos acontecimentos poderão colorir os primeiros dias diferentemente para uma Reguladora, com um sentimento de que algo "horrivelmente cruel" foi inflingido *a ela*. Trabalhando sobre isso, a Alternativa proporcionará ao "horrivelmente cruel" início, a oportunidade de ser absorvido por sua história comum.

Observada nos termos do paradigma placentário, a Facilitadora, que começou com uma visão de si mesma como uma boa mãe para um bom bebê, acha que, inadvertidamente, tornou-se má e está angustiada por sua incapacidade de corrigir tudo o que está

224   DIFERENTES ABORDAGENS À MATERNIDADE

errado, da mesma forma como uma Facilitadora, deprimida, após o nascimento, diz:

> *Quando Jason chora, dilacera-me profundamente por dentro, porque não posso dar-lhe aquilo que ele realmente quer. Minha placenta não foi suficientemente boa para nutri-lo até o fim e ele nasceu prematuramente, antes que seu fígado pudesse assumir; assim, ele ficou ictérico; sinto que o arruinei. Queria dar a ele tudo para poder remediar isso e derramei essas amargas lágrimas sobre sua primeira mamadeira após meu leite secar. Como poderei remediar isso para ele?*

Expectativas subjacentes predisporão mães de diferentes orientações à vulnerabilidade, em períodos específicos do desenvolvimento de seus filhos. Assim, uma Facilitadora extremada que tenha profunda incapacidade de renunciar a um estado ilusório de fusão emocional com o bebê, após os meses iniciais, irá se sentir ameaçada pela crescente e saudável necessidade da criança de diferenciar e separar. Angustiada, a mãe, inconscientemente, poderá recorrer a cada vez mais desesperadas tentativas de permanecer como a única fonte de recursos. Poderá tentar, intrusivamente, controlar os pensamentos e sentimentos da criança, apropriando-se, antecipadamente, da expressão do *self*. Falsos sorrisos conciliatórios e a afirmação do bebê que a mãe é efetivamente uma perfeita provedora, muitas vezes, são evidência de uma proibição de chorar, inconscientemente registrada pela Facilitadora extremada como uma acusação de sua insuficiência ou uma queixa individualizante. A mãe pode mesmo ressentir-se com o meditativo e contemplativo sussurro contido nele, ou nela mesma durante a amamentação, e particularmente com o ato de chupar o polegar, como indicações de autossuficiência. Poderá efetivamente aumentar, gradualmente, a alimentação neste ponto, interpretando ativamente cada comunicação como um desejo por seu seio, ciumenta de outros amigos íntimos, tratando até o sono como um traidor da proximidade deles.

Inversamente, uma Reguladora pode regozijar-se com os sinais de independência progressiva do bebê. A Reguladora extremada, porém, poderá fomentá-los prematuramente. Ressentindo-se de sua interdependência, poderá desmamar o bebê abruptamente, tendo, muitas vezes, experimentado a amamentação como um ato desagradável canibalesco. Também poderá proibir o choro por ser acusatório ou crítico a suas capacidades maternais, satisfeita por ser aliviada de servir de mãe por uma babá ou atividade substituta. Se for incapaz de escapar e o bebê estiver investido das características de figuras internas negativas, tais como as de sua própria mãe ou pai, poderá atribuir a ele um papel maternal, sentindo-se apanhada na armadilha com uma prestadora de cuidados exigente, resmungona ou negligente, que não satisfaz suas expectativas. Conforme acontece com o filho da Facilitadora, a quem são atribuídos deveres e adoração, o da Reguladora poderá desenvolver um agudo senso das necessidades da mãe ou do pai a serem cuidadas, algumas vezes inibindo ou abandonando suas próprias necessidades de nutrição.

Quando inconscientemente olhado como uma extensão de si própria, o bebê da Reguladora pode ser sentido como particularmente persecutório. Experimentando sua própria maldade interior que se manifesta graças à obstinada criança – que exibe sua ineficácia, chorando inconsolavelmente e alardeia sua maldade interior, beliscando o nariz ou soltando gases – ela poderá recorrer a meios físicos para dominar a maldade da criança e fazê-la boa.

226   DIFERENTES ABORDAGENS À MATERNIDADE

O período de aproximadamente seis a doze meses é quase sempre uma época de recompensa para muitas Reguladoras, que acham comovente a cada vez mais ativa e interessada identificação afetiva delas pelos bebês. Porém, com inesperado arrepio e aprumada mobilidade, o bebê torna-se perigosamente imprevisível mais uma vez, precisando de constante vigilância. Em contraste, quando a criança, que agora começa a andar desajeitadamente no estágio de *Reaproximação*, alterna a independência com uma pegajosa necessidade de afirmação, a mãe Facilitadora poderá achar que teve uma moratória e tem seu bebê de volta.

Geralmente, as mães que tiveram expectativas definitivas podem ficar desapontadas e gravemente angustiadas com um bebê que falha em satisfazer suas esperanças ou representação simbólica pós-parto. As Alternativas, que esperam o desabrochar das características pessoais do bebê, estão protegidas por uma relativa falta de expectativa. Contudo, módica depressão é parte inevitável do reconhecimento de ambivalência da Alternativa.

Em suma, estou propondo que, embora se apresente sob muitas formas, a *angústia pós-parto é uma função de fatores interpessoais, físicos, econômicos ou socioculturais que conspiram para impedir cada mãe de satisfazer suas próprias expectativas de maternidade*. Os fatores precipitantes diferem para a maternidade de Facilitadoras e Reguladoras.

O poder do passado

As orientações dos pais para o cuidado do bebê estão radicadas em sua própria infância. Expectativas e convicções conscientes sobre os recém-nascidos serem gentis ou bravios, simbioticamente amalgamados ou sem distinções e sobre eles próprios como pais, esboçam-se em múltiplas configurações inconscientes deles próprios como bebês e em conflitos reativados relativos aos cuidados que imaginam que receberam. Quanto mais complexas e fluidas forem essas elaborações mentais, menos rígida será a postura paternal. Não existe uma simples trajetória linear pela qual um pai, ou mãe, segue a experiência de seus próprios pais. Melhor, a paternidade de mães e pais poderá identificar-se com sua atual visão interna de pais e experiências de serem cuidados pelos pais, ou poderá haver uma formação reativa (fazendo o contrário) contra ou em competição com isso. Temos muitas preocupações inconscientes absorvidas daqueles que nos dispensaram cuidados, ao longo de suas expectativas conscientes. Essas podem entrar no jogo e são repetidas, geração após geração, conforme cada pai, ou mãe, em sua devida ordem, é incitado por forças propulsoras interiores.

Uma Facilitadora, por exemplo, poderia ansiar pela infância idealizada que acredita que teve, tentando igualar sua glorificada mãe. Inversamente, poderia sentir-se compelida a usar a fusão mãe/filho para compensar sua mãe por suas próprias agressões, reais ou imaginárias. Ou, de maneira onipotente, poderá querer sobrepujar sua mãe, compensando deficiências infantis; ou, sendo diferente, espera, de modo vicário, proporcionar a perfeita experiência da qual sente-se privada. Do mesmo modo, uma Reguladora poderia sentir que está tratando como foi tratada, usando alimentação planejada para refrear sua própria avidez projetada; alternativamente, poderá tentar proporcionar a seu filho a segurança e previdência que jamais teve. Outras rejeitarão serem identificadas com a denegrida mãe ("Nunca serei como ela"), ou evitarão envolvimento em maternidades desvalorizadas ("É um estratagema para manter a mulher domesticada"). Por meio de identificação projetiva, ambas, Facilitadoras e Reguladoras, investem aspectos fragmentários de suas autorrepresentações em suas imagens inconscientes do bebê. A primeira poderá então tolerar a satisfação vicária, mas precisará

228 DIFERENTES ABORDAGENS À MATERNIDADE

permanecer ligada; a última, por sua vez, experimentará ansiedade persecutória, a menos que fique protegida pelo afastamento.

O que nós, observadores de fora, vemos nas interações pais-filho são gestos de amor, formações de acordos e medidas defensivas empregadas por mães e pais ante emoções altamente provocadoras, primitivas, de sua criança e a criança interior deles próprios. Dadas suas histórias psicológicas individuais e graus de preocupação emocional com o passado, cada pai, ou mãe, será afetado diferentemente pelo berrar/sorrir da criança a seu cuidado, e, de acordo com os diferentes estágios de desenvolvimento, reagirá mais ou menos intensamente às exigências e tribulações da paternidade conforme a experimentam pessoalmente.

A orientação parental gira em torno de um complexo, turbilhonante conjunto de configurações inconscientes da criança, antigas lembranças de imagens nebulosas seletivamente relembradas e fragmentos salientes de experiência pré-ideacional sensório-semiótica, bem como fantasias modificadas. Tudo isso determina e é determinado pelo estado emocional presente da pessoa. Além disso, essas configurações não somente são coloridas por emoções presentes e passadas, mas também incorporam as representações inconscientes originais das próprias pessoas que dispensam cuidados – as presenças *espectrais* transmitidas pelo pai, ou mãe, intuídas e experimentadas pelo filho ou filha e, inconscientemente, passadas adiante através das gerações. Esses *Fantasmas no berçário*, conforme Selma Fraiberg os denominou, não correspondem ao comportamento real das pessoas que dispensam cuidados: "Quando meu bebê chora à noite, meu coração bate e sinto esse estranho sentimento de ansiedade, verdadeiro medo da morte. Embora ela nunca tenha admitido isso, acho que sempre soube que minha mãe estava presa pelo pânico sob toda aquela calma". Outros pais poderão ter se esforçado para seguir as práticas de cuidados recomendadas na época, que estavam em desacordo com a orientação pessoal: "Minha avó disse que ficava sentada com lágrimas rolando pela face, enquanto observava o relógio até a próxima amamentação, programada de quatro em quatro horas".

A *vez do* round *seguinte*

Conforme observado, a mulher que já passou pela experiência da gravidez, se envolverá com gestações subsequentes de modo diferenciado da primeira vez. Se tiver sofrido um aborto, a perda de confiança poderá tê-la sensibilizado para a possibilidade de as coisas saírem erradas; o fantasma do aborto poderá persegui-la de modo nunca antes experimentado, conforme as semanas passam, até que esta gravidez seja uma experiência nova, ao invés da repetição da anterior.

Se já tiver um filho, quase desde o início estará esperando um *bebê*, uma pessoa que já está se formando em seu interior. Ciente das personalidades e características de seus outros filhos e de modo como eles desabrocharam em cada fase, é mais fácil para ela visualizar a nova criança. Paradoxalmente, poderá também estar ciente do quão diferente ele, ou ela, poderá ser.

Relembrando sua experiência anterior, mulheres que achavam difícil relacionar-se com a criança que ainda não fala podem agora reconhecer, com compreensão tardia da natureza e exigência da situação, quanto é entendido e pode ser construído, mesmo nestes primeiros estágios. Entender quão sensível e observador o bebê é desde o início e que age conforme necessidades saudáveis, ao invés de guiado por caprichos ou anseios gananciosos, torna mais fácil para a mãe se relacionar com o próximo filho. Mesmo no início da gravidez, ela terá um senso mais forte do bebê como indivíduo e a crença de seu futuro relacionamento com ela como uma pessoa especial – ao invés de uma placenta ou seio para ser usado.

230   DIFERENTES ABORDAGENS À MATERNIDADE

Numa subsequente gravidez desejada, a mãe, reconhecendo sua importância para o feto, precisará ter que proteger os direitos inatos do bebê, bem como salvaguardar as necessidades de cada um para o apoio emocional e prático e espaço pessoal.

Ilustrarei este complexo emocional com a vinheta de uma mulher que estive vendo semanalmente, durante sua primeira gravidez e a primeira infância de sua filha Alice.

Nas suas sessões precedentes, ela havia se queixado de náusea e lacrimação hipersensível – "Esfolada, como se a pele da pessoa fosse tirada" – suspeitando de gravidez, embora não tivesse tido um período desde a concepção de Alice. Agora ela está me dizendo, na presença de Alice, com treze meses de idade, que foi confirmado que está, de fato, esperando outro bebê.

> *Estou emocionada por estar grávida. Quero crianças quase da mesma idade, diz a mãe de Alice, enquanto sua filha apanha um bonequinho de plástico e beija sua cabeça dizendo: "Dada".*
> *Alice é um pouco apegada à mim. Odeia quando vomito – é realmente alarmante para ela. Agora Alice tem uma boneca de plástico na boca e bate nela com a outra, claramente fazendo palhaçada e tentando desviar a atenção da mãe, enquanto, aparentemente, responde suas palavras.*
> *Esta semana fiz o exame da oitava semana. Fizemos uma foto para o David. Alice sentou perto de meus joelhos e viu a pequena bolha na tela – muito excitante, bom ter a confirmação, embora com esta náusea eu não precisasse disso. Quando da primeira vez, a gravidez era*

como um mistério, e eu não podia associá-la à ideia de
ter algo no final de tudo.

Alice está agora absorta no livro que sua mãe está habilmente lhe mostrando enquanto fala comigo, alegremente emitindo sons de rugido para a fotografia de um leão. Levanta os olhos, quando sua mãe completa a sentença, sorrindo maliciosamente para ela. Sua mãe reage, fazendo careta e rugindo também.

Embora me sinta muito emocional, cisma momentaneamente, tomando a face de Alice em suas mãos e perscrutando pertinho dela, não consigo elaborar este sentimento de afastamento – existe uma estranha sensação de um lugar secreto no qual o bebê está crescendo. Alice desce de seus joelhos.

Comento a respeito de um possível sentimento de deslealdade, mantendo outro alguém em mente, além de Alice. "Eu precisava desesperadamente de espaço e tempo, semana passada, para pensar sobre isso".

Alice, que tinha estado em pé na caixa de brinquedos, chupando o polegar, agora levanta os braços para ser tomada de volta ao colo de sua mãe. É segura ali e ganha uma caixa de uva-passa. "Suponho que toda mãe passa por isso com cada filho e parece que sobrevivem", comenta, enquanto Alice calmamente come suas passas uma a uma.

A última vez, me sentia incapaz de fazer qualquer coisa ou me agachar para pegar o que quer que fosse. Quando

eu não estava certa sobre a gravidez, causei maus mo-
mentos ao David. Estava tão furiosa com ele que era di-
fícil visualizar o andamento de nossa relação, sem falar
no bebê. Parecia mesmo como uma armadilha de um
circuito sem fim e náusea e vômito crônico, que me sen-
tia como louca. Agora eu me sinto tão mal como então,
mas sei o que está acontecendo. Confio em meu corpo e,
relembrando quão melhor ele eventualmente conseguia
ser da última vez, posso esperar. Entrementes, David é
muito simpático e me ama, mas todos os meus profundos
sentimentos emocionais estão intensificados e David sen-
te que estou escapulindo um pouco. De fato, me sinto fora
de sintonia – ele está trabalhando dura e entretidamente
e eu me sinto distante... Não ressentida, mas separada.
Alice desceu e está examinando o conteúdo da bolsa de
sua mãe enquanto ela fala, erguendo-se para colocar-lhe
uma passa na boca. Ela acordou muitas vezes durante as
últimas três noites. David a leva de volta para nossa cama
– Ele leva, não é mesmo? E de manhã, com esta náusea,
desfaleço no sofá, o que frustra Alice. Deve ser desconcer-
tante para ela ver o meu comportamento diferente.

Alice se sentou em um pequeno tapete, pernas esticadas. Pegou as poucas passas restantes da caixa, colocou as duas últimas
de volta. "Ela é um encanto, mas está havendo uma mudança que
ela parece estar sentindo em mim e choraria se eu saísse da sala."
Alice começa a procurar uma passa perdida, dizendo: "Bo". Sua
mãe a encontra sob o divã e a entrega a ela: "Aqui está". Uma vez
mais Alice parece refletir uma tácita consciência do conteúdo de
nossa conversa. Igualmente, embora envolvida com seus próprios

pensamentos, a mãe de Alice está notavelmente sintonizada e intuitivamente suscetível às variações dos modos de sua filha.

Ela é mesmo uma tagarela em sua própria linguagem. Não é tão exigente de meu corpo como costumava ser e realmente não mama, embora dê uma sugadinha de vez em quando, só para ter certeza de que ainda estão lá. Não é? Alice sorri maliciosamente, pondo a cabeça em baixo, no chão, olhando atravessado para mim, de cabeça para baixo entre as pernas, agarrando sua caixinha agora vazia. Então, chora por um instante, ao pisar num brinquedo, e sua mãe a levanta e a abraça enquanto Alice chupa o polegar. Enquanto se recobra e tenta descer novamente, sua mãe diz: "Parece que perdemos qualquer rotina. Não posso predizer quando, ou de que modo encontrarei tempo para mim mesma ou conseguirei fazer alguma coisa. Mas ela é uma brincadeira tão boa agora, divertida – e inventiva".

Eis a mesma mãe, nove meses depois, em meu consultório, amamentando sua filhinha de seis semanas de idade, Wendy:

Sinto-me tão feliz vendo-as juntas. Alice é tão doce com ela, embora às vezes tente sentar em cima dela, ou colocar o dedo em sua boca, ou pegar Wendy para abrir seus olhos. De algum modo, é muito mais do que duas vezes alguém ter duas filhas. Há tão pouco tempo para realmente olhar Wendy como fazia com Alice. É mais do que o dobro do trabalho e, às vezes, me sinto absolutamente isolada e solitária. Merecidamente, entramos em colapso às 10:30, exaustos demais para desfrutar a companhia um do outro. Realmente tenho que relembrar a mim mesma do que nem ao menos fiz, porque é tão fácil a gente se sentir sem apoio, embora David faça tanto quanto lhe é possível fazer. Meu corpo já não é mais meu – às vezes me sinto malhada por todos em volta.

Influências intrapsíquicas e socioculturais

As orientações parentais podem mudar com o bebê seguinte. Através de nossas vidas, não só nossos relacionamentos externos variam, mas diferentes versões de figuras internas alteram-se e diversificam-se com nossa experiência emocional. Em geral, a disponibilidade de lembranças amorosas, aspectos de nós próprios dignos de amor, e o senso de amabilidade dispensada por uma figura interior solícita, compreensiva, flutuam em diferentes ocasiões, influenciados por eventos da vida e influenciando nossa interpretação desses.

Mudanças na orientação parental refletem mudanças no mundo interno. O desenvolvimento emocional e a resolução de conflitos no interior da psique da pessoa são deveras influenciados pela experiência de criar o bebê anterior. O nascimento e o tornar-se mãe, ou pai, são eventos maiores da vida.

A orientação parental é influenciada por inúmeras variáveis econômicas e interpessoais: a composição da casa, se um dos pais é encarregado do cuidado do bebê e a orientação parental dele ou dela. A idade e o número de outras crianças (parece que a maioria das mães da primeira vez é Reguladora); a diferença de idade entre elas (é difícil facilitar um segundo filho com idade próxima do primeiro); a idade dos pais interesses, *status* da carreira e expectativas; grau de apoio social e material disponível. Em minha opinião, os principais determinantes são intrapsíquicos.

Durante os anos de minha especialização, o modelo foi gradualmente elaborado através do trabalho clínico com indivíduos e casais e mãe/filho observados, que foi enriquecido pela observação atenta de atitudes parentais antes e após o nascimento. Quando pela primeira vez publiquei o modelo, em 1983, o conceito e prática maternal pareciam polarizados entre as orientações Facilitadora e Reguladora, com um grupo intermediário. Em trabalhos subsequentes, o grupo intermediário cresceu em proporção e ganhou um caráter definido. Atribuo parte dessa mudança a meu ampliado entendimento e parte a um crescente interesse popular e à promoção pelos veículos de informação das capacidades de crianças recém-nascidas que reforçam a orientação Alternativa.

Embora as posturas dos tipos Facilitadora e Reguladora tenham sido consideradas por muitos anos, foram dissimiladas por pressões sociais no sentido da adesão a formas populares de cuidado à criança, tais como a era reguladora de Truby King, ou a era permissiva do Dr. Spock. Em anos recentes, maior liberdade na escolha reprodutiva das mulheres seguiu na esteira das rápidas mudanças políticas e socioeconômicas, inclusive o estabelecimento de creches em tempo de guerra e instalações de autosserviço no pós-guerra, o advento da pílula anticoncepcional, o acesso legal ao aborto e a crescente filiação da mulher às mais variadas forças de trabalho. Simultaneamente, a sanção ideológica das orientações Facilitadora e Reguladora veio das ideias psicanalíticas popularizadas de cuidado à criança e de movimentos femininos.

De um lado, as ideias iniciais de John Bowlby foram amplamente divulgadas, em seguida à segunda guerra mundial, focalizando a ligação monotrófica e os efeitos adversos da separação maternal (isso foi mal interpretado como defendendo devoção noite e dia, sete dias por semana, 365 dias por ano), e a radiodifusão de Donald Winnicott aos pais, com ressonância nas Facilitadoras e endossada pelo tipo tradicional de paternidade Renunciante, como o fizeram alguns terapeutas familiares. Por outro lado, a explosiva exposição de Betty Friedan em *Feminine Mustique* e explorações da política sexual, redução do tamanho da família, exigências de iguais oportunidades de trabalho e instalações de creches influenciaram e ratificaram supostas Reguladoras.

Simultaneamente, o ressurgimento da participação feminina na esfera pública, acompanhada por exigências de cuidados à criança compartilhados, proporcionou aos Participantes masculinos tornarem-se domesticamente envolvidos nos cuidados à criança, convidando-os a compartilhar do cuidado pré-natal, parto e criação de seus filhos. Classe, idade e estratificação da discriminação sexual têm sido desafiadas com consequentes tendências à equalização *unissex*. Inversamente, em anos recentes, a polarização do gênero e a posição separatista de muitas feministas têm sido modificadas para focalizar similaridades entre os sexos e estudar as diferenças dentro dos grupos sexuais.

Minha visão geral, portanto, é que, num nível social amplo, ideias e conceitos de moralidade, recebidas aquelas e aceitos esses, foram questionados e liberados na metade dos anos 1960, então, sofreram uma posterior mudança radical de um destaque da realização pessoal na metade dos anos 1970 a uma ética de maior responsabilidade recíproca no fim da década de 1980 e mais ampla responsabilidade transcultural social nos anos 1990. Creio que é esta mudança que reflete na crescente proporção dos grupos de pais que chamo Alternativos. Eles florescem num clima ideológico de escolha pessoal, ainda que de responsabilidade global, que defende a individualização, mas reconhece a consideração das pessoas umas com as outras, com sua própria comunidade e além, com a sociedade e assuntos universais. Essas preocupações são refletidas na popularização, pelos meios de comunicação e educacionais, de tópicos como descobertas de pesquisas nas competências de recém-nascidos e fetos, acentuada consciência dos efeitos psicológicos do racismo, discriminação sexual, de idade e redefinições legais de habilitações (por exemplo, os direitos do feto, a capacidade da criança para testemunhar, a coação marital ao coito como estupro), exposição pública de falhas de liderança e o reconhecimento da necessidade de políticas ecológicas globais para proteção ambiental etc. Pessoas que se comprometem nos cuidados paternais recíprocos lutam diariamente com o dilema paradoxal da intersubjetividade: conceder direitos a um dos membros da dupla que cuida do bebê significa que o outro também tem os mesmos direitos.

A crescente liberalização dos papéis parentais e práticas no cuidado da criança oferecem maior variedade de escolhas para mães e pais do mundo ocidental. Isso abre novas oportunidades para expressivos relacionamentos de acordo com a realidade psíquica de cada pessoa, melhor do que os preceitos das expectativas socioculturais. É preocupante pensar que a liberdade positiva assim concedida é contrabalançada pelo risco de seu mau uso, quando a fantasia interna é transformada em ação. Daí a importância do tratamento liberador de seu estigma e de sua imagem elitista e do investimento de recursos em medidas preventivas e explorações pré-natais dos aspectos emocionais da paternidade.

10. Jornada ao interior – psicoterapia pré-natal e perinatal

Poderei já ter ganhado meu bebê na próxima consulta, diz a mulher em meu divã, abraçando a rotunda plenitude de seu ventre. Na próxima semana, posso estar deitada aqui com um novo bebê nos braços. Que ideia espantosa!... Mas poderia não ser realmente nova – o bebê esteve aqui por todo tempo, não somente eu...

As exigências emocionais da gravidez e maternidade são muito grandes. Nestes últimos capítulos, iremos examinar maneiras pelas quais os pais podem se beneficiar de psicoterapia psicanalítica durante a gravidez e os primeiros meses seguintes ao nascimento. Embora muito tenha sido escrito, tendo o objetivo de atender a psicoterapeutas e conselheiros, casais ou pais em potencial também podem estar interessados em saber mais sobre essa terapia.

Não pretendo fazer uma estrita separação entre os períodos pré e pós-nascimento, visto que uma superposição frequentemente ocorre. No campo relativamente novo da terapia pais/filho, valho-me de trabalhos de pioneiros e em minha própria experiência acumulada de psicanálise e psicoterapia pré-natal e perinatal, durante os dois últimos anos contados, em prática clínica devotada a problemas relativos à reprodutibilidade. Meu trabalho varia em frequência de uma a cinco sessões por semana e estende-se por períodos relativamente curtos (6 a 18 sessões) a longos períodos (dois a sete anos) de tratamento individual e trabalho em grupo com muitas mulheres grávidas.

As pessoas procuram ajudar-se a si mesmas ou submetem-se, por uma série de problemas relativos à infelicidade em geral, à dor da infertilidade e/ou ao impacto emocional de tratamento médico; pseudociese (gravidez "imaginária"); ou conflitos durante a gravidez, algumas vezes, levando ao aborto. Outras apresentam problemas parentais, tais como dificuldades de envolvimento, alimentação, sono ou separação, ou abuso. A angústia de um indivíduo pode ser diretamente relacionada com a gravidez – concepção assistida; às exigências de muitos filhos; aos resultados de exames pré-natais com implicações negativas; à agonia do aborto, do natimorto, do prematuro, doença neonatal, ou morte. Pode ser provocada por eventos maiores da vida, tais como abandono, separação, divórcio; ou privações durante a gravidez ou período inicial, após o nascimento; ou uma reação às privações da infância; pode originar-se na exacerbação de situações crônicas como um relacionamento emocional ou sexual insatisfatório; dificuldades econômicas ou vida com um cônjuge insensível, alcoólatra ou truculento. Em virtude da revolta emocional em torno da gravidez, qualquer um desses fatores pode desencadear sintomas de diferentes graus de violência e desajuste social, como ansiedade, depressão, perfeccionismo, perturbações alimentares, abuso de drogas, comportamento delusório, inquietação ou estados de pânico, sentimento de despersonalização durante a gravidez ou após o nascimento, e de periculosidade ao feto ou de persecução deste.

A maioria das pessoas em meu arquivo de prontuários pode ser definida como neurótica ou *borderline*, algumas com transtornos paranoicos, esquizoides, explosivos ou obsessivo-compulsivos da personalidade. Por causa da dificuldade de contenção na prática privada e o risco para a criança, não tenho aceito novas indicações de pacientes francamente psicóticos. Nos poucos casos em que aspectos psicóticos emergiram durante o curso do tratamento, continuei a ver essas pacientes, envolvendo o clínico geral, outros membros da família e providências de suporte para a criança, se exigidas.

Fatores traumáticos precedentes, contribuindo para dificuldades atuais em algumas das pessoas que tenho tratado, mas ne todas absolutamente, incluem uma história infantil de relacionamento(s) incestuoso(s), abuso sexual, emocional e/ou físico; doação, entrega à mãe de criação ou colocação em asilo infantil, quando criança; ser uma criança "de reposição", ilegítima, despojada, órfã ou enjeitada. Porém, muitas pessoas provêm de lares relativamente intactos e carinhosos, embora uma alta percentagem tenha sofrido aborto não lamentados anteriores, expulsão de feto ou morte perinatal, em seus próprios anos de gravidez ou família de origem.

Melinda – um exemplo clínico

Melinda, mulher sem filhos, trinta e dois anos de idade, começou o tratamento uma vez por semana, quando estava na décima primeira semana de gravidez. Foi recomendada por seu clínico geral, a quem seu esposo John (um policial) havia consultado por causa da grave depressão dela. Ele estava preocupado, porque ela havia parado de ir ao seu emprego como recepcionista de um escritório de arquitetura e contou que a encontrou na cama durante o dia, embora estivesse acordando muito cedo.

Melinda queixava-se por não poder parar de chorar. Não sabia por que estava tão infeliz, mas, realmente, sentia-se desanimada e desesperada sobre sua capacidade de dar à luz. Nas primeiras sessões, ela estava muito chorosa e geralmente chegava atrasada, parecendo desgrenhada e se sentindo exausta. Sentia-se como uma pessoa horrível, totalmente indigna de respeito e, pensando que eu a estava observando criticamente, muitas vezes tentando censurar suas ideias para me apaziguar. Não obstante, reagia refletidamente a interpretações e sua determinação de conseguir uma cesariana arrefeceu conforme começou a pensar sobre a gravidez e tornou-se capaz de falar de seu medo de machucar a criança durante o parto e sua incredulidade em poder produzir e ter um filho vivo.

Com o tempo, Melinda começou a se sentir mais segura, na exploração de seus "nebulosos" sentimentos, chorando menos durante as sessões e começando a falar de uma grande variedade de emoções. Descreveu sua depressão como um senso de "desmoronamento", que a fazia sentir como se todas as coisas boas da vida estivessem perdidas para sempre. Gradualmente, desvendou-se que sua incapacidade de pensar em se tornar mãe, muito menos imaginar um bebê em seu interior, foi relacionada com um entranhado sentimento de culpa por um aborto que fizera no final de sua adolescência. Na ocasião, o aborto tinha parecido a única solução sensata para uma situação impossível, mas havia voltado a assombrá-la "com uma vingança", quando, aos vinte e oito anos de idade, se achou incapaz de conceber em seu casamento.

Pensando que ele poderia rejeitá-la, Melinda não falou a John a respeito de seu passado, mas o segredo fazia como que uma barreira entre eles. Culpando a si mesma por sua infertilidade, estava convencida de estar sendo punida por seu "pecado" e se consolava comendo demasiadamente e vomitando, em segredo, como fizera durante toda sua vida. Isso, gradativamente, aumentava seu sentimento de fracasso e preocupação de que estava prejudicando sua capacidade de reproduzir. Agora, finalmente grávida, após anos de tratamento para fertilidade, Linda sentia-se sem direito a ter o bebê cujo irmãozinho havia destruído tão "casualmente". Oscilava entre comer compulsivamente, a fim de compensar o bebê por sua maldade interior e para restabelecer seus próprios recursos exauridos, e, comprometida em purgação punitiva e práticas de bulimia, tentava negar sua secreta autoindulgência.

Atualmente, Melinda voltou a trabalhar em regime de meio expediente e aumentou a frequência das sessões para duas por semana. Concomitantemente, estamos trabalhando alguns de seus sentimentos angustiantes; já começou a sentir o bebê movendo-se e está profundamente preocupada com sua capacidade de manter a gravidez e nutrir a criança.

Associações com um pesadelo a respeito de um gatinho morto dentro de uma geladeira, trouxeram de volta a lembrança de seus três anos de idade, quando a mãe de Melinda (Reguladora) sofreu um aborto atrasado e a dominada mocinha, inconscientemente, culpou a si mesma por ter causado isso por meio de seus acessos de raiva e desejo de ser a única filha. Sua mãe disse que era um menino, como ela acreditava que o bebê abortado deveria ter sido. De fato, agora relembrava que sua depressão havia descido como uma "grossa nuvem negra" durante sua atual gravidez, após o técnico do ultrassom dizer que o bebê era um menino. Temia que suas intensas emoções pudessem matar este *gatinho* também, ou que ele pudesse matá-la.

A depressão de Melinda alterou-se para tornar-se um processo de luto pelos bebês perdidos, quando um outro fato "esquecido" emergiu. Meditando sobre toda a preocupação de sua mãe com o irmão mais moço de Melinda, nascido no ano seguinte ao aborto, ela imaginou que fosse uma espécie de bebê de reposição, não somente pelo abortado, mas pelo próprio pai de sua mãe que havia morrido no ano anterior. De fato, o irmão de Melinda recebera o nome dele, e ela relembrava inúmeros incidentes de sua infância, quando havia engolido de volta sua inveja da posição especial dele na família, por causa de seu medo de que ele também pudesse morrer como seu tão lamentado avô querido. Gradualmente, desenhou-se a imagem de uma menininha inibidamente ciumenta e contrita, sempre em seu melhor comportamento, esforçando-se desesperadamente para agradar e se sentindo abandonada por sua "fria" mãe, que abertamente preferia seu irmão a quem amamentava "constantemente", à sua filha e esposo.

Conforme foi ficando mais velha, reconhecendo a incompatibilidade conjugal entre eles, Melinda sentiu necessidade de agir como interveniente para com seus cada vez mais distanciados pais, fazendo sentir seu sentimento de tristeza a cada um por vez e tentando firmemente persuadir uma reconciliação. Sentia o pai ser negligenciado por sua desinteressada mãe, que o via como violento e crítico com ela. Melinda tentava, mas se sentia incapaz de ganhar a afeição dele, embora fosse atencioso quando ela estava triste, e eles compartilhavam uma paixão por tortas de creme, no que eram secretamente indulgentes, enquanto sua austera mãe reprovava. Progressivamente, ele começou a passar longos períodos fora de casa e então revelou em uma tempestuosa irrupção durante sua adolescência, que ele vinha tendo um caso secreto, de longo tempo. Melinda agora chorava, à medida que reconhecia como seu ímpeto adolescente em direção a um homem casado materializara seus desejos edipianos, bem como sendo uma proposta abortiva para se libertar da atmosfera familiar cada vez mais opressiva e a busca do amor paterno, bem como materno, que almejava.

Expiando seu aborto secreto, Melinda tornou-se fortificada para servir como bode expiatório para sua mãe, agora separada, enquanto seu irmão ganhava os resplandecentes prêmios e os aplausos do público. Tornando-se consciente em sua terapia da dinâmica de entrelaçamento em sua família de origem, que a havia mantido enredada nas vidas de seus pais, ao invés de viver plenamente a sua própria, Melinda começou a experimentar sua longamente sufocada ira e tristeza pelos anos desperdiçados. Examinando seu próprio casamento, verificou que suas necessidades doentiamente encadeadas com aquelas de seu longamente sofrido, silenciosamente crítico marido, que havia crescido num lar com uma mãe deprimida a quem havia inutilmente protegido contra seu violento padrasto. Embora recusado ser encaminhado para terapia de casal ou procurar ajuda por si próprio, com o efeito turbulento da terapia de Melinda, seu conluio enfraqueceu, na medida em que ela se tornou mais robusta em si mesma e capaz de opor-se a seu senso carregado de predição de desastre iminente, com um novo sentimento de otimismo. Durante as últimas semanas de gravidez, ambos começaram a frequentar aulas pré-natais e, aguardando com impaciência o nascimento, os cônjuges trabalharam juntos para criar um lindo quarto de bebê.

Após o nascimento de seu filho, ao qual John assistiu, a terapia de Melinda continuou e novos problemas surgiram, relativos a dificuldades de alimentação e temores de ambos em lidar com o choro e aflição do bebê. Suas respectivas ansiedades e incapacidade de confiar na capacidade do pequeno Aidan, em sobreviver à noite sem a intervenção deles, fazia com que ficasse mais difícil colocar o bebê para dormir em sua própria cama, sem a frequente verificação de sua respiração e excessivamente rápida reação ao despertar à noite. Melinda tendia a se sentir perseguida, mas acalmava o bebê, ressentidamente, alimentando-o todas as horas da noite, enquanto John devia correr para o berço e carregar o bebê em círculos, quando ele chorava, sacudindo-o em "silenciosa fúria", como Melinda descrevia. Seguiu-se a exaustão.

Conforme Aidan ia se tornando mais sociável, seu pai começou a alimentá-lo (sólidos). Embora aliviada, Melinda sentia-se fisicamente desprezada e intensa rivalidade fraterna emergiu mais uma vez em Melinda, com relação ao florescente relacionamento de Aidan com seu pai. A tempo reconheceu que, na ânsia de ser feliz, estava efetivamente interferindo para interromper o estabelecimento de um estreito contato entre eles. Nas sessões, tivemos evidência concreta do relacionamento ambivalente de Melinda com o alimento, conforme eu observava sua sutil má-interpretação dos sinais de Aidan, três meses de idade, quando ela espertamente o servia com a colher quando ele abria a boca para protestar, ao ponde de regurgitação.

Embora a capacidade do casal em se comunicar tivesse melhorado, Melinda ainda se sentia inexplicavelmente ciumenta e vulgar, algumas vezes, e ainda ficavam tensões não comentadas entre os cônjuges. Incompatibilidades sexuais permaneceram por meses seguintes ao nascimento: ela se sentia sem atrativos, quando John a ignorava sexualmente, mas "partia-se em dois" pelas exigências conflitantes em seu corpo ainda amamentador, quando ele queria fazer amor. Ligando esse conflito à identificação com sua mãe e a lealdades conflitantes que experimentara, quando criança, em relação a seus pais, Merlinda se sentia capaz de explorar temores de seus próprios sentimentos florescentes mais integralmente na terapia e, mais tarde, em relação a seu filho/esposo. Tendo continuado a trazer o bebê a suas sessões semanais, até ele completar sete meses de idade, estabeleceu um arranjo de babá com outra mãe, enquanto fazia um curso de treinamento em desenho artístico. Nesta época, a sexualidade de Melinda voltou a ser focalizada nas sessões, com ênfase nas dificuldades relativas à satisfação sexual e seu corpo acima do peso. O trabalho continuou...

O que quero ilustrar nesse exemplo e a seguir é como, no curso da terapia, mesmo numa base de pouca frequência de uma ou duas vezes por semana, novas complexidades desenrolam-se em diferentes estágios do processo de gravidez, ressoando com questões emocionais em cada um dos cônjuges. Resolução e integração podem facilitar a emergência de outras camadas de dificuldades, bem como recém-descobertas forças para lidar com elas. Progressivamente, conforme é interiorizado, o entendimento psicodinâmico pode ser aplicado em assuntos práticos diários na família, no intervalo das sessões, bem como, possibilita a exploração pessoal de pressões intrapsíquicas menos conscientes e forças interpessoais, através da experiência viva de sentimentos transferidos para dentro do consultório.

Gravidez e psicoterapia psicanalítica

Apesar de sua ubiquidade, relativamente pouco tem sido escrito a respeito do tratamento de mulheres grávidas por meio de psicanálise e psicoterapia psicanalítica. Existe uma controvérsia quanto a se o tratamento psicodinâmico é benéfico, ineficaz ou mesmo prejudicial durante a gravidez. Em minha própria experiência clínica, para a maioria das pessoas encaminhadas, a terapia pode ser valiosa e benéfica, embora o tratamento durante a gravidez seja um pouco diferente do trabalho com pessoas que se submetem à terapia em outras épocas.

248　JORNADA AO INTERIOR

Uso os termos pré e perinatal como adjetivos da psicoterapia para me referir ao trabalho com indivíduos que vêm com problemas especificamente relacionados com a gravidez. É conveniente diferenciar entre pacientes que já estão em tratamento, quando da concepção, e aquelas, encaminhadas durante a gravidez, com problemas relacionados à fertilidade.

Mulheres que ficam grávidas durante o curso de uma análise ou psicoterapia em andamento experimentam uma alteração emocional devido à turbulência interior e maior acessibilidade da matéria inconsciente. Isso geralmente aumenta produtivamente o rendimento do processo terapêutico, cuja trajetória agora é focalizada nesta gravidez, e seu significado para esta mulher em particular, nesta ocasião. Inevitavelmente, mesmo para a paciente que conseguiu uma fluidez de livre associação em suas sessões, pode haver resistências específicas devido a fantasias do bebê *escutando dentro*. Similarmente, ansiedades sobre ele ser afetado tanto por suas próprias revelações como pelas verbalizações do analista emergem e exigem interpretação. A competitividade pode se tornar evidente com ciúme da atenção do terapeuta com as necessidades emocionais do *self* infantil da mulher, e frente àquelas do bebê que leva em seu interior.

Futuras mães, ou pais, que ativamente buscam psicanálise ou psicoterapia psicanalítica tendem a fazê-lo com um ar de urgência, devido a vulnerabilidade reativadas, pânico causado pelo próprio estado de gravidez, aumento de ansiedade e temores sobre o parto, ou o fracasso antecipado como mãe ou pai. Essas mulheres e homens são, em geral, altamente motivados, embora, muitas vezes, ambivalentes sobre terapia que, não obstante, pode ser extremamente benéfica, se defesas primitivas forem superadas. Os encaminhamentos, frequentemente, incluem pessoas que normalmente não procurariam ou mesmo têm conhecimento da psicoterapia e aquelas que têm longamente negado a necessidade de ajuda.

Em seu instável estado de gravidez, mesmo mulheres frágeis e maniacamente protegidas podem alcançar uma profundidade emocional durante a entrevista inicial, o que pode ser verificado com uma interpretação de sondagem e, se demonstrarem intros-pecção a despeito da resistência, isso poderá servir de base para futuras sessões, prosseguindo-se no ritmo delas. Porém, outras levantam voo durante a sessão inicial ou em repetidas ausências indicando uma falta de compromisso com a psicoterapia psicana-lítica nesta ocasião. Não obstante, em virtude da influência univer-sal do inconsciente da mãe, ou pai, sobre a criança, mesmo uma leve alteração na postura patológica pode ter benefícios de longa duração, de modo algum pela provisão de um modelo parental al-ternativo. Trabalho de apoio pode ser indicado, proporcionando uma autêntica experiência de ter sido ouvida e entendida. E quan-do a porta da terapia é mantida aberta, as pessoas, algumas vezes, voltam num momento de maior preparação para a mudança.

Com terapia pré-natal satisfatória, o trabalho pode ser conclu-ído, conforme acordo prévio, com algumas sessões de acompanha-mento após o nascimento. Porém, na maioria dos casos, durante o final da gravidez ou em seguida ao nascimento, a mulher tende a sentir necessidade de ter cobertura durante as provas e tribulações dos primeiros tempos de maternidade e pede um novo contrato terapêutico, para permitir que o tratamento continue após o parto. Nesses casos, a flexibilidade de datas e antecipações por alterações imprevistas, cancelamentos e confusões, são essenciais nas primei-ras seis semanas, e algumas sessões podem precisar ser encurtadas para acomodar um bebê rabugento, ou estendidas, por alguns mi-nutos, até o término de uma amamentação. Consultas por telefo-ne podem ser necessárias como medida de segurança para novas

250   JORNADA AO INTERIOR

mães deprimidas, agorafóbicas, ou altamente ansiosas após o nascimento, e, em situações desesperantes, alguns terapeutas fazem visitas domiciliares.

Avaliação de pacientes grávidas

Existem diversas peculiaridades da avaliação para terapia durante a gravidez que podem influenciar na seleção de critérios aplicados em diferentes circunstâncias. Isso é particularmente verdadeiro para indivíduos/casais que estão esperando filho e que buscam terapia, os quais, em outra situação, não teriam qualquer inclinação para fazê-lo.

A avaliação clínica da mulher grávida, às vezes, é afetada pela florida apresentação do material carregado de primitivo desequilíbrio e processo primário, que pode disparar falsos alarmes no avaliador. Inversamente, a facilidade de introspecção intuitiva pode proporcionar uma falsa leitura da disposição psicológica da mulher e sua capacidade a longo prazo de acumular introspecção e integrar entendimento. Similarmente, defesas narcisistas de grandiosidade ou idealização podem ser mascaradas como uma "brilhante" gravidez. Além disso, o senso de responsabilidade ética dos terapeutas para com a criança por nascer pode induzi-los a aceitar para terapia psicanalítica uma futura mãe, ou futuro pai, que não tem a capacidade de fazer uso de psicanálise ou psicoterapia psicanalítica, mas, não obstante, pode se beneficiar de outra forma de tratamento como aconselhamento de apoio, trabalho em grupo, ou psicoterapia breve de problema focalizado, ou tratamento cognitivo, no caso de fobias incapacitantes. É por conseguinte, importante para o psicoterapeuta psicanalista que é incapaz de diversificar sua própria técnica fazer uma avaliação correta e indicar outro profissional para pessoas que poderiam se beneficiar mais com outras formas de tratamento nesta ocasião crucial.

Nina Coltart, que certamente tem conduzido mais entrevistas de diagnóstico para tratamento psicanalítico do que a maioria de outros psicanalistas, chama a atenção para a crucial distinção entre o *querer ser analisado* e o *desejar recuperação*. Sugere que a difícil distinção entre os dois pode vir à superfície numa entrevista inicial, por, temporariamente, ir contra os sentimentos transferenciais positivos do paciente para com o entrevistador, com uma interpretação confrontante. Penso que esta distinção entre a necessidade de entendimento em oposição à redução do sintoma pode, durante a gravidez, ser expressa como um desejo de se tornar uma mãe melhor, ao invés de um desejo de *se sentir melhor*.

Em meu ponto de vista, dois critérios essenciais de aptidão para o tratamento dinâmico são: *um senso de função* – a consciência do paciente de ter algum grau de responsabilidade em sua própria condição emocional – e a *capacidade de autorreflexão* fora das sessões. Isso pode se manifestar como um entendimento de bom senso, não tutorado, de suas próprias estratégias defensivas e um desejo de mudança. Esperando a maternidade, muitas se apresentam com uma *urgência agora ou nunca* e alta motivação para mudar antes do nascimento. Embora a motivação não seja suficiente para assegurar o bom êxito do tratamento, a curiosidade paralela e o desejo de lhe dar significação podem servir como combustível para sustentar a formação de uma aliança terapêutica.

Paradoxalmente, enquanto em geral as pessoas que habitualmente "estacionam" a origem do problema em outro lugar são candidatos fracos para psicoterapia, grávidas que culpam seus próprios pais por todas suas dificuldades podem, não obstante, estar tentando resolver seus problemas e chegar a um acordo com a própria transição de criança para a paternidade. A preocupação com sua própria antiga paternidade é indicativo de ansiedades com o ser mãe, ou pai, de seus próprios filhos. Estudos sobre os padrões de devotamento existentes entre as gerações mostraram que a descrição de futuras mães e/ou pais, de sua antiga história é profética de seu relacionamento futuro: relatos amenos ou idealizados em mães de crianças inseguramente apegadas, esquivas, relatos confusos, prolixos da antiga paternidade tipificam mães de crianças resistentes, ambivalentemente apegadas, em oposição aos relatos refletidos de pais de crianças seguras (vide Fonagy).

Minha experiência clínica sugere que, para o trabalho terapêutico, indicações positivas numa futura mãe, ou pai, seriam sinais de capacidade potencial de cuidado e preocupação pelo outro; consciência empática dos sentimentos de outras pessoas; reconhecimento e desejo de entender o efeito emocional das próprias ações nas pessoas íntimas próximas. A ausência de tal preocupação pode refletir uma personalidade psicopática; ou uma narcisista falta de consciência das necessidades dos outros; ou profunda indiferença, bloqueando defensivamente antigas experiências traumáticas ou medo esquizoide dos efeitos maléficos do próprio amor de alguém (ao invés de ódio). Embora os dois últimos sejam sensíveis ao tratamento psicanalítico, os primeiros o são muito menos. Do mesmo modo, pessoas com estruturas de personalidade gravemente obsessivas podem recorrer durante a gravidez à ruminação circular e à fortificação de defesas, sentindo-se muito ameaçadas pela natureza não estruturada da livre associação para fazer uso da terapia numa ocasião de tão grande incerteza exterior e tumulto interior. Como princípio geral, *a terapia durante a gravidez é contraindicada, quando aumenta o nível de ansiedade em uma pessoa já ansiosa, ao invés de reduzi-lo.* Aconselhamento de apoio deve ser a melhor opção nesses casos, ou uma terapia de suporte durante a gravidez e o período inicial pós-natal, com vistas a um trabalho mais extensivo em seguida ao abatimento emocional após as primeiras seis semanas, ou quando a paciente se sentir segura.

Aspectos únicos da psicoterapia

Psicanalítica durante a gravidez

Ao contrário da maioria das situações psicoterapêuticas individuais, durante a gravidez, a santidade terapêutica de duas pessoas, psicanalista e analisanda, é invadida por uma terceira – o feto, sempre presente, escutando de dentro. Muitas vezes, é a mulher grávida quem sente o feto como um intruso, escutando clandestinamente assuntos confidenciais, exigindo atenção dela ou do terapeuta, desviando-a de prestar atenção em si própria e a impedindo de falar o que tem em mente, por medo de lhe causar algum mal. Em sua intrusão, o feto poderia representar um aspecto recalcitrante, rejeitado, de si mesma, um enviado ou espião mandado por seu cônjuge, um competidor, irmão rival, ou ela própria bebê, silenciosa, clamando para ser ouvida.

Para alguns terapeutas, é desconcertante ter este cliente oculto no interior da paciente, a quem algumas de suas interpretações são dirigidas. Além das modificações devido à preocupação com a reação da mulher grávida, o analista pode também, inconscientemente, ter cuidado da reação do feto.

Para a própria mulher, após sentir a atividade interior, a acentuada necessidade de distinguir entre o feto e a representação dela própria bebê torna-se aparente. Contudo, não sem fantasia, o nascimento pode continuar a ser olhado como uma ocasião de renascimento pessoal, com concomitante urgência (à qual o terapeuta inconscientemente reage) em completar a gestação psíquica em tempo para o acontecimento físico.

A forma em rápida alteração da mulher grávida pode ser desconcertante para o terapeuta, particularmente se a mulher esteve

254 JORNADA AO INTERIOR

em tratamento por algum tempo antes da concepção acontecer. Conforme as sessões passam, a barriga fisicamente crescendo se para o tempo, começando a representar o crescimento psicológico – ou sua ausência – conforme o crescente volume concretamente ilustra as semanas para o nascimento. (A contraparte pós-natal é ver o bebê crescer ou não ter bom êxito).

De seu ponto de vista astuto, o analista, qualquer que seja a extensão temporal do tratamento, desde o momento da *concepção*, logo que a paciente é apresentada ou entra pela primeira vez no consultório, sabe *como a terapia da gravidez está propensa a terminar*. Porém, paradoxalmente, durante o tratamento, uma ilusão é criada e sustentada por um tempo de que a situação analítica pode continuar indefinidamente, até que o processo seja completado. Na terapia durante a gravidez esta ingênua confiança sofre a interferência do conhecimento de um processo rivalizante de tempo vinculado à gestação física. O processo terapêutico pode ser prematuramente intensificado, retardado, malogrado ou abortivamente terminado, por um *momentum* de urgência para alcançar o nascimento físico ou completar o ciclo, antes que obscureça a trajetória natural do tratamento em curso. Em termos reais, embora a terapia deva continuar e, frequentemente, de fato, continue após o nascimento, o que vem após a linha divisória do evento do parto, muitas vezes, constitui um novo e diferente capítulo.

Na segurança do consultório, é comum intensas emoções do passado serem reativadas e transferidas de antigas figuras importantes para o terapeuta. Para a mulher grávida, porém, a identificação como o feto intensifica uma atmosfera de transferência primitiva para o terapeuta, experimentada como um envolvimento bondoso ou malévolo, ventre materno carregando a paciente para o renascimento. De acordo com o clima afetivo da transferência, o terapeuta poderá ter sentido como uma placenta generosa, fornecendo nutrientes, metabolizando matéria e transformando-a para o crescimento da paciente, enquanto livra-se dos produtos rejeitados e estimula o desenvolvimento. Ela ou ele pode ser visto como uma mãe despojadora, mesquinha ou potencialmente abortiva, ressentindo-se de sua presença ou desperdiçando bons recursos, fazendo com que a paciente sofra de insuficiência *placentária*. O nascimento psicológico pode ser visualizado em termos positivos como um saudável renascimento, ou, negativamente, como uma expulsão prematura, ou término ameaçador do tratamento.

A preocupação focaliza-se na transferência, em questões relativas à gestação, amamentação materna, oralidade, fusão, expulsão e autonomia, tecem uma complexa trama de fantasias que, ligando imagens de sua mãe interna com aquelas da mãe que quer ou teme ser e o tratamento maternal que recebe do terapeuta. A confusão é formada pela interação da tripla identificação entre ego, mãe e feto e é incumbência do terapeuta destramar os múltiplos níveis, antes do nascimento.

A difícil tarefa para o terapeuta é manter uma abordagem imparcial: andar na corda bamba entre a interpretação de defesas de um lado e, de outro, a preservação de um mínimo de idealização necessário para a preocupação materna primária; explorar ansiedades, enquanto também reconhecendo uma possível realidade, além dos temores dela, e preparando a mulher para a improvável mas real possibilidade de um resultado menos do que ótimo.

Sustentar uma atmosfera de abstinência, definida como o marco da psicanálise e terapia psicanalítica, torna-se mais complicado com a mulher grávida. O tratamento de uma futura mãe, como toda a terapia, visa ajudar a paciente a maximizar seus próprios recursos. Neste caso, significa capacitar a mulher a deixar a sala de consultas e enfrentar a realidade exterior por si mesma –

as vicissitudes de sua gravidez, parto, nascimento, as provações diárias do tratamento de mãe para seu filho.

Para o terapeuta pode ser progressivamente difícil preservar a neutralidade na medida em que ele se sente atraído a mimar a mulher rotundamente prenhe, ou compelido a proteger a criança por nascer do abuso materno, ou a paciente dos próprios impulsos invejosos ou destrutivos dela. Os transtornos da mulher grávida devido ao fumo ou à alimentação desafiam o terapeuta a um diferente ímpeto e, após o nascimento, observar um bebê sendo pendurado pelo braço ou ser alimentado enquanto descansando, ele poderá sentir-se extremamente tentado a temperar uma interpretação com uma oferta de orientação prática, ou a confortar uma mãe perseguida com um abraço maternal.

No tratamento psicanalítico, ao contrário do aconselhamento e psicoterapia breve, ocorre regressão emocional, que, acompanhada do falar em voz alta desde a profundidade de seu próprio interior, faz com que a pessoa no divã, algumas vezes, esqueça o tempo, o espaço e a existência real do terapeuta, espantando-se visivelmente, se uma observação lhe corta a palavra.

Durante o último período da gravidez, conforme a mulher se recolhe mais profundamente em si mesma e focaliza seu interior, poderá ter começado a evitar a socialização de sua vida exterior, à medida que a comunicação social parecer forçada, e é um esforço fazer-se ela própria inteligível. Suas sessões proporcionam raro alívio conforme ela se sente autorizada, encorajada mesmo, a dizer qualquer coisa que venha à mente, sem censura. Duplamente aliviada da comunicação social, irá se preocupar menos em ser entendida por seu ouvinte e as comunicações podem, às vezes, assustadoramente parecer murmúrios ininteligíveis ou poesia maluca, embora jocosa, chorosa e, às vezes, sarcasticamente introspectiva.

Se não teme a revelação de suas mais selvagens fantasias, instintos homicidas e profunda ambivalência, nem se preocupa em parecer muito carente, a mulher grávida pode ceder à sua própria vontade de levar seus sentimentos a graus extravagantes. Mulheres que se sentem deprimidas durante a gravidez parecem beneficiar--se da experiência de serem "autorizadas" pelo terapeuta a explorar na segurança da sessão as escuras profundezas de seus vergonhosos sentimentos secretos – tendo algumas vezes que superar a inibição de falar "na frente" do feto – e dar tempo para lidar com eles, antes do nascimento do bebê, ao invés de serem vítimas de caçoadas de amigos chocados, lá fora. Porém, ansiedades sobre o nascimento ou anormalidade do bebê são tratadas mais cautelosamente por ambos, terapeuta e paciente, pois a possibilidade deles se materializarem não pode ser excluída.

Questões de contratransferência durante a gravidez

Paralelamente à transferência inconsciente de sentimentos do mundo interior da paciente para o terapeuta, esse experimenta uma contratransferência de processos inconscientes surgidos em reação às comunicações da paciente e, especialmente, às transmissões inconscientes desta. Este *diálogo* silencioso, como Paula Heimann veio a chamar a interação recíproca de forças inconscientes é, assim, o produto conjunto da interação entre um determinado analista e uma determinada paciente e serve como fonte auxiliar específica de entendimento emocional durante as sessões.

A contratransferência, talvez, assemelhe-se às frequentemente empáticas experiências que uma mãe receptiva tem com seu bebê: ela pode se sentir na extremidade receptora de transmissões inconscientes que preparam sua suscetibilidade para saber o que a criança está experimentando. A contratransferência materna também envolve a recriação de estados emocionais subjetivos, ressoando com seu próprio repertório infantil e o despertar involuntário de reações fisiológicas, particularmente com uma menininha. Dependendo da acessibilidade de seu antigo ego, a mãe pode atribuir seu despertar à intuitiva consciência das sutis insinuações do bebê, suas próprias sensibilidades intensificadas, devido à empática identificação com a criança, ou a inserções projetivas do bebê.

O que estou sugerindo é que, tanto na sala de consultas quanto no quarto do bebê, definição e evocação responsiva de contratransferência são influenciadas pelo *grau em que a justaposição humana, subjetiva e de gênero, entre analista e paciente é reconhecida,* o que, na devida ordem, determina onde o analista se coloca em relação à sua paciente.

Uma analista, trabalhando com paciente do sexo feminino, poderá experimentar inúmeros sentimentos contratransferenciais, que brotam de sua experiência feminina primária e fantasias suas entrelaçadas ou conflitantes identificações femininas. Para o terapeuta, trabalhando com problemas reprodutivos, a contratransferência é intensificada pela natureza primordial das preocupações da mulher estéril ou grávida. A gravidez nos põe em confronto com as mais fundamentais questões universais (qual a diferença entre os sexos? de onde vêm as crianças? como elas são feitas?) conforme encaramos os mistérios da concepção, gestação, transformação e preservação.

Na contratransferência durante a gravidez, como na transferência, o corpo está sempre presente. Com essas clientes, o terapeuta torna-se uma testemunha de primeira fila do drama, muitas vezes, colocado numa posição *voyeurística,* participante não somente dos detalhes íntimos da vida sexual do casal, mas também de suas entranhas. Antes da concepção, pode ter havido relatos de alterações na quantidade e motilidade do esperma dele; a qualidade, quantidade e progresso dos folículos maturativos dela; ou alterações sutis na viscosidade do muco vaginal ou fluxo menstrual.

A sala de consulta está cheia de aparições de bebês de fantasia. Após a concepção, descrições da perfeição de formas das feições fetais visualizadas na tela do ultrassom; náusea, sofrimentos, dores e os diversos sintomas da gravidez no divã poderiam subitamente dar lugar a dolorosas contrações e sangramento de um aborto que se aproxima, ou um detalhado relato retrospectivo de um excruciante parto. Simultaneamente, o terapeuta é um desamparado espectador, percorrendo intensas flutuações emocionais de ciclos mensais de esperança e desespero até a concepção e os longos meses de agoniada incerteza à espera do nascimento. Como guardião do futuro, o terapeuta deve manter a fé no processo criativo, enquanto, às vezes, a paciente entra em desesperador inferno de esperança perdida.

Particularmente, poderosos implantes transferenciais podem ser projetados pela paciente grávida, com instigações ao terapeuta para sentir-se como figuras parentais da paciente e encarná-las, ou mesmo sobrepujá-las. Essas pressões podem, às vezes, entrelaçar-se com tendências existentes no terapeuta, e pode ser difícil desembaraçar-se de seu próprio ímpeto de proteger a vulnerável mulher. Como com pacientes psicóticos, o ímpeto das preocupações corporais primitivas da mulher grávida, arcaicas comunicações pré-verbais e intensas emoções primitivas têm um poderoso impacto no analista, possivelmente, despertando perturbador material latente ou empática sintomatologia corporal.

A dupla lealdade do terapeuta e, às vezes, contraditórias responsabilidades para com ambos, paciente e bebê, cria uma tensão interna entre falar com o feto, a criança na paciente, ou à mãe em potencial. Especialmente durante a primeira gravidez, a consciência do analista das circunstanciais exigências da tarefa maternal e as complexas necessidades do verdadeiro bebê por vir junta forças com suas pressões interiores, no sentido de servir de mãe à paciente grávida, ou seu bebê, e um senso de estar grávido com ela, preocupado e querendo nutrir a expansível cliente, que está prestes a renascer como mãe.

Sentimentos contratransferenciais são inevitavelmente coloridos pela consciência dos riscos físicos que a paciente enfrenta através de procedimentos invasivos, desconforto diário da gravidez e a iminente dor do parto. A possibilidade de um aborto, parto cesariana, natimorto, anormalidades congênitas ou complicações perinatais existe em abundância e, frequentemente, essas ansiedades residem no analista, parcialmente encarnado nela para proteção da paciente que não pode tolerar explorá-los e parcialmente resultante dos próprios desejos internos do analista de proteger a cliente, enquanto reconhecendo sua incapacidade de fazê-lo e a necessidade realista de prepará-la para improváveis acontecimentos, evitando desnecessário pessimismo ou alarme. Como com todos esses problemas, o autoexame diminui o perigo de encenar uma contratransferência.

Finalmente, a despeito do desafio de Bion ao analista para permitir a si próprio ser desembaraçado de *memória* ou *desejo*, não podemos senão trazer para a sala de consultas nosso senso de uma continuidade geral da paciente, mesmo se ela estiver fisicamente mudando diante de nossos próprios olhos. A permeável emocionalidade da gravidez e a fácil acessibilidade de material pré-consciente podem jogar os sentimentos contratransferenciais do analista em confusão, conforme é apanhado de surpresa, repetidas vezes, pela acuidade das observações intuitivas da paciente. Igualmente desconcertantes são as facetas pouco conhecidas da paciente ou reações transferenciais que, repentinamente, brotam completamente desabrochadas. Um fascinante aspecto de analisar a mesma paciente durante mais de uma gravidez é o retorno de temas que se acalmam entre as gestações.

"É uma coisa deveras extraordinária", diz Freud, "que o Inconsciente de um ser humano possa reagir com o de outro, sem passar pelo Consciente" (1915, p. 194). Poderíamos dizer que, no ir e vir entre transferência e contratransferência, a entrelaçada textura da sessão é atravessada por comunicações inconscientes entre essas populações *aborígenes* de ambos, paciente e analista, com esse não somente recebendo, mas às vezes, indubitavelmente, transmitindo suas próprias imagens e mensagens. A tarefa mais difícil do analista e, simultaneamente, permanecer aberto e disponível receptivamente, enquanto também conscientemente atento para monitorar e formular esses sentimentos.

Concluindo, distinções podem ser delineadas entre as reações de contratransferência numa variedade de diferentes categorias de terapeutas.

O *Psicanalista ou Terapeuta sem Filhos*, inevitavelmente, experimenta perturbadoras pontadas de inveja e temerosa simpatia pela usina de criatividade vital em seu divã. O senso de estar na presença de um misterioso, eterno e inexorável processo pode afetar a humilde convicção do terapeuta de suas criativas práticas de cura, uma degradação que, na devida ordem, entrelaça-se com um sentimento de triunfo edipiano na paciente grávida. Reativados desejos inconscientes por uma criança podem ser perturbados ou evocar um redobrado senso de fracasso em terapeutas que tenham sido, eles próprios, parcialmente estéreis.

Para um(a) Terapeuta que é Pai, ou Mãe, focalizar a fecundidade pode despertar um sentimento de estar chocando, combinado com inveja ou alívio por ter passado além dessa fase. Com uma paciente grávida, o acesso a primitivas emoções pode reevocar elementos reprimidos ou não resolvidos de gestações anteriores da própria terapeuta, despertando sua empatia, senso de proteção, defensiva, confusão ou aversão, ou complexa inveja numa mãe, ou pai adotivo, ou terapeuta masculino.

Para uma Terapeuta Grávida, com todas suas pacientes, a crescente realidade de sua gravidez interfere na neutralidade, trazendo sua fertilidade e sexualidade para o primeiro plano nas situações terapêuticas. Isso pode ser particularmente pungente com relação a pacientes sem filhos ou estéreis, ou aquelas atualmente aguardando a concepção (embora, para algumas, a gravidez da terapeuta seja considerada como tendo mágicas propriedades contagiantes). Como demonstrou Ruth Lax, cada paciente reage diferentemente à gravidez da terapeuta, de acordo com a reativação de seus próprios conflitos infantis mais significativos. Questões de curiosidade sexual, saber inconsciente da concepção, rivalidade fraterna, ciúmes do feto, inveja da fecundidade da terapeuta e esforço competitivo com seu companheiro viril foram todas observadas por vários psicanalistas e terapeutas como Cecile Basen, Sheri Fenster, Sue Gottlieb, Carol Nadelson e Linda Penn e, mais recentemente, Alicia Etchegoyen e Paola Mariotti, psicanalistas que têm francamente discutido seus sentimentos contratransferenciais durante suas próprias gestações.

Pouco debatida é a Dupla Gravidez: frente à cliente grávida e seu feto, a analista também grávida introduz um quarto ente na sala de consultas – seu próprio feto. Embora ela deva desejar proteger seu bebê de ambos, da tensão do trabalho e de cruas emoções expressas na sessão, apenas pode fazer isso, reduzindo suas próprias sensibilidades. A vulnerabilidade da terapeuta grávida é intensificada, enquanto sua concentração pode decair. O interesse próprio é perturbado pelas rigorosas exigências do trabalho e, reciprocamente, a atenção é frequentemente desviada pela náusea, cansaço, movimentos interiores, contrações e fragmentos de fantasia. Ouvindo uma paciente grávida, pode ser arduamente pressionada por seu próprio desejo de similarmente ceder à introspecção, bem como experimentar a necessidade de preservar suas próprias experiências privadas de serem alvo de preempção ou intrusão. Poderá ser contrária a entreter a incerteza ou ansiedades de uma paciente sobre a normalidade do bebê, ou temores do nascimento que possam despertar os seus próprios, tentando alimentá-la com complacente otimismo em autoproteção. A analista deveria, efetivamente, se sentir roubada das reações originais de sua própria gravidez, ou entrar em conluio com a competitividade da paciente grávida.

Claramente, sua intensificada emocionalidade pode servir como um refinado instrumento contratransferencial. Contudo, a diferenciação deve ser alcançada entre o despertar subjetivo da terapeuta devido à sua própria sublevação de grávida e aquela da cliente, uma difícil tarefa, quando ambos os sismógrafos estão vibrando em uníssono.

Em suma, a gravidez, poderosamente, reativa uma arena de emoções primitivas, ressoando com a psico-história particular de cada pessoa – relativa aos pais reprodutivos originais, a paixões da cena primária, conhecimento sexual proibido e enigmas generativos, bem como alta tensão emocional entre forças produtoras de vida e partidárias da morte, poder fertilizante e vulnerabilidade. Estes poderosos temas ganham vida, se uma ou outra, terapeuta ou paciente, espera um filho. Quando ambas esperam e terapeuta e paciente grávidas se encontram no clima fértil de uma única sala de consultas, permutações de transferência e contratransferência são múltiplas.

Por que psicoterapia durante a gravidez?

A linha geral desenrolada no andamento desta obra é colorida, composta de fios entrelaçados de amor e ódio. A ambivalência é o elemento das ligações e o cordão umbilical não é exceção. Como temos visto, a gravidez e os primeiros tempos de maternidade são épocas de instabilidade emocional intensificada e profunda sensibilidade a excitações interiores e exteriores. Para negociar com bom êxito a jornada entre ser filha de alguém a tornar-se mãe de alguém, a mulher grávida e seu cônjuge, se ela o tiver, terão que entrar em acordo com confusas emoções e grandes mudanças na estruturação de suas identidades sexuais, como casal e como indivíduos. Embora muitos futuros pais façam a transição por si próprios, alguns precisam de ajuda para ter acesso, reconhecer e lidar com uma herança traumática do passado e sua reativação nas atuais interações deles. A terapia durante a gravidez é um método oportuno e que vale o custo para o tratamento das perturbações interiores de uma pessoa, antes que se tornem condições estabelecidas entre duas ou mais.

Considerações econômicas também podem se aplicar à eficácia da terapia pré-natal, diminuindo a probabilidade de depressão após o nascimento e tentativas de suicídio, possivelmente, prevenindo complicações obstétricas e antecipando os efeitos de longo prazo da interação mãe (ou pai) / filho, abuso infantil e negligência emocional.

Através de todo este livro e alhures, externei minhas observações sobre os muitos modos pelos quais a gravidez insta pela reavaliação da integridade e configurações do mundo interior dos futuros pais, que afetam o funcionamento psicológico e a concepção, incluindo a permeabilidade a pensamentos mágicos e fantasias primitivas.

O desequilíbrio emocional comum da gravidez, desde há muito, é reconhecido na literatura psicanalítica por veteranas como Helene Deutsch, Thérese Benedek, Grete Bibring e, mais recentemente, Judith Kestenberg e Dinora Pines. Além disso, pesquisadores também notaram a proliferação de sintomas psicológicos transitórios citados em vários estudos, notavelmente, ansiedade, depressão, instabilidade de ânimo e insônia.

A gravidez pode, assim, ser vista agindo como um fator provocador de enfermidade mental em mulheres que são particularmente vulneráveis, devido a diferentes fatores de risco, como problemas econômicos, dificuldades conjugais, gravidez não planejada, escasso suporte financeiro e antecedentes psiquiátricos. Tendo em mente a alta preponderância do transtorno emocional e a excitação usual de fantasias primitivas durante a gravidez e devido à onipresente frequência às clínicas pré-natais, em minha opinião, é de bom senso proporcionar ajuda terapêutica, que deveria estar disponível particularmente para mulheres vulneráveis, na época em que elas mais necessitam disso. Idealmente, os profissionais dos serviços da saúde deveriam ser treinados em princípios elementares de triagem; as clínicas pré-natais deveriam proporcionar grupos de discussão e um conselheiro ou terapeuta deveria estar disponível para qualquer mulher que desejasse consultar um, antes ou após o nascimento.

Do ponto de vista sociológico, a mulher ocidental poderá estar mais exposta ao risco que suas correlatas em sociedades tradicionais. Conforme observado antes, durante a gravidez existe pouco reconhecimento das sublevações emocionais e temores ou fantasias do parto, que são ritualmente providas e cerimoniosamente afastadas em outras plagas. Em sociedades estratificadas como a nossa, os novos pais raramente viram muito menos tocaram num recém-nascido, antes de lhes ser confiada plena e não supervisionada responsabilidade pelo cuidado de um bebê, sozinhos e sem treinamento adequado. É comum nas aulas pré-natais de orientação à maternagem focalizar as práticas de troca de fraldas, banho e amamentação de uma boneca, embora isso seja rapidamente aprendido com o bebê vivo, no hospital, após o nascimento. Contudo, a incrível transição emocional exigida dos novos pais e a vulnerabilidade deles à depressão pós-parto são raramente abordadas, se o forem. Estudos controlados de terapia de grupo para casais que esperam filho, ou para mulheres grávidas, mostram melhoria no relacionamento entre os cônjuges, menos complicações de parto e menor idealização após o nascimento (vide Niemela). De modo semelhante, estudos de avaliação de grupos em transição para a maternidade que enfatizam o apoio emocional e social verificaram redução da depressão pós-parto (vide Leverton & Elliot e Cowan).

Observações clínicas em indivíduos, recebendo psicoterapia durante a gravidez, claramente demonstram aumento na tolerância de suas próprias ansiedades e ambivalências após o nascimento e maior consciência do desembaraço emocional ao lidar com o bebê. Em minha própria experiência, tenho constatado não somente que essas mulheres grávidas são objeto adequado para psicanálise ou psicoterapia psicanalítica individual, mas também que muitas se beneficiam da terapia de grupo. Do ponto de vista psicossocial, independentemente de oferecer à mulher grávida uma oportunidade de lidar com suas preocupações inconscientes, a *psicoterapia de grupo* com uma variedade de mulheres durante a gravidez proporciona à mãe, pela primeira vez, uma antevisão da maternidade e familiarização com recém-nascidos reais e suas necessidades psicológicas, conforme mulheres retornam ao grupo com seus filhos, logo após o nascimento. Após o nascimento, o grupo, muitas vezes, serve como apoio no acompanhamento de mães e bebês na época mais vulnerável de suas vidas juntas.

A incidência de psicose puerperal é semelhante mundialmente, em uma em 500 a 1.000 nascimentos. No ocidente, porém, existe um risco quintuplicado de enfermidade neurótica em pais, ou mães, durante o primeiro ano após o nascimento do que em todo o resto de nossas vidas, e verifica-se que altas percentagens de mães são afetadas por depressão pós-parto, com até sessenta por cento, experimentando síndromes depressivas benignas e uns seis a vinte e oito por cento, sofrendo depressão grave. Esses números variam conforme as culturas, aparentemente com muito menos incidência nas sociedades tradicionais. No Japão industrializado, que tem se esforçado para manter muitas tradições antigas paralelamente à ultramodernização, a muito baixa incidência de *melancolia de bebê*, mas também de depressão pós-parto, tem sido atribuída ao ainda prevalecente costume da nova mãe passar as primeiras semanas seguintes ao nascimento na casa de sua mãe.

Inexplicavelmente, poucas vezes tomamos medidas profiláticas e exploramos oportunidades preventivas, porém, sempre esperamos para tratar condições estabelecidas. Deveras, acho que a rede de largo alcance de serviços pré-natais poderia proporcionar invulgares oportunidades para o trabalho de grupo, favorecimento, identificação e triagem de saúde mental de mulheres de alto risco e encaminhamento a tratamento psicoterapêutico, enquanto clínicas *de bem-estar ao bebê* ofereceriam possibilidades de acompanhamento pós-natal e grupos de apoio. Em alguns países escandinavos, junto com substanciais incentivos por meio de benefícios à maternidade, a assistência pré-natal em centros de saúde maternais e após o nascimento em centros de saúde maternais e após o nascimento em centros de saúde familiares aumentou para quase cem por cento e a equipe geralmente inclui um psicólogo. No Reino Unido, o serviço de visitantes da saúde significa que cada família tem assistência social de um profissional em casa.

Recentemente, foi mostrado que, se treinado para identificar problemas psicológicos, os visitantes da saúde podem ser efetivos na redução da angústia e na providência do encaminhamento para tratamento (vide Holden). Semelhantemente, nos últimos poucos anos, o treinamento de parteiras começou a incluir cursos, levando ao maior entendimento e reconhecimento de problemas psicológicos que se manifestam no período pré-natal. (Estudos, como os de McNeil, que retrospectivamente fiou-se em entrevistas com parteiras, ilustram a intuitiva capacidade dessas para perceber e avaliar psicopatologia com absoluta precisão). É claro, tanto os assistentes primários pré-natais, como os perinatais, devem ser treinados para identificar perturbações e fazer o encaminhamento para tratamento. Oportunidades terapêuticas pré-natais são úteis e deveriam ser alta prioridade para indivíduos, casais e pais e bebês de alto risco. Grupos de discussão para explorar assuntos emocionais de mulheres grávidas poderiam ser desenvolvidos simultaneamente com *checkups* pré-natais e postos à disposição de todas as mulheres frequentando clínicas, com a participação de um único psicólogo, terapeuta ou conselheiro especialmente treinado.

As culturas tradicionais promovem a continuidade das tradições da gravidez e prestação de cuidados que têm sido desgastadas em nossa sociedade. Os profissionais da saúde preencheram a lacuna, embora a escassez de pessoal treinado e os cortes nas verbas para provisões tenham reduzido mesmo esses parcos serviços, que antes estavam disponíveis. Nas sociedades industrializadas, devido à quantidade de tempo gasto pelas pessoas que cuidam em relativo isolamento com seus bebês em famílias nucleares, é imperativo que recursos destinados ao favorecimento da saúde sejam reforçados dentro da própria família.

Reiterando as vantagens da psicoterapia durante a gravidez como as vejo:

– Crises emocionais durante a gravidez e a motivação para se tornarem bons pais impelem as pessoas a procurar ajuda, incluindo algumas que de outro modo não quereriam, nem teriam interesse em terapia.

– A urgência em completar o tratamento antes do nascimento age como favorecedor da superação das resistências; muitos contratos são prorrogados para após o nascimento.

– A terapia pode diminuir a probabilidade de complicações obstétricas, depressão pós-parto e abuso infantil proporcionando tempo e espaço para explorar a angústia e ansiedades inconscientes na preparação para o bebê, maternidade e parto.

– A psicoterapia durante a gravidez pode servir como experiência de cura para deficiências de infância da própria mãe, ou pai, que está esperando o filho, proporcionando uma oportunidade de quebrar os padrões transgeracionais, liderando com conflitos inconscientes e questões revitalizadas, ao invés de incorporá-los à próxima geração.

270 JORNADA AO INTERIOR

Diretrizes para o tratamento pré-natal e perinatal

	Natureza do distúrbio		
	Crise	Transição	Crônica
	Tratamento recomendado		
Foco da terapia	*Crise Intervenção/ Orientação para o desenvolvimento*	*Breve terapia dinâmica*	*Psicoterapia psicanalítica*
Criança	Anormalidade fetal Fracasso em prosperar	Transtorno reativo Prematuridade	Privação de deficiência
	(1-3 sessões)	(3-5 sessões)	(5+ sessões)
Interação familiar	Impasse sexual Distúrbio de sono Problemas alimentares	Luto Despejo Imigração	Família disfuncional Discordância emocional Representações negativas
	(2-4 sessões)	(4-8 sessões)	(8+ sessões)
Mãe	Conflito de aborto Ansiedade referente a: exames pré-natais, parto/nascimento, Decisões de trabalho	Aborto espontâneo Estados de pânico Depressão reativa	Ansiedade Crônica/depressão Baixa autoestima Anorexia Abuso de substâncias Pensamentos persecutórios
	(3-6 sessões)	(6-10 sessões)	(25+ sessões)

Nota: o número de sessões denota, aproximadamente, a duração da terapia.

11. A terapia nos primeiros tempos da maternidade

Como foi de minhas pacientes que aprendi a maior parte do que sei, é adequado que inicie o capítulo conclusivo com as palavras de uma com quem nos encontramos muitas vezes antes:

> *Estava pensando no bebê no ventre, precisando de alguma coisa contra o que impulsionar..., diz ela, após um silêncio, deitada no divã abraçando seu ventre prenhe. Com minha mãe não há nada disso. Se impulsiono, não sinto qualquer reação, mesmo que ela desmorone ou fique furiosa... nada firme contra o que impulsionar que reconheça minha individualidade, ou reaja de modo elástico, ressaltante – é como golpear um balão furado. Isso me deixa sem qualquer senso de poder em mim mesma para influenciar outros, como se não tivesse sequer rudimentar confiança nela própria ou em mim. Apenas desmorona ou cita uma autoridade exterior que sabe o que fazer.*

Daniel está um encanto agora. Temos algumas breves desavenças, quando ele está cansado ou com fome, ou com ciúmes do bebê, mas normalmente nada marcante. Estou muito frouxa? Não sei. Sempre superamos isso entre nós, ou ele vai embora para seu quarto até esfriar. Na maioria das vezes que brincamos ele é um Tiranossauro, e como é divertido estar com ele! O problema é que fico muito cansada, enquanto ele tem quantidades de energia e curiosidade e, se o deixo fazer tudo comigo – cozinhar, limpar e o resto – fica no topo do mundo. Mas minha maior falha é que, às vezes, tenho que colocar um vídeo para ele, quando preciso fazer alguma coisa com urgência...

É surpreendente verificar como é claro que aquilo que tem sido bom para mim aqui na análise é bom para ele também; não duas leis diferentes, mas tempo suficiente para desenvolver meu próprio ritmo e ser tratada como um indivíduo... em quem se confia, se tem respeito e reconhece, sendo ouvida e entendida e encontrando por mim mesma o que acho certo. Tudo isso se aplica a ele. Posso ouvir a voz de minha mãe dizendo: "Esse passo leva a uma criança estragada, leviana – um desses garotos inventivos, renegados, detestáveis". Mas meu maior temor é que ele se torne tão bitolado como eu era. Eu gostaria mais que ele fosse insolente do que submisso e pisoteado ou miserável... Suponho que seja uma questão e confiança em que ele encontre seu próprio caminho e vá avante com ele próprio, melhor do que refreá-lo ao longo de um passado já traçado, para se tornar a pessoa que tinha que ser.

O tornar-se mãe, ou pai, proporciona energia a conexões entre as gerações, intensificando a consciência da correspondência emocional e diferenças no relacionamento da mãe, ou pai, com seus próprios pais, vivos ou mortos. A exposição à incitante crueza das emoções do recém-nascido suscita inúmeras experiências inconscientes perturbadoras para reavaliação, bem como novos e exigentes reajustes parentais.

A terapia nos primeiros tempos da maternidade difere de acordo com a localização do problema – se centrado no interior da pessoa encaminhada, ou necessitando terapia em conjunto. A terapia individual durante o início da maternidade dá, a quem cuida de uma criança, tempo e espaço seguro para reflexão longe da luta, permitindo a ela, ou ele, pensar não somente sobre a interação em andamento com a criança e o cônjuge, mas dentro do mundo interior desde uma perspectiva de auto-observação. Podemos dizer que o terapeuta cria uma *hierarquia de segurança* na qual a mãe, ou pai, é capaz de experimentar, identificar e processar seus próprios sentimentos infantis e, gradativamente, pode, de maneira empática, ajudar a criança a lidar com emoções opressivas. O esclarecimento de suas ansiedades, muitas vezes, muda não somente os sentimentos parentais e comportamento em relação aos padrões de alimentação ou sono do bebê e problemas de separação, mas filtra-os para outros membros da família.

Contudo, algumas vezes, o terapeuta acha que está lidando somente com uma parte da equação, e o parceiro em dificuldade – seja o bebê, outra criança ou quem cuida – está misturando a sua perturbação e resistindo ou bloqueando a mudança saudável. Em tais casos, o encaminhamento de parceiros adultos para uma consulta com especialista pode levar à terapia do casal ou terapia individual do outro parceiro, ou à terapia infantil para um irmão. Alternativamente, pode ser necessário instigar a terapia pai

274 A TERAPIA NOS PRIMEIROS TEMPOS DA MATERNIDADE

(ou mãe)/filho, centrada no intercâmbio daquele par, ou para a família toda, a ser vista em terapia breve, focalizando distúrbios em sua interação como unidade.

Conforme ilustrado através deste livro, os bebês têm uma poderosa influência sobre quem cuida deles. Em alguns pais, eles despertam ternura e, algumas vezes, sentimentos de desespero. Quando essas primeiras emoções revitalizadas são muito traumáticas ou incontidas, criam reverberações interiores que afetam as capacidades parentais do adulto. Reciprocamente, temos nos tornado mais cientes da extraordinariamente poderosa capacidade de quem cuida para inconscientemente recriar o bebê de suas próprias concepções interiores. Isso acontece não por meios mágicos, mas por meio do reforço emocional de certos aspectos de troca com o bebê e a não reação ou punição a outros, resultando na extinção ou supressão daquilo que desejam evitar. Quando a história interior dos pais derrama-se sobre a criança, ela é levada a desempenhar uma parte na encenação. Representações perversas ou altamente restringidas do bebê manifestam-se em interações patológicas, levando a distúrbios no desenvolvimento da autoimagem da criança (da qual o pai, ou mãe, poderá ser abstraído(a)).

A transmissão de problemas entre gerações pode ser interrompida por tratamentos psicoterapêuticos para pais que se tornam cientes da necessidade de ajuda, ou são encaminhados quando estão incapacitados por depressão, agitação, inflexibilidade, ou ansiedade hipocondríaca, ou também o encaminhamento é feito, porque alguém ficou alarmado pelo bebê. Proporcionando uma válvula de escape, a terapia facilita a situação atual, visando capacitar o paciente a formular em palavras, melhor do que em encenações somáticas ou comportamentais, suas próprias experiências traumáticas e privações da infância dolorosas e, às vezes, reprimidas. Algumas vezes, quando a mãe, ou pai, está temporariamente inacessível à interpretação, o uso cuidadoso de vídeos retrospectivos ou comentários verbais sobre brincadeiras ou manuseio [*handling*] da criança na presença do terapeuta pode mitigar sentimentos de fobia.

Essa dessensibilização pode ser crucial, se o pai, ou mãe, está incapacitado por medo de si próprio, ou das excreções corporais, ou sentimentos explosivos do bebê, e também ajuda a livrar de erotismo o contato e a intimidade. Nos casos de fracasso em prosperar, de negligência ou abuso, intervenção crítica pode ser necessária. Em algumas terapias mãe/filho, tal como desbravado por Selma Fraiberg e sua equipe, terapia breve tem lugar na casa da criança, com orientação para o desenvolvimento, acompanhando a terapia durante situações críticas. Isso poderá suplementar o tratamento intensivo nas clínicas de saúde mental infantil com bebês com risco. Esses tratamentos, e as psicoterapias psicanalíticas mãe/bebê, visam aliviar distúrbios crônicos de relacionamento e/ou de comportamento, devido a deficiências mentais ou físicas do bebê, ou ambientes patológicos. A troca positiva entre pais e bebê, gradualmente, aumenta conforme a mãe e/ou pai descobrem que ele está gratificando, ao invés de perseguir, e se tornam mais cientes das discrepâncias entre a criança real e suas próprias representações negativas interiores.

Alguns terapeutas focalizam áreas de específica dificuldade (choro, alimentação, sono, contato, comunicação); outros fazem uma abordagem mais generalizada à interação. Em meu próprio trabalho, de nenhum modo formalizo a situação, mas, quando é importante, elicio comentários sobre uma troca entre mãe e bebê como faria sobre um sonho, ou interpreto as ações da mãe à luz de minha familiaridade com aspectos do meu mundo interno. Numa pequena minoria de casos, particularmente com mães deprimidas ou distanciadas, posso filmar alguns momentos de sua troca e

276   A TERAPIA NOS PRIMEIROS TEMPOS DA MATERNIDADE

reproduzir o vídeo para ilustrar o grau em que ela pode estar perdendo as insinuações e sinais do bebê:

> *Meu bebê nunca olha para mim, queixa-se uma mãe deprimida. Assistindo ao breve fragmento de vídeo, ela fica ciente do frequente e sutil desencontro de seus ritmos, conforme ela constantemente se volta para o bebê, após ele ter tentado contato. O vídeo mostra quão repetidamente ela a focaliza, concentrando-se com crescente perplexidade, e então, carrancudo, desvia o olhar e, claramente, desiste da esperança de reciprocidade, que é o ponto em que ela lança os olhos para ele e o encontra não responsivo.*

De modo semelhante, conflitos bipolares inconscientes na orientação de uma mãe podem ser ilustrados para ela:

> *Jane, em terapia uma vez por semana, tem sido muito permissiva amamentando seu bebê. Porém, a noção de desmamar liga-se à sua frágil autoestima. Conforme os sólidos são introduzidos, ela não percebe sua ambivalência, mas começa a regular a alimentação de seu filho, e o vídeo flagra o modo como ela interpreta mal os sinais de avidez em andamento, interrompendo a alimentação dele para, desnecessariamente, limpar o queixo do bebê durante a refeição, usando a colher de modo muito rápido e penalizando-se, quando ele sufoca e mostrando-lhe sua comida então; abruptamente, fecha o pote a meio caminho, a despeito do protesto dele. Vendo a si própria, Jane pode contemplar quão rejeitada se sente, quando ele parece preferir o alimento preparado, ao próprio leite dela.*

Em sessões subsequentes, Jane tornou-se ciente de sua ansiedade de eu dispensá-la, se ela se tornar independente e puder pensar mais sobre seus temores de ser posta de lado, conforme seu bebê agarra-se a uma rica e variada dieta de interação que ela se considera incapaz de proporcionar. Teme não ser estimada por seu valor intrínseco e seu senso vitalício de ter que refrear seus próprios desejos para validar sua excelência de mãe facilitadora. Conforme se aproxima o primeiro aniversário do bebê, Jane, ciente da pressão externa para desmamá-lo, sucumbe aos conflitos interiores e, uma vez mais, se torna progressivamente contraditória, proibindo severamente lanchinhos entre as refeições, encorajando, além de interferir com a autoalimentação, abruptamente suspendendo a amamentação na hora de dormir, mas tornando-se menos rígida à meia-noite e mesmo despertando-o para amamentar.

Observações de pares mãe/bebê conduzidas por todos os estudantes de psicoterapia psicanalítica no decorrer de seu treinamento e pesquisas pré-natais aumentaram grandemente nossa compreensão de complexa matriz interpessoal na qual o bebê adquire o senso de *self*.

Num punhado de casos através dos anos, em que foi comprovado não ser disruptivos para a terapia, adotei a filmagem por um curto período em cada sessão, do nascimento em diante, com o propósito de pesquisa. Uma cópia da fita inteira é dada à mãe como uma lembrança do desenvolvimento de seu bebê, a outra é usada para análise das interações do par. Tendo acesso ao mundo interior da mãe através da terapia em andamento, sua necessidade de dar sentido emocional à sua experiência e a expressão espontânea de mudanças vivenciadas durante as sessões dão a essas gravações uma diferente relevância sobre aquelas feitas sob condições normais de observação do bebê, ou em laboratórios. Nelas, a continuidade do clima interacional habitual de um determinado par mãe/bebê, desde o nascimento, é aparente (e, em alguns casos, pode ser comparado com a mesma mãe com outro de seus bebês). De maneira semelhante, a afinada capacidade da criança em combinar os ânimos e compartilhar estados afetivos maternais torna-se evidente, bem como discrepâncias temporárias na receptividade mútua, quando um dos parceiros está absorto em proeminentes emoções. Como exemplo, eis um segmento de dois minutos tomado em minha sala de consultas:

> *Kevin, quatorze semanas de idade, está sentado em sua cadeira em frente à sua mãe, que está sentada de pernas cruzadas no tapete protegendo-o da luz do sol, que entra pela janela. Ambos estão coloridamente vestidos; ele está usando meias curtas vermelhas e, distraidamente, dispõe os pés em forma de taça e passa-os por entre as mãos da mãe, enquanto ela fala comigo. Deixa de olhar para a luz vermelha brilhante da câmera de vídeo perto de mim e volta-se para sua mãe com um grito de alegria: "A-eiô". Ela interrompe o que estava me dizendo, sobre ter há pouco nomeado uma babá, para levantar o tom da voz, enquanto dizia, sorridente: "Maravilhosos sons... ele ri e tagarela..." Diz isso de modo arrulhante e então continua, com voz mais profunda: "Estava descansando me sentindo terrivelmente desolada. [Não havia] nada para me impedir de entrar, mas eu queria que ela estabelecesse um vínculo, mas então um sentimento... de*

não compartilhar aquele momento..." Inveja do contato deles? – sugeri. Kevin volta-se ao som de minha voz, sorri para mim, então volta-se outra vez para rir para sua mãe, mas então, lançando-lhe um rápido olhar, começou a observá-la um tanto cautelosamente, parecendo consciente que a expressão dela havia mudado.

Era um sentimento mais de perda do que de ciúme. Eu estava sendo derrotada... Esta manhã ao alimentá-lo [ele estava] muito mais interessado em minha preparação do alimento do que em comê-lo... Ela falou apressadamente, dando a impressão de corresponder à preocupação dele, e acrescenta num tom mais alto, lançando um olhar de lado, acompanhado de um risinho para Kevin: "Muito excitado com o amassar da banana e manga".

Ela fala em tom mais alto; Kevin solta gritinhos de prazer, sorrindo, olhando para mim; então volta-se atentamente para a mãe, como se esperando mais. Sua voz abaixou novamente. "[Eu] gasto muito pouco tempo alimentando-o... Levanto às cinco e meia, desjejum duas horas depois..." Kevin emite um alto "Aah", observando de perto sua mãe, com a face erguida para a dela. Ela inclina-se para a frente; ele repete "Aahh", um pouco mais prolongado desta vez; ela diz animadamente: "Eu sei! Eu sei!... Dormiu bem?", então alguma coisa inaudível, e ela baixa o tom e fala mais devagar novamente para continuar falando comigo, ainda sustentando a contemplação e o pé dele. "... e pensando como é tolo perder-se tudo isso. Saí para o trabalho terça-feira por uma hora e o deixei com ela (a babá). [Ele] ficou um pouco mal-humorado após o meio-dia e eu pude ouvi-lo com ela aprendendo o que faz ele ficar quieto e fiquei pensando (Kevin volta-se para mim) Eu sei como fazê-lo ficar quieto." A contemplação de Kevin volta para a mãe, passa por ela, para a janela além. "O que não é totalmente verdade, mas indo embora – a separação é horrível. Quando estou longe dele, estou muito bem". Kevin a olha novamente de passagem, contornando-se para olhar para mim ou para a luz do vídeo atentamente. "... pensar nele e vir para casa; e de fato resisti, em telefonar para casa por um par de horas – (chiste na voz) – e então a nova ansiedade que nunca tive antes de ir para casa a tempo de dar-lhe seu alimento e seu banho". Kevin, que havia enlanguescido um pouco, revive com a brincadeira dela. Dizendo "Mmm" ele estira-se, ainda me encarando e levanta seu braço direito curvado sobre a cabeça. A mãe faz uma pausa, então continua, agora com voz queixosa. "... e ele parece mesmo... todo o mundo diz, 'Oh, você se acostumará a isso', estou certa que sim, mas parece tão triste". Kevin olha rapidamente para a mãe, então boceja com a boca bem aberta, olhando diretamente para a frente. Olha diretamente nos olhos dela; ela sorri um tanto tristemente; ele volta o rosto em minha direção; faz uma pausa, espicha-se com um meio bocejo em direção a ela, examina o rosto dela, dizendo "Mmmm". Ela responde "Mm"; tenta sorrir chorosamente. "... e detesto que ele me veja chorando". Ela suspira; ele me encara brevemente com outro bocejo e espichada, então, mantém seu olhar atentamente nela enquanto ela funga. "Parece mesmo um pouco tolo atravessar toda essa ansiedade para tê-lo..." (sua voz francamente chorosa)... Eu sei, eu sei que não seria muito bom ficar em casa durante o dia todo (inaudível... coisas para fazer". Coça sua virilha, colocando ambos os pés momentaneamente em uma mão para fazer isso. "Mas, igualmente, tão triste deixá- -lo por tão longo tempo... Sinto que todo aquele tempo durante a gravidez e amamentação..."

Além de ilustrar a afinada suscetibilidade da criança às sutis mudanças no estado emocional da mãe, este segmento demonstra também o dilema de ter o bebê presente a uma sessão de terapia. Contudo, para a mulher que está relutante em deixar seu bebê, às vezes, isto parece a única opção.

Tratamento pós-natal

A vida com um novo bebê é uma ronda de atividades constantes, às vezes, também cansativa, e muitos novos pais têm pouco espaço para falar sobre suas emoções muito excitantes. Gravidez, parto e nascimento exigem digestão e integração psíquicas, e justamente no momento da chegada de um novo membro da família, que deverá ser assimilado, há um impacto emocional ulterior nos mundos externo e interno dos pais. Essas tarefas não podem ser cumpridas sem o empenho de cuidadosa capacidade de engajamento.

Excetuando-se pacientes que começam a terapia desde, durante, ou antes da gravidez, algumas pessoas encaminham-se, ou são encaminhadas, logo após o nascimento de um bebê com problemas, que claramente relacionam com o efeito da exposição a emoções primitivas. Suas dificuldades podem tomar a forma de depressão pós-parto, ou representar ansiedades persecutórias; pensamentos intrusivos, violentos ou sexuais; ou ações impulsivas,

282 A TERAPIA NOS PRIMEIROS TEMPOS DA MATERNIDADE

afastamento e incapacidade de se relacionar com o bebê. Em alguns casos, isso deve ser apresentado como problemas específicos de manejo ("Meu bebê nunca dorme um instante!"), mas refletem sentimentos parentais acerca de questões mais vastas de afastamento e separação (vide, por exemplo, Dilys Daws). Psicoterapia breve pode ser centrada no choro, alimentação, culpa materna sobre emprego, incapacidade de estabelecer padrões satisfatórios de sono, ou penosas dificuldades práticas enfrentadas por mães ou pais abandonados, ou por mães com bebês prematuros, que apresentam enfermidade crônica ou são retardados.

Contudo, todos esses problemas e a necessidade de chegar a um acordo com um nascimento difícil ou fracasso na amamentação devem ser vistos no contexto da realidade psíquica dos pais, relacionamentos mais amplos e história emocional passada.

Normalmente, considera-se que os relacionamentos íntimos se deterioram a seguir ao nascimento de um novo bebê. Casais ou indivíduos, muitas vezes, chegam à terapia para resolver uma crise no seu relacionamento emocional, em que transtornos sexuais e realinhamento de recursos, usualmente, configuram-se. Ao contrário de tratamentos psicoterapêuticos em andamento desde a gravidez, ou daqueles que começam antes mesmo da concepção, com os encaminhados durante o início do período pós-natal, o tratamento precisa focalizar em primeiro lugar as urgentes dificuldades interpessoais e a atual perturbação entre os pais e/ou o bebê, enquanto explorando os fatores contribuintes na história interior dos próprios pais.

Na terapia individual ou do casal, como cada pessoa passa a ter suas próprias experiências emocionais passadas e presentes e *aceita de volta* suas propostas projetadas, a carga é aliviada para o bebê ou para o cônjuge que tenha sido usado para pôr para fora sua aspiração ou expressá-la indiretamente. Em alguns casais, os cônjuges poderão ter se tornado incapazes de cooperar de modo protetor, conforme o distúrbio tenha sido tratado, separando funções de gêneros e cuidados a dispensar em boas e más imagens: "Ele não teve nem um indício do que fazer com o bebê. É bem como meu horrível pai era – todo desastrado e rude. Eu não o deixo em nenhum lugar junto com a criança". A terapia conjunta pode aliviar essas rígidas imputações. Quando apresentado como um problema específico, como cólicas ou sono perturbado, aparentemente localizado no bebê, a exploração da incapacidade parental de estabelecer limites, tolerar a aflição do bebê, ou acreditar na capacidade da criança para sobreviver ou funcionar sem a total devoção dos pais dia e noite, pode revelar configurações interiores, escorando o comportamento (Facilitadora/Participante extremada). Outras dificuldades brotam de os pais defenderem-se do temor de serem sugados para o redemoinho de reativadas emoções infantis, por meio do afastamento, regimentação e evitação de empatia com a criança, ou uma rígida incapacidade de reconhecer e reagir aos sinais emocionais dele/dela (Reguladora/Renunciante extremados).

A redução inconsciente de criar estereótipos e reconhecer seus direitos a um relacionamento sexual que nem corrompa a criança, mas que também não permita que ele ou ela os mantenha à parte, pode também fortalecer os cônjuges em sua aliança parental. Usando a terapia para vir a conhecer suas próprias energias, fraquezas e recursos internos, a autoconfiança é aumentada como o é a capacidade dos pais em confiar nos recursos da criança e aceitar emoções sem medo de escalada incontrolável.

Com futuros ou novos pais em terapia, geralmente, encontramos uma situação paradoxal: enquanto alimentando um processo de mudança emocional, que pode envolver regressão antes que possam assumir responsabilidade por pensar sobre as causas do

284 A TERAPIA NOS PRIMEIROS TEMPOS DA MATERNIDADE

distúrbio, o terapeuta pode querer ativar os recursos adultos saudáveis deles, tendo em mente que os pais continuam a ter pleno encargo do bebê entre as sessões. Simultaneamente, a segurança da terapia pode capacitar o pai, ou mãe, a capturar, no exercício da paternidade, aquilo que pensavam ter perdido no decorrer de sua própria infância, podendo assim, proporcionar isso a seu próprio filho, sem inveja. Finalmente, como em toda terapia psicanalítica, o reviver na transferência de experiências emocionais com imagens parentais e outras figuras importantes proporciona uma arena viva para lidar com o passado, melhor do que repassá-lo passiva ou ativamente dentro do novo estabelecimento da família.

A presença do bebê na terapia

O tratamento psicoterapêutico pode envolver mãe e pai de maneira conjunta, ou então, um ou ambos separadamente, com ou sem o bebê. A presença ou ausência do bebê nas sessões é parcialmente determinada pela natureza do problema, decisão dos pais e arranjos práticos. Não há dúvida que existem psicanalistas e terapeutas que, categoricamente, declaram o bebê uma obstrução à terapia; outros podem sentir fortemente que o bebê não deveria ser deixado pela mãe durante os primeiros meses e, consequentemente, ou a terapia deve ser postergada ou o bebê levado junto.

No meu entendimento, quer o bebê venha à terapia ou não, é uma questão que deve ser examinada pela mãe e pelo terapeuta, em cada caso, em diversas épocas, e devem ser levadas em consideração, tanto a realidade interior como a exterior. Levar o bebê pode servir a uma saudável função da mãe, compartilhando seu orgulho ou suas mágoas; mostrando ao terapeuta seu *produto*; pedindo ajuda nas dificuldades; sentindo-se gratificada pela admiração *avoenga* [*grand parental admiration*]; procurando experiência de um bebê rejeitado ou aspecto de sua própria infância como bebê; e permissão para criação. Para algumas pessoas, a terapia proporciona a única experiência que jamais tiveram de autoexpressão honesta, desinibida, levando todas as coisas a um lugar e tendo seus sentimentos – bons e maus – verdadeiramente reconhecidos, simultaneamente.

Na terapia de casal, a segura sala de consultas e a presença de uma poderosa terceira pessoa poderá proporcionar uma oportunidade para falar abertamente de questões que permanecem suprimidas em casa. A observação da interação dos cônjuges à curta distância proporciona ao terapeuta informações proveitosas sobre a qualidade de contato entre o casal e de cada um em relação ao bebê. Se tolerado, explosões e intensos momentos de intercâmbio emocional podem ser proveitosamente interpretados e transformados em catalisadores na mudança. Porém, com pais funcionando mal, que são menos acessíveis à interpretação, a reprodução de vídeos demonstra o uso da expressão corporal, perturbadas ou efetivas sequências de interação entre eles mesmos ou com o bebê, sem quebrar o fluxo. Experimentados terapeutas podem proporcionar esta função de imagem refletida, intervindo verbalmente e levando o casal de volta sobre seus próprios passos para mostrar como o bebê está sendo mal escalado ou explorado para desempenhar aspectos inexpressos do(s) adulto(s).

Algumas vezes, a presença do bebê pode ser usada pelos pais como anteparo defensivo. Eles podem interagir com ou através da criança para evitar relacionar-se um com o outro, ou fazendo contato direto com o terapeuta. Outros tacitamente encorajam o bebê, ou a criança já mais crescida, a criar uma situação em que se possa evitar qualquer troca verbal significativa. Em alguns casos, a presença do bebê age como barreira para revelações parentais de seus próprios sofrimentos, ou ambivalências por medo de afetar a criança. Como observamos anteriormente, na sessão com a mãe de Alice e com a de Kevin, mesmo os mais tenros bebês são agudamente cientes e são perturbados pela aflição ou intensificação emocional das mães. Em situações em que o bebê age como um inibidor parental ou está em risco de ser perturbado pelos procedimentos, o terapeuta deve insistir em ver o paciente adulto a sós, pelo menos parte do tempo.

Contrariamente, mulheres que tenham estado em terapia ou análise durante ou antes da gravidez, frequentemente, vão longe para excluir o bebê das sessões, sentindo que elas próprias como bebês afetarão a criança ou, reciprocamente, poderão sofrer a intrusão da presença da criança verdadeira: "Esta é a *minha* vez, minha própria e especial vez. Nada de compartilhar!" Para muitas mulheres, o tempo gasto com o psicoterapeuta pode ser seu único tempo longe do bebê; assim sendo, isso representa espaço para reflexão e um meio de ganhar perspectiva fora de uma situação familiar, que pode ser percebida como punitiva. Quando os problemas se relacionam à interação com o bebê, porém, a terapia é intensificada pela presença da criança; ou quando a mãe está relutante em se separar, ou não tem outro local apropriado para deixar o bebê, é responsabilidade do terapeuta tomar as providências cabíveis – de segurança, conforto, aquecimento, brinquedos e local para troca de fraldas, ou acesso a uma creche ou guarda temporária – que precisam variar para manter o ritmo conforme as necessidades do crescimento da criança.

O que e onde?

A terapia pós-natal está em sua infância, nascida da crescente consciência da importância do intercâmbio inicial mãe/filho. Seguindo os esforços pioneiros de psicanalistas como Anna Freud,

Donald Winnicott, Melanie Klein e John Bowlby, apoio e ajuda aos pais e disponibilidades terapêuticas para as crianças, gradualmente, se tornaram mais prevalecentes.

Sempre que é oferecida ajuda – seja essa qual for – novos pais precisam encontrar um contexto seguro no qual possam ter o espaço e mais larga perspectiva para compreender suas experiências angustiantes, que às vezes ameaçam oprimi-los com inexplicáveis emoções. Como temos visto através deste livro, a exposição próxima, constante, a uma criança, para com quem se tem responsabilidade de vida e morte, evoca ecos de uma história interior, poderosas narrativas, lembranças primitivas, incipientes do tempo em que ele/pai ou ela/mãe, eles próprios eram indefesas crianças, à mercê de aparentemente onipotente pai ou mãe. Quando esses sentimentos são deixados inexplorados, abuso sexual e emocional, negligência e violência podem ser perpetuados conforme cada sucessiva geração é levada fatal e inconscientemente a projetar, repetir e fisicamente representar cruciais climas emocionais e relacionamentos de suas realidades interiores, atualizando e infligindo isso naqueles que lhes estão mais próximos.

Modelos de paternidade e terapia – o clima de interação

À vista do que apresentamos neste livro, a formação psicológica ocorre não isoladamente, mas numa situação interpessoal de dois ou três indivíduos. Tenho sugerido que nossos mundos interiores subjetivos, capacidades cognitivas e personalidades começam a cristalizar-se no contexto de entender outros e de serem entendidos e reconhecidos. Isso se dá com aqueles que dispensam cuidados, que reagem com a soma total de suas experiências subjetivas e configurações inconscientes – as feições combinadas, distintivas, de que é constituído aquilo a que denominei *clima* de interação da troca inicial. São aspectos desse clima que se tornam reativados na transferência terapêutica e em estreitos relacionamentos.

Meu colega Christopher Bollas cunhou a evocativa expressão *sabido não pensado* para descrever o conhecimento não processado que inconscientemente possuímos, mas nunca articulamos na consciência. Expressar em palavras esses conceitos inconscientemente conhecidos, mas não exteriorizados, em terapia, é uma função de processamento mental. Penso que, para algumas pessoas, o fluxo rompente de estados mentais inconscientes, não processados e não integrados, que ocorrem durante a gravidez e primeiros tempos da paternidade, requer alguém que dispense cuidados metabolizantes para completar o processo inacabado.

A terapia proporciona um espaço de reflexão para os pais abandonarem por momentos o tumulto emocional de sua situação parental e refletiram sobre os poderosos, nebulosos sentimentos despertados neles pela exposição às emoções primitivas de seu filho. Deste modo, o terapeuta capacita a mãe ou pai a dar forma e significado às suas próprias emoções infantis. Compreender as configurações subjacentes, encontrar nomes, comparações e metáforas adequados com que se identificar, e palavras para expressar as representações ambíguas, tudo isso aumenta o entendimento dos pais sobre os caminhos pelos quais essas histórias interiores do passado estão sendo inconscientemente representadas – evitadas ou anuladas – no presente encontro pais/bebê. A articulação da experiência subjetiva inicial, gradativamente, reduz a tendência de contornar a experiência não verbal por meio da atividade, pressões manipulativas inconscientes ou expressão psicossomática. Finalmente, esse autoentendimento aumenta a aceitação parental de sua própria ambivalência e conhecimento intuitivo dos complexos sentimentos subjetivos do bebê a seus cuidados, através do reconhecimento empático desse bebê como uma pessoa separada, compartilhando com eles uma série de emoções semelhantes.

Ventre, berço e divã

Evidentemente, cada terapeuta tem sua própria quota de representações mentais que afetam sua prática. Como os pais com seu bebê, cada terapeuta aborda um cliente com uma orientação particular que é radicada na estrutura teórica que ele, ou ela, mantém. E, assim, o fluxo deste livro fecha completamente o círculo; isto é, estou sugerindo que, como as orientações parentais, as teorias psicanalíticas sobre o processo desenvolvimental afetam não somente a conceitualização da infância do paciente, mas também a da terapia requerida. Além disso, algumas linhas paralelas existem entre o modelo parental descrito neste livro e as escolas psicanalíticas de pensamento.

Reduzidas a seus denominadores fundamentais, as distinções entre teóricos psicanalíticos giram em torno dos eixos gêmeos da dotação infantil e necessidades complementares de cuidado. Essas teorias que conceituam a criança como basicamente selvagem, não social e não integrada olharão a tarefa dos que dispensam cuidados como socialização, inserindo-o na ordem social existente, conduzindo o bebê à adaptação. Aqueles que encaram a criança como benigna e vulnerável, enfatizarão a necessidade de devoção sensível e adaptação materna às necessidades do bebê.

Falando em sentido lato, essas são também as tendências diferenciais dos primeiros teóricos clássicos e *Psicólogos do Ego*, seguindo as ideias da adaptabilidade da criança de Heinz Hartman e Margaret Mahler (correspondente à Reguladora), de um lado, e do outro, as mães bem afinadas, empáticas, dos teóricos das *Relações de Objeto*, como Donald Winnicott, e *Psicólogos do Self Kohutianos*

290 A TERAPIA NOS PRIMEIROS TEMPOS DA MATERNIDADE

(correspondente à Facilitadora). Os dois primeiros grupos olham a criança como inicialmente indiferenciada, "autista", primariamente narcisista e buscando relaxamento de tensão ao invés de companhia. Preocupação interior atribuída e falta inicial de discriminação significam que o cuidado primário pode precisar ser compartilhado intercambiavelmente entre mãe e babá, como de fato, Freud admitiu. Efetivamente, nessa visão, os envolvimentos são apenas gradualmente formados na base de satisfação prazerosa ou necessidades fisiológicas e descarga de excitações derivadas das *pulsões*. Os relacionamentos são, assim, vistos desenvolvendo--se desde o estado inicial de falta de objetividade, através do que Freud chamou envolvimentos *anaclíticos*. A patologia surge como resultado de *fatores interiores* – conflitos intrapsíquicos não resolvidos entre instintos de vida e morte (como no modelo *Pulsional*), ou entre ímpetos interiores conflitantes e exigências da realidade (na psicologia do ego). O tratamento deve visar ao reforço do controle do instinto e à renúncia dos derivativos pulsionais por meio da introspecção e intensificada hegemonia do ego.

Contudo, se, conforme conceituado pelos teóricos das Relações de Objeto, tais como Balint e Fairbairn, o bebê benigno é visto como sociável, mas inicialmente, num estado de fusão e não diferenciado do *self*-objeto dele ou dela (conforme o chamam a psicologia do *self*), a existência *simbiótica* da vida incipiente será olhada como uma extensão da fusão intrauterina, necessitando do exclusivo e constante cuidado da mãe biológica e a presença de seu próprio seio. A devoção da mãe Facilitadora é considerada essencial para a futura saúde mental; a patologia será atribuída a fracassos maternos, *deficits*, espelhando inadequado ou privação acumulada: é o *ambiente exterior* que é patogênico. O tratamento psicoterapêutico pode visar à produção de um estado regressivo no qual os antigos fracassos parentais são retificados.

Uma outra visão é uma mistura das duas anteriores, à qual me refiro como bimodal. Por exemplo, na teoria inicial de Kernberg e na concepção de Klein, o conhecimento *a priori* da mãe é ligado à agressão inata, e a patologia surge de uma preponderância do sadismo constitucional e fantasias derivativas, bem como de despojadores e frustrantes maus objetos interiorizados.

Parece-me que, a despeito das variações individuais, em anos recentes, psicanalistas, entre os independentes britânicos e psicólogos do *self* norte-americanos, bem como psicanalistas contemporâneos de outras escolas espalhadas por todo o mundo, seguem um modelo interacional de desenvolvimento que se assemelha ao que chamei de mãe ou pai Alternativo(a). Esses enfatizam não a fusão, mas o que Colwyn Trevarthen denominou *intersubjetividade* – reconhecendo o bebê como motivado interpessoalmente, orientado à realidade e autorregulante desde o início.

Em geral, os psicanalistas que compartilham essas visões, como Daniel Stern, veem as capacidades inatas da criança como ativadas no contexto da interação responsiva entre os primeiros que dispensaram cuidados em particular e um determinado bebê e o desdobramento dessas capacidades como largamente dependente da provisão ambiental de emoções reciprocamente entrelaçadas. Acima de tudo, a criança é olhada não como um recipiente passivo, mas como um ativo iniciador, buscando uma *capacidade de compartilhar* interesses e ações; assim, a criança é um negociador contribuinte para a organização da experiência incipiente, através da qual a autorrepresentação e outras representações são estruturadas. O corolário terapêutico reconhece a especialidade da interação entre um determinado analista e determinado analisando, focalizando o processo psicanalítico como a construção recíproca de uma realidade de significados deles.

292 A TERAPIA NOS PRIMEIROS TEMPOS DA MATERNIDADE

Dada a ampla variedade de opiniões, poderemos – nos indagar: como é isso de cada escola psicanalítica de pensamento "ver" um diferente bebê? Após ponderar eu mesma este quebra-cabeça, concluí que, embora essas teorias sejam baseadas em observações reais, a percepção de cada observador é instruída de acordo com a teoria adotada. Cada um de nós está observando o mesmo bebê, mas focalizando *diferentes estados de vigilância*. Como com pais e mães cujas representações inconscientes do bebê durante a gravidez estabelecem a cena para determinar significado ao comportamento da criança de acordo com os atributos que tenham designado – afável, vulnerável, fraco, carente, poderoso, mau – assim, inferências feitas por profissionais sobre conteúdo da fantasia e atividade psíquica são coloridas por seu próprio modelo desenvolvimental particular da mente.

Dispensar cuidado não é fácil. Somos falíveis e cometemos erros. Sempre há um analista fabuloso ou um pai cuja perfeição não conseguimos alcançar. Mas podemos apenas, cada um, ser nós mesmos – conhecendo nossas fraquezas, construindo sobre nossas forças, podemos tentar evitar a repetição de velhos erros, compreendendo-os, ao invés de sepultá-los. Nenhum de nós é uma monolítica personalidade unificada, mas temos muitas vozes e um misto de narrativas emocionais em nosso interior; reconhecer essa contínua diversidade interior não somente enriquece nossos próprios recursos, mas também aumenta a receptividade à fluência de nossas próprias lembranças e ao fluxo de histórias interiores de outros.

Epílogo

"... Gostaria que você o visse", escreve Gabriela, alguns meses após nosso último encontro. "Você foi uma parte muito importante de tudo isso – concepção, gravidez, nascimento e todo o resto. Certamente, agora, posso entender como a mulher silencia sobre maus pedaços – esquece-os, eles se desvanecem, parecem tão transitórios. Estive grávida alguma vez?

A paixão que sinto por Benjamin ainda me assombra; nunca amei qualquer pessoa tão franca e incondicionalmente. Temo que isso o oprimirá ou o reprimirá. Em meus piores momentos, tenho medo de que alguma coisa lhe aconteça; não posso suportar a desolação que me envolve, quando penso nisso. Tal realidade seria inimaginável.

Benjamin muda minha perspectiva – tento e vejo o mundo como ele o vê. Para ele, cada dia é uma grande aventura. Demonstra seu prazer tão claramente... eu poderia continuar

294 EPÍLOGO

(e continuar)... Como minha sogra encara o fato de eu pensar diferentemente como um ataque direto a como ela faz as coisas. Como Jacob está muito mais apaixonado por seu filho do que jamais pensou que poderia estar. Quero chegar ao topo, mas quero estar lá para Bem e, se não puder fazer isso todo o tempo, pelo menos não quero estar tão cansada para brincar, quando estiver lá. Quero somente que ele seja feliz; quero protegê-lo contra todos os problemas, mas também quero que ele viva a vida. Nada parece tão importante quanto Benjamin.

A delícia no trabalho é que posso tagarelar – moderadamente – enquanto estou certa que Jacob não pode. Contudo, é interessante como os chefes, que eram tão simpáticos durante a gravidez, agora fingem que nada mudou. Outras pessoas devem sentir esta mágica, quando têm filhos. Não é triste que sejamos consideradas como sendo frias, calmas, serenas e fingindo que tudo está como antes? Sinto-me parte de um clube, mas é um clube pacífico. Quando as mulheres se reúnem, ao menos todas podemos compartilhar isso, mas os homens, repetidas vezes, parecem ser periféricos. Todas as minhas preocupações sobre minha carreira eu as conservarei, ao invés de renunciar a um segundo de meu especial relacionamento.

Espero que tenhamos a oportunidade de nos encontrarmos outra vez. Você me deu muito – uma perspectiva ampla, estratégias de luta, liberdade de ser e um local onde pudesse ser apenas eu, com meu ventre, temores e alegrias..."

Apêndice – vulnerabilidade durante a gravidez

A terapia oportuna beneficia aqueles que são incapazes de conter a reativação de experiências traumatizantes anteriores ou atual sobrecarga emocional. Lidando com problemas perturbadores e precursores de distúrbios de adesão durante a gravidez, podem antecipar disfunções parentais e prevenir custosos tratamentos de condições estabelecidas. O esquema a seguir oferece orientações para combinar fatores de risco em mulheres suscetíveis à angústia.

Indicadores de risco

Gestações conflituosas

- não planejada;
- extemporânea (muito jovem, velha, prematura, tardia);
- mãe *errada*, pai *errado*, bebê *errado*;

296 APÊNDICE

- aguda ambivalência;
- conflitos bipolares de Facilitadora/Reguladora extremadas;
- descarga psicossomática.

Sensibilização emocional

- gravidez após fertilidade (AIH/AID, IVF, GIFT, doação de óvulos);
- história familiar de complicações perinatais;
- transtornos *borderline*;
- defesas neuróticas;
- história psiquiátrica.

Gestações complicadas

- condição física da mãe (gestações múltiplas, abuso de drogas ou abuso fetal, transtornos alimentares, HIV positivo, enfermidade, incapacidade);
- incidentes da vida (privação, evicção, abortos);
- fatores socioeconômicos (pobreza, habitação, desemprego);
- falta de apoio emocional.

Gestações conflituosas

Gestações não planejadas envolvem dilemas morais e éticos quanto a se e como a gravidez pode ser abortada ou incorporada no corpo da mulher, ou na vida psicológica do casal. Quando uma gravidez não planejada força uma crise emocional dentro do relacionamento dos cônjuges, urgente aconselhamento poderá ser exigido para evitar uma separação precipitada, ou para precipitar uma decisão retardada para a separação.

Gestações extemporâneas realçam a falta de prontidão para um bebê. A mulher pode sentir que a concepção veio muito cedo ou muito tarde num relacionamento, ou muito cedo, após uma gravidez fracassada ou uma perda não elaborada. Motivações inconscientes para preencher uma lacuna, muitas vezes, conflitam com constrangimentos realistas e atraso emocional.

A mulher pode sentir que é muito jovem ou emocionalmente imatura. A gravidez na adolescência parece estar aumentando, parte devido à desilusão, mau uso ou falha de contracepção. Vários estudos citam prematuras experiências de perda, separação dos primitivos cuidadores e alta incidência de divórcios parentais ou morte em famílias de adolescentes grávidas. Outros estudos atribuem a gravidez à rebeldia, solidão e autoimagem empobrecida, verificando que essas moças têm menos relacionamentos seguros com suas mães, em comparação com pares sexualmente ativos que não ficam grávidos. Porém, recentes estatísticas ocidentais indicam que, para cada duas adolescentes que estão para ter bebê, pelo menos uma aborta, possivelmente motivadas pela consciência das dificuldades envolvidas em assumir precocemente as responsabilidades maternais.

Como em outras gestações conflituosas, a terapia de casal, para aliviar algumas tensões, enquanto intensificando e enriquecendo o envolvimento entre parceiros adolescentes, ou terapia individual durante a gravidez, podem acelerar o amadurecimento. No caso de mães adolescentes, apoio profissional e orientação, provavelmente, continuarão a ser necessários após o nascimento. (Um modelo bem-sucedido de intervenção em paternidade transgeracional mal ajustada entre adolescentes foi conduzido por Selma Fraiberg, em San Francisco. Outro, *Genesis*, funciona em Boulden, Colorado).

Quando a mulher acha que está velha demais, ou que a concepção veio tarde demais para salvar um casamento fracassado, ou que não está bem profissionalmente, ela poderá entrar em conflito sobre a possibilidade de abortar esta última oportunidade de engravidar, a despeito de sua extemporaneidade e riscos. (Essa ambivalência realidade/afeição deve ser diferenciada tanto da evitação mórbida da gravidez, existente há muito, como da maníaca postura da mulher cuja determinação de conceber tardiamente na vida reflete um onipotente desejo de desafiar a menopausa e negar a consciência de mortalidade da meia-idade). Além de sua própria ansiedade sobre os intensificados riscos de complicações, a mulher mais velha pode ter que lutar contra a reação chocada da família, ou o estorvo dos filhos adolescentes à sua gravidez outonal. Primíparas mais velhas poderão estar repartidas entre os ditames do relógio biológico e as exigências da profissão. Outras, que tenham trabalhado longa e arduamente no sentido desta concepção – que nos dias de hoje pode ser o resultado de uma doação de óvulo numa mulher após a menopausa – poderão ser surpreendidas pelo tributo físico.

Enquanto mulheres mais velhas têm ricos cabedais de experiência da vida e recursos de conhecimento mundano a que recorrer, a maternidade na meia-idade envolve uma mudança radical no estilo de vida e relacionamentos estabelecidos. Embora em si mesma não seja causa suficiente para transtorno psicológico, acompanhada do redespertar de conflitos reprimidos e dificuldades durante a gravidez, a apresentação de um bebê – particularmente numa família mista, onde existe padrasto ou madrasta – pode originar realinhamentos genealógicos e de relação sanguínea que desestabilizam o relacionamento familiar. A mulher, cônjuge, ou a família toda, poderão beneficiar-se da intervenção na crise ou no acompanhamento evolutivo.

A gravidez errada, na qual um dos membros do triângulo generativo é sentido como sendo uma falha, constitui um subgrupo de gestações negativamente experimentadas. Poderá faltar à mãe confiança em si mesma, ou ser considerada por outros como inadequada para ser mãe por uma variedade de razões reais ou imaginadas. Filhas de pais opressores, intrusos, ou negligentes e vítimas de estupro, incesto ou abuso de qualquer natureza são todas vulneráveis durante a gravidez a preocupações de que seus interiores e capacidades criativas de nutrição tenham sido afetadas. As experiências físicas de ter um intruso em seu mais íntimo espaço corpóreo, a invasão dos exames internos e os temores da experiência física do parto poderão, todas, fazer reviver o chocante dano e o ultraje de um trauma inicial reprimido ou relembrado.

Quando o pai do bebê é sentido como sendo *errado*, a base pode ser uma fantasia edipiana ou a realidade que ele não é amado; é um doador; um sedutor ou estuprador; completamente estranho; um substituto para alguém mais; extramatrimonial; ou incestuoso. O denominador comum é que sua contribuição para o filho dela é sentida como desagradável, proibida ou alienígena. A incapacidade de superar sua *reação alérgica* ou *rejeição imunológica* põe o feto em risco de expulsão psicológica ou física durante a gravidez e alienação após o nascimento.

A criança *errada* pode ser resultado de qualquer dos casos anteriores, ou do sexo *errado*, imaginado ou conhecido. Nos casos em que *errado* significa anormal, conforme revelado nos testes, necessitando uma decisão de submeter-se a um aborto, ambos os pais, ou somente a mulher poderão(á) se beneficiar da oportunidade oferecida pela psicoterapia breve para lidar com esses sentimentos cruciais neste ponto crítico. No muito pouco tempo disponível para eles, a tomada de decisão é, muitas vezes, dificultada pela confusa mistura de conflitos emocionais, bem como raiva, culpa irracional

300   APÊNDICE

e, no caso de testes pré-natais, medo de um diagnóstico incorreto ou resultado incerto. Algumas vezes, um bebê é *psicologicamente errado* – considerado como inadequado substituto para uma perda anterior, pobre reparação para um bebê abortado ou morto, imbuído de um aspecto do ego que não pode ser tolerado, ou simplesmente o sexo errado. Para algumas mulheres, a gravidez desperta *aguda ambivalência*, ansiedade, angústia, reações de pânico e intensificadas queixas somáticas, variando desde dificuldades em suportar seu próprio corpo prenhe e/ou seu conteúdo, à intolerância sobre tornar-se mãe. Achando-se ela própria habitando um corpo materno com um interior que, como o de sua mãe grávida, contém um ser que atravessou a fronteira do corpo e tornará a atravessá-la para fazer uma saída, ela poderá tornar-se completamente separada, desautorizada, ou sujeita a pânicos frequentes e paralisada: sentindo-se incapaz de colocar um paradeiro ao processo e incapaz de reclinar-se e assistir ao desdobramento disso. Outras recorrem às reações da Facilitadora/Reguladora extremada.

O abuso fetal durante a gravidez poderá necessitar de urgente intervenção de crise, terapia breve ou aconselhamento, particularmente quando a mulher ou seu filho está em perigo. Poderá ser preciso mediação para resolver conflitos interiores, que possivelmente levariam ao aborto habitual, tentativas de suicídio, violência ou rejeição. Conforme observado através deste livro, a ambivalência em torno da concepção tem uma variedade de fontes conscientes e inconscientes. Num casal, a fecundação pode constituir-se num ato de vingança contra uma mulher traidora ou um homem desprezível e a posse dessa criança no interior da mulher poderá ser um instrumento mágico de controle e poder, alterando o equilíbrio de um relacionamento. Quando a concepção é motivada por fatores inconscientes patológicos ou perversos, a terapia continuada poderá facilitar a exploração de problemas inconscientes e prevenir o uso abusivo do bebê como bode expiatório sacrificado, como objeto transicional, ou messias salvador. Abortos repetidos, espontâneos ou autoinduzidos podem ser predeterminados, afetados por identificações inconscientes, por exemplo, com a antiga mãe percebida como homicida. Em alguns casos, a vingança ou prova de autonomia contra a mãe e/ou castigo por desejos incestuosos poderão tomar a forma de assalto físico ao feto, encadeado com abuso infantil. O diagnóstico precoce e a intervenção adequada são tão importantes quanto a psicoterapia pré-natal seguida de aconselhamento maternal de apoio centrado na criança, ou psicoterapia psicanalítica, que visa modificar projeções maternais negativas.

A *descarga psicossomática* poderá ser usada como um meio de derivar o pensamento, usando o corpo para barrar ou evitar sentimentos perturbadores. A gravidez pode ser um meio de negar a vacuidade, esterilidade emocional ou solidão. A concepção proporcionará uma sensação de vitalidade, ou prova de não estar morta. Poderá compensar perda, frustração ou privação, ou constituir uma adição concreta ao mundo interior. Pode significar um retorno físico ao interior do ventre da mãe; reparação concreta, ou reencarnação material como sua mãe; ou um ataque ao corpo maternal interiorizado e agora identificado como o seu próprio.

O agravamento psicossomático de sintomas comuns de gravidez poderá tornar-se incapacitante, incluindo náusea excessiva e vômito, asfixia, perturbações digestivas, dores de cabeça tensivas, palpitações e dores e pontadas vagas. Em minha experiência clínica, sintomas histéricos e dissociações na gravidez parecem pertencer à antiga classe de transtornos que Joyce McDougall cita como tendo um significado psicológico pré-simbólico. Paradoxalmente, essas encenações concretas são o resultado de uma tentativa inicial de lidar com ansiedades intensas que passam despercebidas por terem sido *ejetadas* da consciência, uma vez que as ansiedades despertadas foram incapazes de atingir representação mental numa forma simbólica, verbal (i.é., pensável). Sintomas de resguardo em futuros pais poderão ser da mesma ordem pré-verbal.

A falta de consciência da dor psicológica e a resistência ao uso da representação e linguagem simbólica, ao invés de sintomas físicos ou hipocondria, cria dificuldade no uso da psicoterapia para o tratamento de pessoas que têm tendência para soluções psicossomáticas. De qualquer modo, a angústia proporcionada por seus sintomas e a premência em obter ajuda antes do nascimento poderão facilitar o comprometimento mental. Se não tratado em futuras mães, existe o risco de nascimento prematuro, dificuldades na alimentação e excessiva somatização do relacionamento com o bebê.

Sensibilização emocional

Gestações posteriores à infertilidade são frequentemente tão preciosas que se tornam supervalorizadas e cuidadosamente acompanhadas, com temores de que mesmo ligeiros lapsos de concentração possam causar uma perda. Diagnósticos de esterilidade e tratamentos prolongados têm em si mesmos efeitos cumulativos de erosão da autoestima; invasão da intimidade sexual do casal e do corpo de ambos e ciclos debilitantes de esperança, ansiedade e desespero (vide meus textos 1986a, 1992a).

Concepção subsequente a intervenção médica, tal como GIFT, IUF ou IVF introduz uma terceira pessoa na díade sexual íntima, com as inerentes fantasias edipianas, ansiedades e dificuldades sexuais. Nos casos de doação de gameta, inseminação artificial, ou ovo por doadora, existe uma quarta pessoa; o doador desconhecido. Fantasias sobre o *verdadeiro* pai, ou mãe, proliferam.

A assimetria na relação genética deles para com o bebê pode precisar de terapia para capacitar os cônjuges a corrigir o equilíbrio emocional entre eles próprios e a lidar com recriminações não expressas, escárnio, vergonha, culpa e piedade pelo cônjuge estéril. Em um nível mais profundo, a experiência da concepção que deriva da identificação com pais generativos férteis pode também causar oscilação entre a onipotência inconsciente de ter ludibriado proibições paternas e fantasias de triunfo edipiano e o subjacente desespero ante a incapacidade de conceber sem ajuda, como prova de dano interior e retaliação por um pai interno invejoso. A transição abrupta da subfertilidade existente há muito e a paternidade potencial – e em alguns casos múltiplos nascimentos – impele a rápidas revisões de identidade e configurações interiores, novamente, beneficiando-se da ajuda terapêutica.

O tratamento psicoterapêutico psicanalítico individual ou em conjunto terá que incluir as psico-histórias dos cônjuges; seu relacionamento; o impacto da esterilidade; resíduos psicológicos de longos períodos de tratamento invasivo; temores pela normalidade do filho – dada a *anormalidade* ou artificialidade da concepção dele ou dela; fantasias sobre os desconhecidos ancestrais biológicos ("sangue ruim, romance familiar"); a localização deste bebê-fantasia em seus mundos interiores e questões de intimidade social relativas a quanto se deve falar aos parentes e à criança sobre as origens dele ou dela.

Em caso de múltipla fecundação, o aborto seletivo pode ser empreendido com a concomitante culpa e preocupações sobre os efeitos físicos e psicológicos sobre o(s) feto(s) remanescente(s) e como a escolha foi feita. A sub-rogação é um fenômeno relativamente raro, mas complexo e, como mães entregando os filhos para adoção, ambos, a mãe de parto e, em alguns casos, o casal, devem se beneficiar da ajuda terapêutica, se disponível.

História familiar de complicações perinatais intensifica o temor da arrogância: a mulher grávida poderá, inconscientemente, sentir-se sem o direito de ter um filho vivo ou um parto sem problemas, o que pode levá-la à reencenação de partos desastrosos (de ouvir dizer), ou feições inconscientemente escolhidas desses mitos de família. A terapia oportuna libertará a mulher das garras do passado, habilitando-a a abandonar as perdas e a diferenciar este bebê e sua própria gravidez de outras.

Mulheres que tenham experimentado um aborto não resolvido, perda tardia do feto, natimorto ou perda de recém-nascido estarão particularmente vulneráveis durante a gravidez. Essa, frequentemente, reaviva a mágoa, ainda que bloqueando o processo de luto. A mágoa pode ser inibida pela crença mágica da reencarnação do bebê morto no feto vivo, ou uma negação da não lamentada perda. Em alguns casos, a gravidez reduz o luto, ou em si mesma pode constituir uma defesa contra a privação por uma perda anterior. A criança de reposição (vide Sabbadini) poderá ter que suportar o ímpeto da agressão inconsciente, preocupação materna com o morto, verbalizado ou não falado ressentimento, acusações irracionais e sentimentos não resolvidos, rondando, inadequadamente, a lamentada perda durante a gravidez. Contudo, o luto adiado pode ser recomeçado, mesmo muitos anos após a gravidez.

Transtornos Borderline são exacerbados durante a gravidez pela vulnerabilidade psicológica, rápidas mudanças fisiológicas, reavaliação da imagem material, confusão com as fronteiras do corpo (dois corpos habitando uma pele) e flutuantes mudanças de identidade. Inseguranças são a seguir intensificadas pelas fronteiras do gênero, violadas com a tangível gravidez "bissexual".

Nítidas distinções entre interior e exterior, passado e presente, real e irreal tornam-se obscuras, através da permeabilidade das fronteiras interiores entre o pensamento consciente, sonhos, devaneios e fantasias inconscientes. Esta confusão é aumentada pelo redespertar de antigas lembranças, o surto de estados afetivos não integrados ou antigas experiências não processadas. Intensificada experiência sensorial de natureza primitiva não verbalizada (vide Ogden), modos de pensamento irracional, expressão corporal e imagens de sonho perturbadoramente francas podem ainda debilitar insidiosamente o equilíbrio psíquico na gravidez.

Defesas neuróticas são frequentemente intensificadas com o ameaçado surto de perigosas emoções e a reativação de experiências traumáticas durante a gravidez, e estudos constataram uma acentuada frequência de transtornos neuróticos e outros psiquiátricos menores. O que observei, na prática clínica com mulheres neuróticas antes da concepção e/ou entre gestações, foram periódicos lampejos de ansiedade, manifestando-se em transtornos paníceos durante a gravidez; apreensão intolerável; insônia; falta de respiração; baixa tolerância ao *stress*; tensão crônica e irritabilidade; do mesmo modo, o desequilíbrio emocional descrito por todo este livro, com perturbação reavaliativa de problemas aparentemente resolvidos.

Como todas as reações hipocondríacas, as queixas somáticas podem também ser um pedido de ajuda. Contudo, durante a gestação, elas podem estar disfarçadas e sendo tratadas como parte essencial da condição física, enquanto o elemento psiconeurótico é negligenciado. Em algumas mulheres, ou seus cônjuges, medidas defensivas extremas podem ser empregadas para neutralizar os efeitos desorganizadores de sublevações emocionais e conflitos *bipolares* durante a gravidez, tais como atividades supersticiosas e comportamentos impulsivos, viciosos ou compulsivos. Paranoia e fobias, perturbações alimentares, depressão e choro excessivo

306   APÊNDICE

podem todos manifestarem-se com maior intensidade durante a gravidez e beneficiar-se com a imediata psicoterapia.

Inversamente, algumas queixas neuróticas *desaparecem* durante a gravidez conforme a mulher ganha confiança e autoestima. Em algumas mulheres, a concepção resolve agudos conflitos de feminilidade ou sexualidade e dificuldades no relacionamento exterior com sua mãe, na qual a neurótica insegurança estava embutida. Embora a dinâmica subjacente possa permanecer inexplorada, o alívio pode persistir sossegadamente durante os primeiros anos de maternidade, disfarçado pela atenção que está sendo deslocada para o bebê e a função materna. Conflitos neuróticos podem chamejar novamente em subsequentes gestações, correspondendo a um determinado irmão em sua família de origem, eventos da vida, ou tensões e esforços relacionados com seu ambiente social.

A despeito de uma história de transtorno psiquiátrico, os pais podem permanecer bem, durante e após a gravidez. Outros podem recair com o evento vital da gravidez, seus delírios esquizofrênicos ou alucinações, agora refletindo ou negando a gravidez, com os riscos concomitantes. Transtornos afetivos também poderão ser focalizados rondando a gravidez, com depressão clínica relacionada com o empobrecimento e inadequação com a condição de futura paternidade e maternidade, e em estados maníacos, a glorificação da gravidez, do *self*, ou do feto. Uma a duas pessoas, entre mil, sofrem de psicose puerperal, incluindo mulheres sem qualquer história psiquiátrica anterior e seus cônjuges. Recentes estudos na Inglaterra mostraram que a taxa de enfermidades psicóticas em cônjuges de novas mães, com moléstia psiquiátrica, hospitalizadas, é maior do que em esposos de mulheres sadias, sendo associada também às dificuldades conjugais e relacionamento pobre com o próprio pai do homem (vide Lovestone). Clinicamente, tendo verificado que, para mulheres que tenham estado doentes após um nascimento anterior, a inegável tensão física e sublevação psicológica da gravidez podem parecer muito assustadoras, pois elas não só passam a gravidez inteira temendo o retorno de um episódio psiquiátrico, como também se sentem constantemente escrutinadas por preocupados parentes e médicos. McNeil, em diversos estudos retrospectivos, verificou que pacientes com um antigo surto pós-parto de psicose cíclica ou afetiva, foram menos iradas, mais idealistas, mais tensas, ansiosas e, acima de tudo, animadas ou excitadas durante a gravidez.

A etiologia da psicose puerperal é obscura, embora cerca de metade das mulheres também tenha episódios não puerperais de psicose/ou história familiar de enfermidade mental; não obstante, isso também ocorre em mulheres que pareciam saudáveis anteriormente. O prognóstico para a recuperação é excelente, mas cinquenta por cento reincidem com filhos subsequentes. Os tratamentos variam. Terapia de grupo ou individual, ou aconselhamento de apoio ao casal durante a gravidez podem diminuir a ansiedade e aumentar a adaptação à gravidez, enquanto lidando com questões de ambivalência relacionada com o tornar-se mãe, ou pai, ou à incorporação de outra criança na constelação familiar.

Psicoterapia psicanalítica após a psicose ter amainado pode ajudar a mulher com capacidade de *insight* a incorporar o desconcertante episódio em sua vida e pode cumprir uma função preventiva em relação a futuros nascimentos. Uma reação aguda, envolvendo feições esquizofrênicas, frequentemente, exige hospitalização. Após o nascimento, alojamento conjunto pode ser arranjado para mãe e filho ou para a família. Em algumas unidades especiais, como o Hospital Cassel, em Londres, uma abordagem psicanalítica é oferecida e/ou terapia familiar poderá ser obtida na condição de não paciente com acompanhamento de paciente externo. Outras unidades mãe/filho oferecem vários tipos de cuida-

308 APÊNDICE

do supervisionado, ou tratamento hospitalar diurno, com creche à disposição.

Em todos os casos de psicose puerperal, a confusão é um tormento, e quando houver delírios paranoicos, sexuais ou hipocondríacos com relação à gravidez ou ao bebê, pode ser necessária supervisão para evitar que a mulher tente causar dano à criança por meio de ataque físico ou medidas invasivas. Pode haver alguma dificuldade em controlar os sintomas floridos da mania, pois o lítio atravessa a barreira da placenta e é contraindicado nos primeiros tempos de gestação. Parece também ser conduzido na amamentação: a alimentação por mamadeira é usualmente recomendada, embora a amamentação seja possível, se os níveis no sangue da mãe forem controlados. Medicamentos neurolépticos para o controle da esquizofrenia são considerados seguros.

Gestações complicadas

Condições físicas devido a enfermidades crônicas durante a gravidez, ou condições relacionadas com a gravidez que necessitem hospitalização ou repouso em casa, imobilizam a mulher durante um período já difícil e somam-se à carga de ansiedades sobre os efeitos de sua doença no feto e/ou o feto serem prejudiciais um para o outro (insuficiência placentária, incompatibilidade de Rhesus etc.), o apego pré-natal pode ser afetado por preocupações sobre a exacerbação de sua própria condição devido à gravidez, e culpa, ressentimento e tensão, causados, simultaneamente, por querer segurar a gravidez e libertar a ambos de sua mútua dependência.

Mulheres deficientes poderão achar a gravidez uma época particularmente gratificante, pois concede o uso criativo e efetivo de seus corpos e oferece a rara oportunidade de serem aceitas em iguais condições por outras mulheres, compartilhando a mesma experiência feminina. Contudo, a mulher deficiente pode se tornar tristemente desiludida, conforme lúgubres advertências, desaprovação médica ou parental e comentários prejudiciais aumentem, assim que ela se torne mais visível e autodeterminante. Poderá, também, sentir-se relegada ao ostracismo, como a personificação do temor de ter um bebê deformado.

Lamentavelmente, as infecções por HIV estão se tornando um crescente problema durante a gravidez. Em tratamento terapêutico, é conveniente diferenciar entre três grupos de mulheres:

- aquelas que descobrem durante a gestação que elas próprias ou seus cônjuges são HIV positivo e têm que enfrentar as repercussões deste diagnóstico para elas mesmas, bem como para seus bebês;

- aquelas que são HIV positivo e descobrem que estão grávidas, tendo então que decidir se continuam a gravidez, correndo o risco de contaminar o bebê, ou então abortam;

- aquelas que decidiram ficar grávidas, embora, ou mesmo porque, soubessem que elas ou seus cônjuges são HIV positivo.

A atual visão é que as mulheres grávidas que estão doentes, são transmissoras potenciais do vírus, e as crianças nascidas de mulheres de soro positivo estão quase dez vezes mais em risco do que aquelas nascidas de mães infectadas que estejam bem. Além de ter que lutar com os temores do futuro e o isolamento ou rejeição social, existe um longo período de incerteza sobre o estado da criança (até os vinte e quatro meses, a criança nascida de mãe infectada pode mostrar resultados positivos devido aos anticorpos da mãe). Ansiedades maternais também focalizam a própria saúde delas (pesquisa atual sugere que a gravidez pode acelerar a condição em mulheres cujo sistema imunológico tenha sido danificado) e a capacidade de nutrir o filho, enquanto elas mesmas estão se sentindo doentes. Como outros grupos minoritários, sua situação pode ser tornada mais difícil pelo preconceito e estigmatização, mesmo pelos profissionais da saúde.

O abuso de drogas durante a gravidez pode ser a continuação de um vício anterior, ou diretamente relacionado à maternidade iminente. Resumidamente, nos últimos casos, drogas, álcool em excesso, transtornos alimentares ou mesmo o fumo podem constituir um teste de resistência para provar a solidez do bebê, ou uma tentativa da mãe para contrabalançar com a tolerância de estar grávida, ou a necessidade de reabastecer recursos exauridos pelo feto "parasítico" (vide Capítulo 3).

Fatores socioeconômicos negativos e incidentes da vida, tais como privação, abandono, ou redundância, constituem uma dupla carga de ajustamento para a mulher já preocupada com as exigências da gravidez. Projeções (na tela) e resultados positivos de testes geram muita ansiedade e, mesmo se a mulher estiver determinada a não abortar a criança malformada, ela se beneficiará do aconselhamento ou psicoterapia, que a habilitará a lidar com sua culpa, sentimento de fracasso e sensações de ambivalência para com a criança antes do nascimento e para preparar a provação por vir. Poderá ser necessário apoio após o nascimento.

> *A falta de apoio emocional constitui talvez o mais im-*
> *portante fator na vulnerabilidade da mulher às tensões*
> *da gravidez e maternidade. Mulheres que têm um re-*
> *lacionamento insatisfatório ou prejudicial precisam de*
> *apoio e possível terapia de casal para estudar se a situa-*
> *ção pode ser melhorada, antes que a criança seja exposta*
> *às tensões de discórdia parental, ou se a separação pode*
> *ser preferível. Mulheres, durante a gravidez são parti-*
> *cularmente suscetíveis à depressão, e ao contrário das*
> *mulheres que tenham escolhido tornar-se mães solteiras,*
> *podem ser incapazes de contemplar o futuro sozinhas*
> *com o filho. Conforme dito antes, a lamentação é, mui-*
> *tas vezes, adiada e a autoestima distorcida pelos proces-*
> *sos emocionais da gravidez e do parto.*

Para todas as mulheres com suporte inadequado, a experiência do cuidado em psicoterapia pode ser seu primeiro contato
com um tratamento de mãe benevolente. Interiorizado, esse pode
mitigar algumas das experiências emocionais negativas de suas
vidas e servir como modelo de cuidado com o bebê como mãe.
Mais provavelmente já afetando seus relacionamentos atuais, histórias interiores irreais impedem o apego real ao bebê, quer envol-
vam traumas de infância, perdas não lamentadas, mágoas passadas
não renunciadas, ou a incapacidade de estabelecer um sentimento
fecundo de individualidade atuante.

O propósito da psicoterapia dinâmica ou psicanálise é aliviar o
sofrimento psíquico e ajudar as pessoas a resolver *fixações* internas
e conflitos repetitivos que as impedem de abordar novas situações
de maneira atual e flexível. Alterações interiores ocorrem através
da reativação emocional de antigas experiências inconscientes no

312 APÊNDICE

presente, e da projeção de representações interiores inconscientes no analista ou terapeuta. Idealmente, curiosidade, autoexpressão e a busca de entendimento dão o ímpeto para continuar a autor-reflexão, mesmo após o desconforto sintomático ter diminuído, possibilitando à pessoa, gradualmente, interiorizar a função da psicanálise, metabolizando e lidando com as dificuldades, conforme elas surgem. Assim, a terapia libera recursos que foram usados em manobras defensivas de dispersão, desentranhamento, deflexão, ou para silenciar vozes interiores. Assim enriquecidas pela autoaceitação, pessoas vulneráveis encontram maior confiança em suas capacidades de encarar desafios de amor e ódio com os meios ambivalentes à sua disposição.

Referências

Balint, M. 1965. *Primary Love and Psycho-Analytic Technique.* Liveright.

Bassen, C. 1988. *The impact of the analyst's pregnancy on the course of analysis, Psychoanalytic Inquiry* 8: 280-298.

Benedek, T. 1970. *The psychology of pregnancy, in Parenthood – its Psychology and Psychopathology.* Eds. A. J. Anthony e T. Benedek, Little Brown.

Benson, P. et al. 1987. *Foetal heart rate and maternal emotional state.* British Journal of Medical Psychology 60: 151-154.

Bibring, G. 1959. *Some considerations of the psychological processes in pregnancy. Psychoanalytic Study of the Child* 16: 9.

Bion, W. 1962. *Learning from Experience.* Heineman.

_____. 1970. *Attention and Interpretation.* Maresfield.

314   REFERÊNCIAS

Bollas, C. 1987. *The Shadow of the Object: Psychoanalysis of the Unthought Thought*. Free Association Books.

Bourne, S. e Lewis E. 1992. *Psychological Aspects of Stillbirth and Neonatal Death*, na annotated bibliography. Tavistock Publications.

Bowlby, J. 1950. *Maternal Care and Mental Health*. WHO Publications.

_____. 1979. *The Making and Breaking of Affectionate Bonds*. Tavistock Publications.

Chamberlain, D. 1987. *The cognitive newborn: a scientific update*, British Journal of Psychotherapy 4: 30-69.

Coltart, N. 1988. *Diagnosis and suitability for psychoanalytical psycho-therapy*, British Journal of Psychotherapy 4: 127-134.

Cowan, P. e C. 1992. *When Partners Become Parents*. Harper Collins.

Daws, D. 1989. *Through the Night: helping parentes and sleepless infants*. Free Association Books.

DeCasper, A. J. e Fifer, W. P. 1980. *Of human bonding: newborns prefer their mother's voices*, Science 208, 1174-1177.

Deutsch, H. 1944. *The Psychology of Women: a psychoanalytic interpretation*. Grune & Stratton.

Eliot, T. S. 1963. *Collected Poems 1909-1962*. Faber e Faber.

Etchegoyen, A. 1993. *The analyst's pregnancy and its consequences on her work*, International Journal of Psychoanalysis 74: 141-150.

Fairbairn, W. R. D. 1952. *An Object-relations Theory of the Personality*. Basic Books.

Fels Study: Crandall, V. 1972. *Seminars in Psychiatry* 4: 383-307.

Fenster, S. 1983. *The Therapist's Pregnancy: intrusion in the analytic space*. Analytic Press.

Fonagy, P., Steele, H. e Steele, M. 1991. *Maternal representations of attachment during pregnancy predict the organization of infant–mother attachment at one year of age*, Child Development 62: 981-905.

Fraiberg, S. 1980. *Clinical Studies in Infant Mental Health: The first year of life*. Tavistock Publications.

_____. 1987. *The adolescente mother and her infant*, in Selected Writtings of Selma Fraiberg. Ohio University Press.

Freud, A. 1966. *Normality and Pathology in Childhood*. Hogarth Press.

Freud, S. 1901. *The psychopathology of everyday life*, Vol. VI SE, Hogarth Press.

_____. 1909. *(Litthe Hans) Analysis of a phobia in a five-years-old boy*, Vol. X SE, Hogarth Press.

_____. 1915. *The unconscious*, Vol. XIV SE, Hogarth Press.

_____. 1918. *(Wolf Man) From the history of an infantile unconscious*, Vol. XVII SE, Hogarth Press.

Genesis: Community Infant Project, Mental Health Centre, Boulder, Colorado.

Gerzi, S. e Berman, E. 1981. *Emocional reactions of expectante fathers to their wive's first pregancy*, British Journal of Medical Psychology 54: 259-265.

Gottlieb, S. 1989. *The pregnancy therapist: a potente transference stimulus*, British Journal of Psychotherapy 5: 287-299.

Greenberg, M. 1985. *The Birth of a Father*. Continuum.

Hartman, H. 1985. *Ego Psychology and the Problem of Adaptation.* International Universities Press.

Heimann, P. 1989. *About Children and Children No-Longer; Collected papers* 1942-1980. Ed. M. Tonnesman. Routledge.

Herzog, J. M. 1982. *Patterns of expectante fatherhood,* in *Father and Child: developmental and clinical perspectives.* Eds. S. H. Cath, A. R. Gurwit e J. M. Ross. Little, Brown.

Hey, V. et al. 1989. *Hidden Loss: miscarriage and ectopic pregnancy.* The Women's Press.

Holden, J. M., Sagovsky, R. e Cox, J. L. 1989. *Counselling in a general practice setting: controlled study of health visitors' intervencion in treatment of post-natal depression,* British Medical Journal 298: 223-226.

Jaques, E. 1955. *Social systems as a defense against persecutory and depressive anxiety,* in *New Directions in Psycho-Analysis.* Eds. M. Klein, P. Heimann e R. E. Money-Kyrle. Tavistock Publications.

Joyce, J. 1963. Ulysses (1947). Van Leer.

Jung, C. G. 1963. *Memories, Dreams and Reflections.* Routledge.

Kernberg, O. 1980. *Internal World and External Reality: object relations theory applied.* Aaronson.

Kestenberg, J. 1976. *Regression and reintegration in pregnancy,* Journal of the American Psychoanalytical Association 24: 213-250.

Klein, M. 1952. *Some theoretial conclusions regarding the emotional life of the infant,* in *Envy and Gratitude and Other Works* (1984). Hogarth Press. – 1958. *On the development of mental functioning,* in *Envy and Gratitude and Other Works* (1984). Hogarth Press.

Lax, R. 1969. *Some considerations about transference and countertransference manifestations evoked by the analyst's pregnancy*, International Journal of Psycho-Analysis 50: 363-372.

Layland, R. 1981. *In search of a loving father*, International Journal of Psycho-Analysis 62: 215-224.

Leverton, T. L. e Elliot, S. A. 1989. *Transition to parenthood groups: a preventive intervention for postnatal depression*, in *The Free Woman: Women's Health in the 1990s*. Eds. E. V. Van Hall e W. Everaerd. Parthenon Press.

Levestone, S. e Kumar, R. 1993. *Postnatal psychiatric illness: the impacto on spouses*, British Journal of Psychiatry 163: 210-216.

Liley, A. W. 1972. *The foetus as a personality*, Australian and New Zeland Psychiatry 6: 99.

Mahler, M., Oinke, F. e Begman, A. 1975. *The Psychological Birth of the Human Infant*. Hutchinson.

Mariotto, P. 1993. *The analyst's pregnancy: the patient, the analyst, and the space of the unknow*, International Journal of Psycho-Analysis 74: 151-164.

McDougall, J. 1989. *Theatres of the Body*. Free Association Books.

McNeil, T. E. 1988. *A prospective study of postpartum psychosis in a highrisk group*, Acta Psychiatrica Scandinavia 77: 604-610.

Morley, P. 1992. *On fatherhood*. Esquire April.

Nadelson, C. et al. 1974. *The pregnant therapist*, American Journal of Psychiatry 131: 1107-1111.

Niemela, P. 1992. *Vicissitudes of mother's hate, in Of Mice and Women: aspects off emale aggression*, Academin Press.

Oakley, A. McPherson, A. e Roberts, H. 1990. *Miscarriage*. Penguin.

318 REFERÊNCIAS

Ogden, T. 1989. *The Primitive Edge of Experience.* Jason Aaronson.

Penn, L. 1986. *The Pregnant therapist: transference and countertransference issues,* in *Psychoanalysis and Women: contemporary reappraisals.* Ed. J. L. Alpert. Analytic Press.

Pines, D. 1972. *Pregnancy and motherhood: interaction between fantasy and reality,* British Journal of Medical Psychology 45: 333-343.

Piontelli, A. 1992. *From Fetus to Child: an observational and psychoanalytic study.* Routledge.

Raphael-Left, J. 1983. *Facilitators and Regulators: two approaches to mothering.* British Journal of Medical Psychology 56: 379-390.

_____. 1985a. *Facilitators and Regulators: vulnerability to postnatal distress,* Journal of Psychosomatic Observations and Gynaecology 4: 151-168.

_____. 1986a. *Infertility: diagnosis or life sentence?* British Journal of Sexual Medicine 3: 28-29.

_____. 1986b. *Facilitators and Regulators: conscious and unconscious processes* in *pregnancy and early motherhood,* British Journal of Medical Psychology 56: 379-390.

_____. 1989. *Where the wild things are,* International Journal of Pre-and Perinatal Studies 1: 78-89.

_____. 1991a. *Psychological Processes of Childbearing.* Chapman & Hall.

_____. 1991b, *Psychotherapy and pregnancy,* Journal of Reproductive and Infant Psychology 8: 119-135.

_____. 1992a. *The Baby-Makers: psychological sequelae of technological intervention for fertility,* British Journal of Psychotherapy 7: 239-294.

———. 1992b. *Reproductive life – impact of medical intervention: 'In sorrow shalt thou bring foth'*, in *Reproductive Life: advances in research in psychosomatic obstetrics and gynaecology.* Eds. K. Wijma e B. von Shoultz, Pathernon Press.

———. 1992c. *When eternals change: invited commentary on reproductive issues and National Health Service, APP Psychoanalytic Psychoterapy* Newsletter. Summer.

———. 1992b. *Transition to parenthood – Infertility: creating a Family*, in *Infertility and Adoption.* Eds. D. Reich e J. Burnell. Adoption Centre Publications.

Rayner, E. 1990. *The Independent Mind in British Psychoanalysis*, Free Association Books.

Robson, K. e Kumar, C. 1980. *Delayed onset of maternal affection after childbirth*, British Journal of Psychiatry 136: 347-353.

Rosenblatt, J. et al. 1962. *Progress in the study of maternal behaviour in the rat: hormonal, nonhormonal, sensory and developmental aspects, Advances in the Study of Behaviour* 10: 226.

Ross, J. M. 1975. *The development of paternal identity: a critical review of the literature on nurturance and generativity in men*, Journal of the American Psychoanalytical Association 23: 783-818.

Rosseti, D. G. 1870. *Pandora*, in D. Panofsky, *Pandora's Box* 91978. Princeton University Press.

Sabbadini, A. 1988. *The replacement child, Contemporary psychoanalysis* 24: 528-547.

Salk, L. 1973, *The role of the heartbeat in the relations between mother and infant*, Scientific American 220: 24-29.

Samuel, A. 1989. *The Plural Psyche: personality, morality, and the father.* Routledge.

320 REFERÊNCIAS

Savage, W. 1984. *Sexual intercourse during pregnancy and fetal distress*, British Journal of Sexual Medicine 11.

Stern, D. 1985. *The Interpersonal World of the Infant: a view from psycho-analysis and developmental psychology*. Basic Books.

Tolstaya, S. 1863. *The Diaries of Sofia Tolstaya* (1985). Jonathan Cape.

Trevarthen, C. 1979. *Instincts for human understanding and for cultural cooperation: their development in infancy*, in *Human Ethology: claims and limits of a new discipline*. Eds. Von Cranach et al. Cambridge University Press.

Winnicott, D. W. 1951. *Transitional objects and transitional phenomena*, in *Through Paediatrics to Psycho-Analysis* (1975), Hogarth Press.

_____. 1954. *Metapsychological and clinical aspects of regression within the psycho-analytical set-up*, in *Through Paediatrics to Psycho-Analysis* (1975), Hogarth Press.

_____. 1956. *Primary maternal preoccupation*, in *Through Paediatrics to Psycho-Analysis* (1975), Hogarth Press.

_____. 1957. *The Child and the Family*, Tavistock Publications.

_____. 1974. *Playing and Reality*. Penguin.

Índice remissivo

Aborto, 24, 27-28, 34-35, 48, 61, 69, 72, 97, 104, 130, 155-168, 179, 229, 235, 240-245, 259-260, 296, 299-301, 303-304

Abuso criança, 96, 99, 193, 264, 269, 300

Álcool, 63, 310

Alimentação, 29, 60, 70, 79, 90, 96, 116, 154, 169, 206, 225, 227, 240, 245, 256, 273, 275-277, 282, 302, 308

Alimento, 62, 208, 246, 276, 279

Alternativas, 106, 109, 137, 144, 164, 183, 201, 207, 209, 226

Ambivalência, 29, 45, 49, 61, 80, 84, 90, 93, 109-112, 118, 127, 157, 159, 168, 202, 205, 210-211, 219, 226, 257, 264, 266, 276, 285, 288, 296, 298, 300, 307, 311

Ameaças, 19, 84, 162

Amniocentese, 66, 74, 163-164

Ânsia, 15, 27, 172, 215

Ansiedades: de bebês; de pais, 21, 30, 38, 41, 48, 50-51, 54, 58-61, 69, 72, 74-75, 81, 83, 90, 93, 95-97, 99, 111, 113, 118, 122, 127-128, 132, 154, 159, 162-163, 172, 176-177, 180, 183-185, 188, 191, 194-195, 203, 214, 218, 228, 240, 245, 248, 251-252, 255, 257, 260, 263, 265, 269, 273-274, 277, 280-281, 298, 300, 302, 305, 307-308, 310

322   ÍNDICE REMISSIVO

Atenção, 10, 26, 36, 48-49, 79, 89-90, 96, 108, 122, 135-136, 144, 179, 230, 248, 251, 253, 263, 306

Aulas pré-natais, 245, 266

Autoinseminação, 18, 27, 148

Autorreflexão, 251, 312

Avós, 91, 133

Balint, Michael, 290

Bebês

benigno, 105, 289-290

deficiente, 275

imaginário, 13, 36, 58, 65, 79, 84, 96, 189, 203, 211

persecutório, 225

prematuro, 32, 40, 75, 163-164, 167

recém-nascido, 22

Benedek, Thérèse, 265

Benson, P., 153

Berman, E., 93

Bibring, Grete, 48, 265

Biologia evolutiva, 216

Bion, Wilfred, 83, 260

Bollas, Christopher, 288

Bourne, Stanford, 161

Bowlby, John, 235, 287

Braxton-Hicks, 151, 186

Cansaço, 33-34, 109, 126, 138, 141, 263

Casais de homossexuais, 148, 216

Cath, Stanley, 93

Cavidade primária, 64

Cena primária, 67, 263

Chamberlaine, David, 150

Cheiro, 88

China, 13, 52, 180-181

Ciúmes, 56, 59, 122, 128, 248, 262, 272, 279

Coltart, Nina, 251

Concepção, 9, 18-19, 24-29, 33, 48, 53, 54, 61, 71-72, 106-107, 123, 128, 131, 134, 136, 148, 159, 179, 180, 203, 240, 248, 254, 258-259, 262, 264, 282, 291, 293, 297-298, 300-306

Configurações inconscientes, 14, 84-85, 226, 228, 287

Conflitos edipianos, 94

Constipação, 42, 62, 81

Contrações, 42, 69, 72, 151, 157, 180, 182, 185-187, 259, 263

Contratransferência, 257-263

Conversas com fetos, 116, 142

Cordão umbilical, 23, 64, 79, 87, 152, 181, 184, 190, 204, 264

Corpos

dual um em dois, 52

imagem corporal, 27, 30, 36, 196

mudança de forma, 29, 32, 38, 40, 71, 107

mudanças psicológicas, 29, 34, 38, 48, 65, 108

Cowan, P. e C., 266

Cuidado pré-natal, 72, 236

Culpa, 54, 61, 81-83, 93, 98, 111, 159, 162, 167, 176, 212, 214, 222, 242, 282, 300, 303, 308-310

Daws, Dilys, 282

DeCasper, A. J., 153

Defesas, 50, 81, 93, 111, 214, 248-250, 252, 255, 296, 304

Defesas imunológicas, 19

Depressão, 165, 212, 218-220, 223, 226, 240-241, 264, 267, 274, 306, 311

Depressão materna, 46, 156

Depressão pós-parto, 218, 221, 266-269, 281

Desejos incestuosos, 84, 301

Deslocamento, 20, 50

Diabetes, 26

Divisão, 95, 113, 172, 184, 217-218

Drogas, 63, 74, 82, 114, 185, 198, 240, 296, 310

Eliot, T. S., 147, 170

Elliot, Jaques, 183, 266

Embriões, 148

Enfermidade, 165, 265, 267, 282, 296, 306-308

Episiotomia, 182-183,190-193

Estudo de Fels, 154

Estupro, 27, 72, 193-194, 237, 299

Etchegoyen, Alicia, 262

Exames íntimos, 64

Exames por ultrassom, 74, 116, 151, 156-158, 165, 243, 259

Facilitadoras, 106-108, 137, 183-184, 201, 204-208, 210-212, 215, 216-227, 235-236, 277, 283, 290, 296, 300

Fairbairn, W. 290

Fantasia, 9-10, 13-15, 17-23, 25-29, 43, 49-53, 57-62, 64-68, 71, 74, 79-84, 90, 92-93, 99, 111-112, 115, 122, 125-127, 129, 150, 155, 160, 165, 173, 185, 193, 195-196, 199, 203, 214, 228, 237, 248, 253-259, 263-265, 291-292, 299, 302-305

Fenster, Sheri, 262

Fetos, 13, 21-23, 31, 35, 38, 47, 53, 59-66, 68-71, 76, 78-81, 84, 87, 90-91, 96-98, 104, 110-113, 117, 132, 140, 144, 150-153, 157-158, 165, 170, 179, 183, 194, 211, 216, 230, 237, 241, 253-257, 259, 262, 299-301, 303-306, 308-310

Fonagy, Peter, 252

Fraiberg, Selma, 228, 275, 298

Freud, Anna, 286

Freud, Sigmund, 16, 49-51, 89, 261, 290

Friedan, Betty 236

Fumar, 83, 154

Gêmeos, 89, 148, 152, 158, 289

Gênero, 11, 53, 92, 123, 127, 138, 218, 263, 258, 283, 305

Genesis, projeto (Colorado), 298

Gerzi, 93

Gestação, 13-14, 19, 24, 28-30, 34, 41, 53-55, 60, 69, 73, 75, 79, 90-91, 96, 106, 114, 116-118, 126, 138, 140-143, 148, 153, 157, 162, 164-167, 175, 179, 204, 253-255, 261, 305, 308

Gestações

adolescente, 26-28, 36, 297-298

após esterilidade, 301

da terapeuta, 253, 261-263

ectópica, 158

errada, 81-82, 111, 132, 160, 165

falando sobre, 127, 165

fase final, 40, 141

fase inicial, 9, 17, 24-25, 29, 32, 38, 61, 64, 78, 113, 229

fase mediana, 35, 72

indesejadas, 61

indicadores de risco, 295

não planejadas, 296

pânico, 52, 61, 65, 82, 95, 112, 127-128, 141, 187, 228, 240, 248, 300

primeira, 17, 24, 26, 38, 123, 132, 230, 260

subsequentes, 105, 123, 160, 166, 229

tardia, 295, 298

Gottlieb, Sue, 262

Greenberg, Martin, 98

Greenson, Ralph, 116

Guardas de bebês, 286

Gurwitt, Alan, 93

Hartman, Heinz, 289

Heimann, Paula, 257

Hemorragia, 54, 156, 193

Herzog, James, 93

Hey, Valerie, 156

HIV, 296, 309

Holden, J. M., 268

Hong Kong, 13, 63

Hospital Cassel, 308

Idealização, 84, 111, 211, 250, 255, 266

Identidade, 16, 22, 27, 31, 38, 49, 56-57, 88, 106-108, 112, 148, 201, 212, 219, 264, 303-304

Identidade sexual, 27, 38, 264

Identificação

com bebês, 55, 89, 115, 130, 210-212

de crianças, 27

mãe com bebê, 55, 63, 210, 222, 226

mãe com mãe, 117, 246

pai com bebê, 117

Incompatibilidade de Rhesus, 82, 308

Inglaterra, 178, 194, 306

Inseminação, 303

Integridade, 19, 32, 180, 264

Interação de espectros, 108, 216

Inveja, 25, 56, 59, 67, 71-72, 89-90, 96, 116, 143, 212, 222, 244, 261, 279, 284

Irmãos, 11, 57-59, 93, 97, 134, 136, 143, 162

Japão, 13, 267

Joyce, James, 77, 85

Jung, Carl Gustav, 51

Kernberg, Otto, 291

Kestenberg, Judith, 48, 265

Klaus, Marshall, 198

Klein, Melanie, 220, 287, 291

Kohut, Heinz

Psicólogos do Self Kohutianos, 289

Kumar, Channi, 94, 198

Lax, Ruth, 262

Layland, Ralph, 92

Leverton, T. L., 266

Lewis, Emannuel, 161

Licença-maternidade, 40, 139-141, 143-144

Liley, A. W., 151

Líquido amniótico, 23, 65, 78, 151-152, 181

Lovestone, S., 94, 307

Luto, 157, 160

aborto, 24, 48, 156, 158, 165

adiado, 304

bebê-fantasia, 161

fim da gravidez, 40, 72-73

nascimento, 175

perda da criança (aborto tardio), 160

perdas anteriores, 166, 304

Mahler, Margaret, 289

Mariotti, Paola, 262

McDougall, Joyce, 301

McNeil, T. F., 268, 307

Minorias étnicas, 12

Morley, Paul, 172

Nadelson, Carol, 262

Nascimento, 10-13, 21, 26, 28, 41-43, 46-48, 52-54, 57-59, 64-66, 68, 72-75, 80-85, 88, 91, 94, 97-100, 105, 109, 111-113, 116, 118, 125-126, 135-138, 142-145, 150-153, 157, 160-163, 166-186, 189-192, 193-198, 202-205, 210-216, 219, 223-224, 234, 239-241, 245, 249-251, 253-257, 259, 263-269, 277, 281-282, 293, 297-299, 302-303, 307, 311 assistentes, 172, 179, 268

cenários, 29, 122

em casa, 167-170, 174, 179

induzido, 183

no hospital, 180-183

participação do pai, 97, 216, 118, 245

parto cesariana, 43, 87, 114, 130, 169, 175, 191, 193-197, 242, 260

prematuro, 48, 61, 75, 97, 100, 163-164, 167-168, 175, 194-195, 223, 240, 282, 302

Natimorto, 130, 158, 240, 260, 304

Náusea, 34-36, 61, 70, 90, 107, 126, 138, 139, 182, 230-232, 259, 263, 301

Negação, 27, 59-60, 80, 112, 211-212

Niemela, P., 266

Nomes, 36, 66

Nutrição, 28

Oakley, Anne, 156

Ogden, Thomas, 305

Orgasmo, 69, 72

Padrões transgeracionais, 269

Pais, 88-100, 115-118,

e filhas, 134, 244

Paradigma placentário, 77, 79, 85, 105, 209, 223

Parceiros (cônjuges), 11-13, 23, 25, 67, 70, 90, 96, 122, 138, 273, 278, 297

Parteiras, 41, 176, 179-181, 192, 268

Participantes, 117, 236

Paternidade, 13-14, 59, 88-92, 122, 125-126, 139, 146, 149, 165, 199, 203, 216, 219, 227-228, 236-237, 251, 284, 287, 297, 303, 306

Penn, Linda, 262

Permeabilidade emocional, 48-49, 264, 305

Perturbações alimentares, 218, 240, 301, 305

Pines, Dinora, 48, 265

Piontelli, Alessandra, 151

Placenta, 14, 19, 15, 60, 65, 79-80, 151-152, 159, 223, 229, 254, 308

Práticas transculturais, 105, 236

Privação, 219, 290, 296, 301, 304, 310

Projeção, 20, 199, 312

Psicanálise, 16, 239, 247-250, 255, 266, 311

Psicoterapeutas psicanalíticos

grávidas, 247, 260

pais (mães), 247, 260

sem filhos, 261

tarefa, 255

Psicoterapia psicanalítica

antes e durante a gravidez, 239-266

contratransferência, 240-264

critérios de avaliação, 250-252, 295-312

mãe/filho, 12, 84, 111, 227, 235, 275, 286, 308

maternidade, 271-292

modelos teóricos, 287-291

nos primeiros tempos da,

presença do bebê, 284-286, 299-308

presença do feto, 253, 262

regressão, 214, 256, 283

transferência, 254-257, 258, 263, 276

transição para a paternidade, 92, 122, 125

vídeos, 99, 275, 285

Psicose puerperal, 267, 306-308

Raios X, 74

Reguladoras, 106, 112, 137, 183, 194, 201, 207, 214, 225-227, 236

Renunciante, 216-218, 236, 283

Representações, 20, 105, 209, 227-288, 274-275, 288, 291-292, 312

Resguardo, 89, 117, 302

Responsabilidade

senso de responsabilidade das mães, 38

Ressentimento, 21, 49, 67, 70, 83, 95, 144, 304, 308

Rivalidade, 21, 56, 59, 90-93, 117, 122, 129-131, 212, 246, 262

Robson, Kay, 198

Rosenblatt, Jay, 98

Ross, John Munder, 93

Rosseti, Dante Gabriel, 45, 76

Roupas para grávidas, 38, 107, 114, 169

Sabbadini, A., 304

Saliva, 33, 62

Savage, Wendy, 72

Scott, Barbara Noel, 155, 170

Seios, 33, 36, 71, 128, 174, 229

Sensações, 30-32, 36, 47-50, 56, 68, 182, 310

Sensualidade, 50, 72

Sexo, 16, 18, 21, 35, 51, 58-59, 66-69, 73-74, 98, 112, 119, 125-127, 148-149, 153, 189-190, 203, 236, 258, 299

Simbolismo, 53

Sintomas psicossomáticos,

de mães, 90, 149, 301

de pais, 90, 95, 97, 149

Sonhos, 13, 18, 35, 40, 49-58, 61, 71, 79, 92, 125, 153, 160, 165, 185, 189, 305

Sono, 29, 36, 50-51, 58, 66, 113, 138, 142, 153, 205, 218, 225, 240, 273-275, 282

Sons, 66, 152-153, 169, 231, 278

Stern, Daniel, 291

Sub-rogação, 148, 304

Suécia, 13, 36, 174

Superstições, 43, 50, 62, 81, 96, 127, 130, 133, 139, 160, 306

Talidomida, 74

Técnicas reprodutivas, 148

Tecnologia, 73, 166, 169, 174, 176

Temores, 13-14, 29, 43, 71-72, 79, 94, 98, 113, 125, 132, 167, 173, 178, 180, 184, 191, 194, 199, 213, 245, 248, 255, 263, 265, 277, 294, 299, 302-303, 309

Terapias,

de grupo, 12, 240, 250, 265-267, 307

psicoterapia psicanalítica, 239, 247-250, 253, 266, 277, 301, 307

Trabalho, 28-29, 34, 41, 42, 90, 94, 104, 108, 113, 116, 121, 124-125, 137-145, 161, 184, 194, 201, 209, 218, 233-236, 240, 247-249, 252, 262, 275, 279, 294

Trabalho (de parto), 21, 42, 100, 176, 179-180, 184-188, 191, 195-198

Transição, 32, 42, 59, 71, 92, 122, 125, 135, 188, 196, 251, 264-266, 303

Transtornos psicóticos, 112, 259

Trevarthen, Colwin, 291

Urinação, frequência, 36

Valor social, 236

Ventre (útero), 7, 19, 23, 25, 35, 41, 45-46, 51, 54, 57-58, 78-79, 85, 97, 107, 127, 157, 163, 168, 180, 216, 239, 254, 271, 289, 294, 301

Vícios, 97-98, 306

Visitantes da saúde, 267

Winnicott, Donald, 21, 210, 236, 287, 289